입시의 본질

한의학
연구원

한 권으로 끝내는 명문대 합격생들의 대입 필승 공식

입시의 본질

윤윤구 지음

길벗

서문

**부모가 공부의 본질에서 멀어져 있다면
자녀의 공부 역시
본질에서 가까울 수 없습니다**

2022년 세계 3대 피아노 경연인 반 클라이번 국제 피아노 콩쿠르에서 역대 최연소 우승자가 탄생했습니다. 당시 18세였던 임윤찬이 그 주인공입니다. 그는 청중상, 신작 최고 연주상까지 무려 3관왕을 차지했지요. 그런데 2024학년도 대입 이후 수상 경력이 대학 평가에 반영되지도 않는 지금, 저는 왜 임윤찬 이야기로 이 책을 시작했을까요? 힌트는 우승이라는 '결과'가 아닌 '과정'에 있습니다.

임윤찬은 준결승 경연곡으로 리스트의 〈초절기교 연습곡〉을 선택했습니다. '연주 기교를 초월한 연습곡'이라는 제목처럼 연주하기 어렵기로 유명한 곡이지요. 그는 경연 2년 전 독주회에서 리스트의 〈단테 소나타〉를 연주하기도 했는데, 그 곡을 이해하기 위해 단테 《신곡》의 모든 번역본을 구입해 읽은 것은 물론이고 전체 내용을 외우다시피 했다고 인터뷰에서 밝혔습니다(참고로 민음사에서 출판한 전 3권 세트의 총 분량은 1,120쪽입니다). 더욱 놀라운 사실은 이 기사를 접한 대한민국 엄마들의 관심이 대부분 《신곡》에 몰렸다는 겁니다. 실제로 당시 해당 도서 판매량은 단기간에 3배 가까이 증가했습니다. 당연히 그 책을 구매한 모든 독자가 부모는 아니었지만 상당수가 부모인 것도 사실입니다. 내 아이가 피아니스트 임윤찬처럼 훌륭하게 자라길 바라는 마음에 자녀에게 책을 '읽으라'고 권하는 것이 현재 우리 교육의 현실입니다.

임윤찬이 콩쿠르에서 우승한 것은 피아노 연습을 열심히 했기 때문일까요, 단테의 《신곡》을 읽었기 때문일까요? 당연히 열심히 연습했기 때문입니다. 후자라고 생각하는 사람은 없을 겁니다. 그런데 내 아이 교육이라고 생각하면 부모들은 자꾸만 후자를 선택합니다. 그 방법이 쉬워 보이니까요. 자녀가 피아노 연습을 열심히 하도록 만드는 것이 훨씬 더 어렵다는 것을 알기 때문입니다. 이는 사실상 교육의 본질에서 벗어난 이야기입니다.

임윤찬이 단테의 《신곡》을 읽은 것은 비유하자면 '화룡점정畵龍點睛'입니다. 용을 그리고 나서 마지막으로 눈동자를 그려 넣었더니 완벽한 용이 되어서 날아갔다는 이야기지요. 그런데 우리 사회는 배움을 속도전으로 보고 남보다 '빠름'만을 좇으며 피아노 연습과 같은 고통스러울 수밖에 없는 '과정'을 스킵skip하려 합니다. 그리고 오로지 '점點'에 집중합니다.

더 빨리, 더 멋진 점을 찍는 것에만 집중합니다.

저는 EBS 입시 대표 강사로 10여 년간 전국을 돌며 매년 100회가 넘는 입시 설명회를 진행해왔습니다. 제가 근무하는 학교의 2025학년도 입시까지 의학 계열 및 SKY 입결만 8년 연속 상승했음에도 여전히 '점'만 찍힌 학생들이 정말 많습니다. 교육을 통한 성장 과정에는 관심이 없고, 오로지 '점'으로만 무장한 학생들은 대부분 고등에서 무너집니다. 기본과 본질이 부실한 탓입니다. 대학에서 '기본에 충실한 학생'을 선발하려는 이유도 이 때문입니다.

본질을 의미하는 'essence'의 어원은 라틴어 'essentia'입니다. 'essentia'는 'esse(존재하다)'에서 파생된 단어로 구체적인 외형이나 조건이 아닌 '존재의 근본'을 표현할 때 쓰입니다. 이를 입시에 대입해볼까요? '입시의 본질'이라 하면, 입시 상황이나 조건 혹은 정책 변화가 아니라 입시의 존재 혹은 근본 그 자체에 집중해야 한다는 뜻이 됩니다. 상황이나 환경은 언제든 바뀔 수 있지만 본질은 쉽게 변하지 않듯, 숱하게 입시 정책이 변화해왔음에도 불구하고 대학이 선발하려는 학생의 유형은 본질적으로 달라지지 않는다는 사실만 정확히 이해하면 입시에서 실패하는 일은 없습니다.

"저처럼 평범한 사람은 매일매일 연습해야 합니다.
저는 그저 노력하는 사람일 뿐 천재는 절대 아닙니다.
노력할 수 있는 용기가 있다는 게 다행인 것 같습니다."

임윤찬의 인터뷰 중에서 가장 인상 깊었던 말입니다. 교사 입장에서 학생의 본질은 배움을 통한 성장입니다. 최소한 이 책을 집어 든 부모라면 자녀 교육의 '본질'이 무엇인지 고민해보시길 바랍니다. 내 아이를 위한 교육을 우연히 알고리즘으로 접한 유튜브 영상으로, 어설프게 들은 학원 설명회 내용으로, 옆집 '성공한' 엄마의 이야기로 결정한다는 것은 가슴 아픈 일입니다. 그들의 성공 스토리는 (이 책에서 언급될 성공 스토리도 포함해서) 그들의 이야기일 뿐입니다. 그들의 방법으로는 성공할 수 없습니다. 내 아이는 그들과 다르니까요. 내 아이 교육에 관한 구체적인 전략을 세우기 위해서는 '제대로 된 공부'가 필요합니다.

안타깝게도 현대사회에는 방해 요소가 많습니다. 불안을 부추기면 경제적 이익이 발생하는 자본주의 사회에서는 교육도 그 영역에서 벗어나기 어렵습니다. 교육과 입시를 둘러싼 상황과 정책은 매번 변화하며 더 많은 불안을 자극합니다. 이때 불안에 휩쓸리면 '공부의 본질'에서 멀어집니다. 부모가 공부의 본질에서 멀어져 있다면 자녀의 공부 역시 본질에서 가까울 수 없습니다.

부모의 불안은 자녀에게 전달됩니다.

오랜 교사 생활을 통해 알게 된 진리입니다. 그것도 매우 높은 효율로 전달됩니다. 입시에 대해 부모가 불안을 느끼면 아이는 바람 앞의 등불처럼 흔들립니다. 그러니 '확실한 공부'를 통해 부모의 불안을 하나씩 제거해갑시다. 이 책의 1부에서는 '자녀 교육, 학습, 입시'에서 절대 변하지 않는 본질이 무엇인지 하나하나 짚어봅니다. 부모로서 나는, 학생으로서 내 아이는 대입에 임하는 최소한의 바탕과 자질을 갖추고 있는지 확인해보세요. 2부에서는 최상위권 합격을 위한 필승 전략을 살펴봅니다. 확 달라진 2028학년도 대입에서 최상위권이 되려면 구체적으로 어떤 역량을 키워야 하는지 정리했습니다. 부모가 자녀 교육과 관련해서 흔들리지 않는 '분명한 선'을 가지고 있다면 아이들은 충분히 납득하고 흔들리지 않을 겁니다.

무언가를 배운다는 것은 이전에 알지 못하던 것을 알게 되는 과정입니다. 즉 실패를 전제로 하는 작업이고 그것을 통해 배운다는 말입니다. 그러니 교육의 대전제는 실패하고 넘어진 후에 '다시 일어나기 위한 도전'입니다. 그래서 교육자들은 아이들을 겁 없이 도전하는 학생으로 만들고 싶어 합니다. 대학이 원하는 학생도 마찬가지입니다. 넘어지는 것을 두려워하지 않고, 넘어짐을 통해 새로운 것을 '알게' 하는 작업을 해내는 것이 중요합니다. 우리 아이는 여전히 실패할 것이고, 자꾸 넘어질 것입니다. 이때 부모의 든든함을 아이가 믿는다면 다시 도전할 테고, 결국 누구보다 큰 성공을 이뤄낼 겁니다.

**아이가 혼자 자전거를 탈 수 있으려면
마지막 순간에, 온갖 불안함에도 불구하고,
자녀의 성공을 위해
자전거에서 '손을 떼는 부모의 용기'가 필요합니다.**

이 책을 통해 그 멋진 용기를 내보시길 응원합니다.

학부모님들의 용기를 응원하며
윤윤구 드림

차례

서문
부모가 공부의 본질에서 멀어져 있다면
자녀의 공부 역시 본질에서 가까울 수 없습니다   4

1부
결코 변하지 않는 교육의 본질

1장

자녀 교육 불변의 법칙

모든 아이는 자기만의 우수성을 가지고 있다   17
부모의 사랑이 독이 되지 않으려면   24
상위권 대학에 합격하는 아이들의 공통점   29
아이는 부모가 믿는 만큼 자란다   36

2장

학습 불변의 법칙

공부에 관한 잘못된 믿음 세 가지	44
공부하고 있다는 착각	53
편하고 쉬운 길은 어디에도 없다	60

3장

입시 불변의 법칙

입시에 성공하기 위한 필요조건	74
대학은 '우수한' 학생을 선발한다	82
대학은 '활동'이 아닌 '역량'을 본다	95
내 아이의 역량을 증명하는 통로	106

2부
진짜 공부를 위한 3·3·3 필승 법칙

1장

이렇게 하지 마세요

불안해하지 마세요   **135**
'무조건 선행'은 하지 마세요   **147**
틀리지 말라고 하지 마세요   **158**

2장

이것만은 꼭 하세요

가족 독서를 시작하세요   **174**
공부의 본질을 이해하세요   **192**
먼저 공부하는 부모가 되세요   **208**

3장

이것을 크게 키워주세요

고3까지 달려가는 힘: 지적 호기심, 자기주도력, 탐구력 … 222
실패를 성공으로 만드는 힘: 도전 정신 … 240
어떤 결과에도 흔들림 없는 성장 동력: 자존감 … 255

부록 2028 입시 질문과 대입 필승 공식 5

2028학년도 대입은 어떻게 바뀌나요? … 282
고교학점제에서 어떤 과목을 선택해야 하나요? … 293
내신 망쳤는데 대학 갈 수 있을까요? … 305
상위권 대학 입시, 미적분Ⅱ 필수인가요? … 312
논·서술형 평가, 준비해야 할까요? … 316

1부

결코 변하지 않는
교육의 본질

1장

자녀 교육 불변의 법칙

모든 아이는 자기만의 우수성을 가지고 있다

그 많던 초등 천재들은 다 어디로 갔을까

아이를 키우는 부모가 자녀 교육에서 겪는 첫 번째 실패는 무엇일까요? 바로 피아노입니다.

아이가 어렸을 때 부모들은 대체로 아이의 무한한 잠재력을 믿고 피아노 학원을 보냅니다. 아이는 피아노를 좋아라 하고 정말 열정적으로 잘 칩니다. 엄청난 예술적 재능과 천재적 역량이 있는 건 아닐까 하는 기대를 품을 만큼, 거의 대부분의 아이들은 초기에 아주 우수한 재능을 보이며 피아노 천재 같은 면모를 보입니다. 그런데 이른바 마의 구간이라 불리는 체르니에 들어서면서 삐걱대기 시작합니다. 체르니 30번, 100번에서 갑자기 아이가 피아노 학원에 가기 싫다고 말하고, 피아노를 강요하는 부모와의 실랑이가 이어지다가 결국 피아노 학원을 그만둡니다.

　왜 이런 일이 생길까요? 중요한 이유 중의 하나는 '체르니 교본'에 있습니다. 알려진 바에 의하면, 오스트리아의 피아니스트이자 작곡가였던 체르니는 지독한 무대 공포증을 가지고 있었습니다. 무대 공포증을 해결하기 위해 '지독한 연습만이 답'이라고 생각해서 만든 손가락 연습곡이 바로 체르니 교본이죠. 여기서 문제점이 보이시나요? 우리 아이들은 대체로 체르니만큼의 무대 공포증이 없다는 것이 문제의 요점입니다. 결국 아이에게 맞지 않는 방법으로 아이를 교육시키려는 것이 문제인 것이죠. 아이가 이해하지 못하는 지독한 손가락 연습은 아이가 가진 피아노에 대한 깊은 관심과 애정을 식게 만들기에 충분합니다. 아이는 왜 이렇게 지독한 손가락 연습을 해야 하는지를 모르기 때문에 흥미가 없어진 것입니다.

　피아노 이야기를 수학 교육과 연결시켜볼까요? 어릴 때 수학을 열렬히 좋아하던 아이가 중고등학교에 들어서면 수포자(수학 포기자)가 되는 일이 빈번합니다. 그 이유는 무엇일까요? 초등학생 때 똑똑했던 아이는 도대체 어디로 사라진 것일까요? 놀랍게도 그 이유는 피아노와 거의 같습니다. 학생 입장에서 무의미한 손가락 연습에 불과한, 지겹기만 하고 진도가 나가기도 어려운 학습에 대해 스스로 납득하지 못하기 때문이죠. 이런 경우엔 아이의 특성에 맞는 방식의 교육을 지향하면서, 실력을 향상하려면 감내해야 할 고통이 있다는 사실을 납득시켜야 합니다. 그렇게 하지 않으면 매번 실패를 경험하게 됩니다. 배울수록 점점 더 내용이 어려워지고 공부량도 많아지는 것은 모든 학문의 공통점입니다.

의치약수한, 최상위권이 자신의 우수성을 증명하는 방법

다음 그림을 볼까요?

그림은 인형 안에 더 작은 인형이 들어 있는 러시아 인형 마트료시카입니다. 교육은 마트료시카와 같습니다. 가장 작은 인형은 초등학교에서 배워야 할 지식에 비유할 수 있습니다. '작고 소중하고 쉬운' 공부량이죠. 그러니 대부분의 학생들이 초등학생 때는 뛰어나고, 우수하고, 탁월합니다. 왜냐하면 쉬운 것을 적게 배우니까요. (내 아이가 특별히 우수한 것이 아니라는 점, 꼭 기억해주세요.)

본질적인 문제는 중학교에 진학하면서 발생합니다. 배우는 수준이 높아지고, 어려워지고, 특히 양이 많아집니다. 그래서 공부를 더 많이 해야 하는데 여전히 초등학생 때의 공부 습관, 즉 쉬운 것을 쉽게 배우던 습관에서 벗어나지 못하다 보니 중학교 공부를 따라가지 못하게 됩니다. 중학교 공부는 '체르니'에 비유할 수 있는 것이죠. 이 시기엔 사춘기와 맞물리면서 엄청난 방황이 시작되기에 공부 습관을 중학교 수준에 맞추지 못하면 갈수록 문제가 더 심각해질 수밖에 없습니다. 고등학교 때는 더 심화된 내용을 더 많이 공부해야 하기 때문입니다.

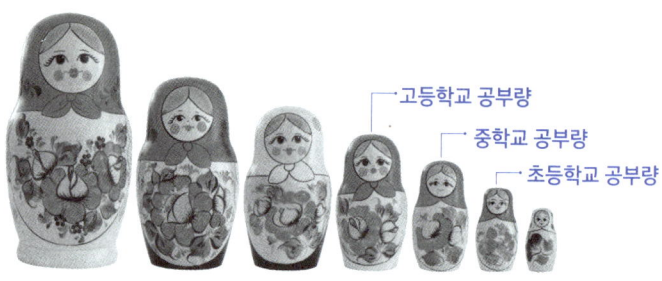

위의 그림에서 마트료시카의 크기는 기본 공부량입니다. 즉 대부분의 부모들이 희망하는 SKY, 의대에 가려면 이보다 더 많은 공부량을 채워야 합니다. 최상위권 대학의 입학 정원은 대체로 전체 수험생의 4% 수준이니 그 정도의 대학을 생각한다면 당연히 더 많은 공부

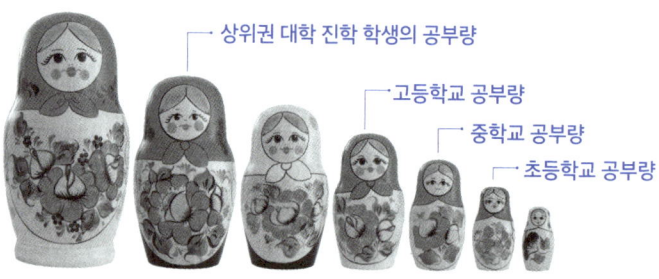

량으로 자신을 증명해야 합니다.

오랜 시간 입시 영역에 몸담고 있으면서 수많은 학생들의 입시를 지도하다 보니 시간의 흐름이나 교육제도의 변화와 상관없이 대학이 원하는 학생은 '우수한' 학생임을 확신하게 됩니다. 입시를 준비하는 부모는 바로 이 부분을 인정해야 합니다. 그리고 다양한 방법으로 '내 아이의 우수성'을 어필할 수 있겠지만, 안타깝게도 현재 우리 교육은 그 방법을 '객관식' 능력에 두고 있다는 점도 받아들여야 합니다. 내 아이가 가지고 있는 다양한 능력에는 크게 관심이 없고, 오로지 '내신 성적' 혹은 '수능 성적'이라는 결과에 환호를 보냅니다. 그러다 보니 우수한 결과를 만들지 못한 학생은 스스로 '포기'를 선언할 수밖에 없는 상황에 맞닥뜨리는 것이죠. 고등학교에 진학해서도 이런 일들이 반복됩니다. 안타깝게도 아이들의 우수성은 반드시 '객관식'으로 증명되어야 한다는 어설픈 신화^{myth}는 이렇게 시작된 것입니다.

아이가 공부와 멀어지게 만드는 마법의 주문

어마어마한 공부량에 압도되기도 전에, 객관식 시험 점수로 줄 세워지기도 전에 공부와 멀어지는 아이들에게는 한 가지 공통점이 있습니다. 부모에게 가장 많이 듣는 말이 "공부해!"라는 겁니다.

저는 입시를 지도하는 교사이지만 부모의 역할에 대해 고민을 많이 합니다. 내 아이의 성장과 발전을 위해, 혹은 보다 나은 대학에 입학시키기 위해 부모는 무엇을 해줘야 할까요? 이 고민에 대한 해결책은 부모가 자녀에게 주로 하는 말을 분석하는 것에서 시작됩니다.

앞서 마트료시카로 보여드린 공부량처럼 아이가 초등학교 때는 "공부해!"라는 말을 그리 많이 하지 않습니다. 대체로 쉬운 것을 배우고, 나름 잘하기 때문이죠. 하지만 자녀가 중학교에 들어가면서 "공부해!"라는 말을 자주 하게 되고, 부모가 원하는 점수를 받지 못하는 아이를 보면서 '지원이 부족해서 성적이 원하는 만큼 나오지 않는 건가?'라고 생각하게 됩니다. 글로 읽으니 우리 부모들의 추측이 합리적이지 않다는 사실이 느껴지실 겁니다.

"공부해!"라는 말은 성적이 원하는 만큼 나오지 않거나 공부할 시간에 스마트폰을 보는 자녀를 보면 자연스레 나옵니다. 처음엔 자녀의 미래에 대한 요구와 기대, 그리고 애정과 걱정을 담아 타이르듯 말을 합니다.

> "네가 공부를 하면 더 좋은 대학을 선택할 수 있고, 보다 나은 미래에 대한 고민을 하게 될 거야. 지금 네가 공부하는 것 말고는 멋진 미래를 만들 수 있는 방법은 없어. 공부가 세상에서 제일 쉬운 일이고, 공부 잘하라고 엄마 아빠가 모든 것을 지원해주잖아. 넌 공부만 잘하면 되는 거야."

그러다가 결국 '그 말'을 조심하지만 강하게 꺼냅니다.

"공부해!"

    이 상황을 자녀의 입장에서 생각해보면 전혀 다른 이야기가 됩니다. 자녀의 눈에 부모는 틈만 나면 공부 이야기를 하는 것으로 비추어집니다. 저는 이런 상황을 '녹음기'라고 표현해요. 자녀의 입장에서 부모는 어떤 대화를 하더라도 같은 말을 무한 반복하기 때문입니다. 자녀는 결국 부모와의 대화를 '포기'합니다. 자신을 이해하려 하지 않고 공부하라는 말만 반복하는 부모를 이해할 수 없는 거죠. 그렇게 부모와 자녀의 대화 통로가 막힙니다.

    대화의 단절로 인해 손해를 보는 쪽은 대체로 부모입니다. 청소년기는 자기 인생에 대한 깊은 고민이나 성찰을 할 수 없는 나이입니다. 그러니 이 상황을 바꾸는 출발점은 부모의 변화여야 합니다. 부모가 어떤 포지션을 가지느냐에 따라 결과는 충분히 달라질 수 있습니다.

    아이들은 누구나 자신만의 우수성이 있습니다. 하지만 많은 경우 우수성은 가능성으로 끝나고, 소수의 아이만이 자신의 우수성을 '구현'해냅니다. 자신의 우수성을 구현해내는 학생들을 보면 대체로 부모와 '제대로 대화'를 합니다. '화'를 내는 부모가 아니라, '대화'하는 부모가 자녀의 가능성을 우수성으로 구현하는 길을 만들어준다는 점을 기억하길 바랍니다.

부모의 사랑이
독이 되지 않으려면

사랑이란 무엇인가

육아를 하고 자녀 교육을 하는 데 있어 부모가 자녀와 충돌을 빚는 본질적인 원인은 바로 자녀에 대한 과한 사랑입니다. 사랑하는 자녀가 어떤 어려움도 겪지 않고 탄탄대로 성공하길 원하는 놀라운 사랑 때문에 우리는 자꾸 자녀와 전쟁을 하게 됩니다.

부모는 자녀를 내 품 안에서 재롱을 부리던 '작고 소중하고 귀여운 아이'로 대하지만, 자녀는 어른으로 성장하고 있습니다. 사춘기를 거치며 하나의 인격체로서 자아를 완성해가고, 부모가 만들어준 자아와 자신이 완성해가는 자아 사이에서 충돌을 겪으며 자신만의 세상을 만듭니다. 그렇게 '진짜 어른'으로 성장하면서 자기 인생의 주인공이 되어 자신이 원하는 방향으로 살아가는 방법을 찾아갑니다.

그런데 부모들은 '사랑하는 내 아이'를 위하는 마음으로 자녀 인생의 운전대를 직접 잡으려 합니다. 안전하게 운전해줄 테니 걱정하지 말라고 말하면서요. 그러나 자기 인생의 운전대는 자기가 직접 잡아야 제대로 성장할 수 있습니다. '자기주도학습' 역시 자기 인생의 운전대를 직접 잡은 학생에게만 가능한 일이거든요. '엄마표 학습'으로는 고등학교의 그 많은 공부량을 소화할 만큼 성장할 수 없습니다.

부모가 자녀 인생의 운전대를 잡으려는 마음의 밑바닥에는 불안이 웅크리고 있습니다. 심리학에서는 이런 현상을 '투사적 동일시 projective identification'라고 합니다. 이 경우에는 부모가 불안이나 대리만족과 같은 감정을 자녀에게 투사하고 이를 자녀가 느끼도록 표현하고 유도하는 심리적인 현상으로 나타납니다. 예를 들면, 부모는 자녀의 시험 점수 혹은 대학 진학에 대한 불안의 원인을 자녀가 공부를 잘 못하기 때문이라고 '생각'합니다. 당연히 이런 감정은 자녀에게 '전달'됩니다. 그러면서 자녀는 공부를 잘하고 싶어도 공부를 잘할 수 없는 상황에 처하게 됩니다.

**자녀 인생의 운전대를 잡고
방향을 결정하는 것은 자녀라는 사실을 기억합시다.**

귀하의 자녀가 입시 경로를 이탈했습니다

그럼 부모는 자녀의 인생 운전을 위해, 그리고 보다 나은 선택을 위해 어떤 역할을 해야 할까요?

한마디로, 부모는 자녀가 어떤 길로 가야 하는지에 대한 '정보'를 가진 좋은 내비게이션이면 됩니다(입시 지도를 하는 저도 학생들의 인생에서는 내비게이션입니다). 부모가 많은 정보를 가지고 있어야 한다는 말이 아닙니다. 입시에 대해 세세하고 빈틈없이 알아야 한다는 말도 아닙니다. 이미 이 세상엔 입시 정보가 넘쳐나고 있으며, 그중엔 이상하고 잘못된 정보도 많습니다. 그러니 부모는 입시라는 큰 그림을 그리는 데 필요한 정보만 가지고 있으면 됩니다.

최고의 내비게이션으로서 부모의 역할은 자녀가 길을 잘못 들었을 때 발휘됩니다. 이럴 때를 대비해 내비게이션의 말투를 연습하는 것을 추천합니다. 길을 잘못 들었을 때, 내비게이션이 뭐라고 하는지를 생각해보세요. 길을 잘못 들었다고 화를 내거나 목소리를 높이지 않습니다. 내비게이션은 평소와 동일한 톤으로 이렇게 말합니다.

"경로를 이탈하였습니다."

대체로 부모들은 자녀의 일에 대해서는 화가 많습니다. 객관적으로 봤을 때 그 화는 합리적이거나 정상적이지 않죠. 부모가 화가 많은 이유는 간단합니다. 사랑하니까. 하지만 자녀의 입장에서 생각하면 부모는 화가 많고 왜 화를 내는지 도통 이해할 수 없습니다. 심지어 어느 지점에서 부모가 화가 나는지도 모르겠습니다.

학업을 비롯해 거의 모든 일상에서 자녀가 실수하는 건 당연한 일입니다. 그러니 자녀와의 원활한 대화를 위해서는 부모 스스로 기분을 조절해야 합니다. 더불어 내비게이션의 말투를 흉내 내 말합시다. 최대한 감정을 빼고, 이성적이고 합리적으로 말하는 겁니다!

"아들, 경로를 이탈한 것 같아."
"딸, 그 길이 아닌 거 같아."

이렇게 대화할 수 있어야 자녀를 보다 나은 방향으로 안내할 수 있습니다. "공부해!"라는 말에는 감정이 실리게 되고, 그 감정은 대체로 분노입니다. 이성이 작용하기 어렵습니다. 청소년기는 감정이 세심하게 발달하고 감정 변화 또한 격한 시기이기 때문에 부모가 하는 "공부해!" 한마디에도 자녀는 민감하게 반응합니다. 자녀가 의도해서 그런 반응을 보이는 것이 아니라, 생물학적으로 그렇게 될 수밖에 없습니다.

한참 예민해져 있는 자녀와 대화하는 것은 쉽지 않은 일이 분명합니다. 자녀의 말투, 그리고 내뱉는 단어 하나에 분노가 치밀 수도 있습니다. 하지만 부모는 감정 변화를 말에 싣지 않아야 합니다. 그러기 위해서는 반드시 '연습'을 해야 합니다. 한번에 될 거라고 자신하지 말고, 차근차근 연습하면서 대화를 시도한다면 큰 충돌 없이 자녀에게 경로를 이탈했다고 알려줄 수 있습니다.

'경로를 이탈하셨습니다'라는 말 뒤에 이어지는 내비게이션의 말을 기억하나요? 사실 그다음에 이어지는 내비게이션의 문장이 더 중요합니다.

"새로운 경로를 탐색합니다."

자녀와 함께 새로운 경로를 탐색하는 노력을 한 적이 있나요? 대체로 부모는 정해진 경로를 강요하는 경우가 많습니다. 내비게이션의 말에서 중요한 단어는 '탐색'입니다. 탐색을 위해서는 다양한 정보가 필요합니다. 어떤 탐색을 어떻게 할 것인지에 대해 대화를 나눌 때 비로소 우리는 보다 나은 결론에 다다를 수 있습니다. 자녀를 우수한 학생으로 만드는 것은 자녀와 함께 하는 '탐색'에서 완성됩니다.

상위권 대학에 합격하는 아이들의 공통점

학년이 올라갈수록 아이는 태평하고 부모는 조급해진다

매년 전국 각지를 다니며 부모 상담을 하다 보면 자녀와 대화하기가 힘들다는 말을 많이 듣습니다. 말도 안 통하고, 내 말은 절대 안 듣고, 스마트폰만 들여다본다면서, 속상한 마음에 눈물 흘리는 부모도 많습니다. 물론 그 마음은 충분히 이해합니다. 하지만 여기서 부모들이 놓치는 중요한 것이 있습니다. 그것은 바로 변화를 원하는 것이 누구인지에 대해서 생각해봐야 한다는 점입니다.

아이는 자신의 삶에 대한 불만이 별로 없습니다. 엄청 툴툴거리고 표정엔 불만이 가득하지만 정작 자신의 삶을 바꾸려는 노력은 하지 않습니다. 그 이유는 현재의 삶이 만족스럽기 때문입니다. 놀랍게도요! 즉 변화를 원하는 것은 자녀를 더 많이 사랑하는 부모이며, 그렇기에 변화의 출발점은 부모가 될 수밖에 없습니다.

2023년 충남대와 경상국립대의 공동연구 결과가 신문에 발표되었습니다. '부모와 대화 많이 하는 학생일수록… 의대 진학 가능성 ↑'(아시아경제, 2023년 11월 5일)가 기사 제목입니다. 그 기사는 논문 〈고등학생의 고등교육 진학 결정과 전공 선택에 영향을 미치는 요인: 학생 배경 및 부모 변인을 중심으로〉의 내용을 인용했는데, '부모와 대화'를 많이 한 학생들이 상위권 대학에 진학할 가능성이 높은 것으로 조사되었다는 연구 결과를 담고 있습니다. 이 내용은 제가 지도하는 학생들에게서도 관찰됩니다. 부모와 대화하기를 좋아하고, 가족과의 관계에서 에너지를 받는 학생일수록 좋은 성과를 보입니다. 고등학교 3년 동안 기적적인 성적 상승을 이뤄낸 찬희가 그런 경우였습니다. 찬희는 1학년 때는 내신 성적이 4등급이었지만 3학년 때 1등급으로 올라 서울대 경제학과에 진학했는데, 그 비결 중에 하나가 공부하면서 생긴 스트레스를 부모와의 '즐거운 대화'를 통해 해결했다는 것입니다.

그렇다면 찬희와 같은 학생들은 부모와 어떤 주제로 어떻게 '대화'를 할까요? 위의 연구 결과에 의하면, 학교·학과에 대한 대화와 흥미·적성에 대한 대화를 자주 나누었다고 합니다. 여기서 중요한 포인트는 부모와 자녀가 대화를 '자주' 했다는 점입니다. 대화를 자주 할 정도로 가족 사이의 분위기가 좋았다는 의미도 되겠죠.

요즘 자녀와 대화한 시간을 한번 체크해볼까요? 어떤 대화를 얼마나 자주 하나요? 물론, 학생도 부모님도 바쁘다는 걸 잘 압니다. 하지만 시간은 '우선순위'에 따라 배분해야 합니다. 무엇을 더 중요하게 생각하느냐에 따라 삶의 우선순위가 바뀌어야 하죠. 그런데 지금 자녀의 미래, 자녀의 대학을 결정하는 것보다 중요하고 바쁜 일이 또 있을까요?

자녀와 대화가 잘되지 않는다면 그 원인을 분석해야 합니다. 가족마다 다양한 원인이 있겠지만, 대체로 같은 말을 반복해서 하는 부모일수록 자녀가 대화의 문을 닫습니다. 부모가 '녹음기'라서 자녀는 굳이 부모의 이야기를 들으려 하지 않습니다. 그러니 대화의 주제와 표현 방식을 바꿔야 합니다. 우선, 자녀와 나누는 대화를 한번 녹음해서 최대한 객관적으로 들어보고 중요한 내용, 자녀와 대화할 때 반복적으로 사용하는 단어를 정리해보세요. 그럼 문제점이 보이기 시작할 테고, 해결점 역시 찾게 될 겁니다.

말과 대화는 다르다

자녀와의 대화에서 중요한 것은 어떤 내용으로 대화를 하고 얼마나 지속하느냐입니다. 여러분은 자녀와 대화를 얼마나 지속할 수 있나요? 5분? 10분? 사랑하는 자녀와 대화를 이어가려면 기술이 필요합니다. '밥 먹었니?'와 같은 일상적인 대화로는 오래 이야기할 수도 없고 자녀의 가능성을 끌어올릴 수도 없습니다. 주제가 선명해야 하고, 그 주제에 대한 깊이 있는 식견을 자녀에게 제공하는 방식이어야 합니다.

> "이런 상황에서 엄마 아빠는 이렇게 할 것 같은데,
> 너는 어떻게 할 것 같아?"

이런 질문들을 계속 해야 합니다. 그래야 자녀의 생각 그릇이 커지고 사고 패턴이 정교해지면서 우수성이 발달합니다. 또한 다양한 어휘 사용을 통해 자녀의 어휘력을 키워주고 심층적으로 사고하도록 유도해야 합니다. 주제가 선명한 대화는 이와 같이 자녀의 역량을 강화해줍니다. 우수한 역량을 가진 학생은 어느 대학에서든 욕심을 내기 마련입니다.

막상 대화를 하려니 대화할 만큼 자녀와 친하지 않아 고민인 분들도 있을 겁니다. 그 경우에 가장 좋은 방법은 자녀가 좋아하는 것을 '함께' 하는 겁니다. 자녀의 입장에서, 자녀에게 통하는 통로를 활용해 접근해야 합니다. 자녀가 살고 있는 세상과 부모가 사는 세상은 분명 다릅니다. 세계관이 다르고, 언어도 달라요. 그러니 자녀의 세계관에 대해서 그리고 언어에 대해서 고민해야 합니다. 이 모든 것을 해결하는 가장 쉬운 방법이 자녀가 지금 즐기고 있는 것을 같이 즐기는 것입니다. 그것이 게임이든 덕질이든 받아들이십시오. 대화가 통해야만 자녀를 스트레스 지옥에서 꺼낼 수 있습니다.

자녀와의 대화가 어느 정도 성공을 하면 그 이후에는 '가족 독서'를 하면 됩니다. 같은 책을 가족 수만큼 구입해서 온 가족이 같은 시간에 읽고 이야기를 나누는 겁니다. 이 과정을 통해 동일한 책을 읽어도 서로 다른 생각을 하고 서로 다른 경험을 이야기할 수 있다는

점을 깨달을 수 있습니다. 처음에는 일주일에 한 번, 한 시간 정도로 가볍게 시작하고, 이후에는 일주일에 두 번, 두 시간 정도씩 하는 것이 적당합니다. 가족 독서는 이처럼 가족 간 대화의 주제를 자연스럽게 만들어줍니다.

어떤 책을 읽는지는 그다지 중요하지 않습니다. '어떻게' 읽느냐가 더 중요합니다. 같은 책을 읽더라도 부모와 자녀가 느끼고 생각하는 것은 다를 수밖에 없습니다. '아는 만큼 보이기' 때문이죠. 우리가 자녀에게 해줄 수 있는 최고의 서비스는 제대로 된 '간접 경험'입니다. 대부분의 최상위권 대학들은 학생들의 경험을 매우 중요하게 생각합니다. 하지만 지금의 교육에서 학생들이 많은 경험을 하는 것은 현실적으로 한계가 있습니다. 그래서 대학들은 간접 경험을 얼마나 했는지를 봅니다. 간접 경험의 최고봉은 독서입니다. 독서를 다른 사람(이 경우는 가족)과 함께 한다는 것은 간접 경험이 확장된다는 엄청난 이점이 있습니다. 그렇기에 가족 독서는 대체로 좋은 결과를 만듭니다.

단, 가족 독서 시간에 절대 하지 말아야 할 것이 있습니다.

무언가를 가르치려고 하지 말 것!!
교훈 금지!!!

가족 독서를 진행할 때는 자녀에게 무언가를 가르쳐야겠다는 생각보다는 자신의 경험을 '알려주는 것'에 중점을 두어야 합니다. 부모의 실패와 성공 경험이 자녀에게 전달되어야 합니다. 저는 학교에서 학생들과 독서 모임을 많이 하는데, 저의 다양한 경험을 들려줌으로써 학생들에게 간접 경험이 쌓이고 그것이 새로운 세상을 만날 수 있는 통로가 되길 바라는 마음으로 진행합니다.

지금까지 자녀와 대화한 경험을 떠올려보세요. 항상 결론이 비슷했을 겁니다. 자녀의 고민에 대한 대화도 생활 습관에 대한 대화도 그 결론은 공부 혹은 대학 이야기이고, 대부분은 좋지 않은 감정으로 마무리됐을 겁니다. 그 후로는 부모도 자녀도 대화를 피하거나 통상적인 수준에서 대화를 끝내려고 했겠지요. 그런 일이 쌓이면 자녀는 부모의 고민을 이해할 수 없게 되고, 부모는 자녀의 행동을 이해할 수 없게 됩니다. 가족 독서가 이 문제를 해결해줄 수 있습니다. 독서로 인해 이야기의 주제가 어느 정도 정해지고, 이야기의 방향은 부모의 '경험'과 그와 유사한 자녀의 경험이 될 테고요.

요즘에는 가족 독서용으로 윤홍균 교수의 《자존감 수업》을 권하는 편입니다. 자존감이 높은 학생일수록 공부를 잘하기 때문에, 학생들에게는 자존감 공부가 필요하다는 판단에서입니다. 실제로 상당수 학생들이 결과에 대한 열등감 혹은 우월감을 가지고 있기에 자존감을 높여줄 수 있는 간접 경험이 절실합니다.

《자존감 수업》으로 가족 독서를 하면 자존감에 대한 경험과 이야기가 오가게 됩니다. 부모가 경험한 삶의 아픔을 자녀가 공감하게 되면서 라포^{rapport}가 형성되고, 자녀는 자신의 고민을 쉽게 이야기하게 되어 결국 스트레스가 줄어듭니다. 그리고 서서히 대화 수준이 깊어집니다.

  독서라는 매개체를 통해 우리가 해야 할 일은 자녀와의 깊은 대화입니다. 다만, 교훈을 주려는 행동은 절대 하지 마세요. 자녀와 정서적 공감을 형성하는 정도면 충분합니다. 가족 독서가 거듭될수록 자녀는 자신의 길을 스스로 찾아가는 것은 물론, '자기주도학습 역량'을 키우고 자기 삶에 대한 결정권을 갖게 됩니다.

아이는
부모가 믿는 만큼 자란다

현 교육체계의 가장 큰 문제점

어린 코끼리를 튼튼한 쇠사슬로 묶어두면 격렬하게 저항하다가 얼마 지나지 않아 순응하게 됩니다. 자신을 묶은 쇠사슬을 풀 수 없다는 사실을 깨달은 것이죠. 이렇게 살아온 코끼리는 작은 사슬로 묶어둬도 사슬을 풀 생각을 하지 않습니다. 심리학에서는 이런 현상을 '학습된 무기력'이라고 표현합니다. 무기력을 '학습'했다는 의미입니다. 개인적으로는 학습된 무기력이라는 표현보다는 '학습된 패배 의식'이라는 표현을 선호합니다. 우리 아이들도 패배 의식을 안고 있습니다. 제가 만난 학생들도 대부분 그러했는데, 학습된 패배 의식의 정체는 자신이 아무리 해도 안 될 거라는 '놀라운 믿음'이었습니다.

이런 무기력과 패배 의식은 어떻게, 왜 생겼을까요? 그것은 '객관식 능력'으로 우수성을 판단하는 입시 제도에 기인합니다. 시험을 잘 치는 능력은 중요합니다. 하지만 성적으로 줄을 세우는 것이 공정한 우수성 판단법이라는 신화는 절대 옳지 않으며, 내 아이의 능력이 오로지 내신 성적이나 수능 성적으로만 평가되는 건 타당하지 않습니다. 인간은 무수히 많은 능력을 지녔고, 객관식 시험을 잘 치는 것은 그 능력들 중 하나일 뿐입니다. 하지만 안타깝게도 오늘날 학생들은 오로지 내신 성적으로만 자신의 역량을 평가당하고, 심지어 학생들 스스로도 내신 성적으로 자신의 수준을 결정하려 합니다.

아이들은 누구나 자신만의 관심사가 있고 놀라운 능력도 지녔습니다. 하지만 그것들은 다양한 이유로 한결같이 '봉인'당한 상태입니다. 그 시작은 '재미'입니다. 재미있는 것이 관심사가 되고 관심사를 파고들다 놀라운 능력이 개발되는데, 그것이 봉인된 겁니다. 스마트폰 중독은 이와 무관하지 않습니다.

사실 처음부터 아이들은 스마트폰에 파묻혀 지내지 않았습니다. 그저 재미있는 관심사에 집중하며 다양한 능력을 키우며 지냈습니다. 그러나 성적으로 자신의 모든 걸 평가받기 시작하면서 부모의 말투, 표정, 눈빛이 마음에 걸립니다. 부모가 말로는 "괜찮다, 다음 시험을 잘 보면 된다"고 하지만 말투와 눈빛과 표정은 그렇지 못하기에 아이는 상처를 받습니다. 결국 아이는 자신의 능력이 '객관식 결과'로만 평가되는 세상에서 공부 이외의 역량을 부모에게 보여주는 것은 아무런 의미가 없다고 생각합니다. 그래서 관심사도 놀라운 능력도 스스로 봉인합니다. 자존감의 주요 구성 요소 중 하나인 '자기효능감'이 봉인되는 셈이죠. 그리고 학습 이외의 시간에는 스마트폰에 빠져듭니다. 최소한 스마트폰 안에서는 자신의 효능감을 확인할 수 있기 때문이죠.

여기서 아주 심각한 문제가 생깁니다. 학생 스스로 자신의 관심사와 능력을 봉인하고 침잠하면 부모는 절대로 해서는 안 되는 말로 자녀의 강점과 능력을 더욱 강력하게 2차 봉인합니다. 2차 봉인은 타인에 의해 규정되기 때문에 청소년인 학생이 스스로 그 봉인을 깨고 나오는 것이 쉽지 않습니다. 부모는 청소년인 자녀를 말뚝에 묶어두고 자녀가 이미 봉인한 놀라운 능력을 발휘할 생각을 아예 하지 못하게 만드는 말을 합니다.

"네가 그럴 줄 알았다."
"스마트폰만 하고 놀 때 알아봤어."

현재의 내신 체계를 생각해봅시다. 1등급은 상위 4%, 2등급은 상위 7%입니다. 이 체제에서라면 대체로 3등급 이하의 학생들은 공부를 잘한다는 말을 듣지 못합니다. 2022 개정 교육과정이 적용되는 2025년부터는 1등급이 상위 10%라 상위 11% 내지 10%의 학생만이 공부를 잘한다고 평가받고 2등급 이하의 학생들, 즉 90% 정도의 학생들은 공부를 잘한다는 말을 못 듣게 됩니다. 이런 현실에서 시험 결과만으로 학생들을 평가하는 것이 과연 타당할까요? 상위권 대학을 보내는 것도 중요하고 좋은 직장에 들어가는 것도 중요하지만, 그 모든 성취의 본질은 아이의 행복한 삶이 아닐까요? 학습된 패배 의식을 품고 사는 아이가 행복한 삶을 사는 건 불가능해 보입니다.

내 아이의 잠재력을 믿으면 실패의 순간은 성공의 시작이 된다

다시 한번 강조해 말씀드립니다. 놀라운 능력, 즉 강점이 없는 아이는 없습니다. 우리가 해야 할 일은 자녀의 강점을 같이 '찾아주는' 것입니다. 자녀에 대한 풍부한 정보를 가지고 놀랍도록 뛰어난 일을 해낼 수 있는 자녀의 능력을 한계 짓지 않는 것입니다. 지금 당장 노트를 꺼내서 적어보세요. 생각으로 하지 말고, 반드시 노트에 써보세요. 생각으로 하면 대체로 추상적이 될 가능성이 높고, 추상적인 생각은 추상적인 결론으로 이어질 뿐입니다. 구체적인 결과물을 만들고 자녀의 강점을 키워주기 위해서는 반드시 구체적인 고민의 과정을 거쳐야 합니다.

부모들이 보내고 싶어 하는 상위권 대학들은 공통적으로 '잠재력'이 우수한 학생을 선발합니다. 그 이유는 중고등학생들에게서는 당장 뛰어난 능력을 기대하기 어렵기 때문입니다. 그래서 대학들은 학생 개개인이 지닌 역량이 특정 과정을 거쳐서 '발현'되면 탁월한 결과를 만들 수 있다고 생각해 잠재력이 뛰어난 학생들을 선호하는 것입니다.

그러면 잠재력이 뛰어나다는 것을 어떻게 알 수 있을까요? 학생부에 '잠재력이 뛰어난 학생'이라고 기재되어 있으면 잠재력이 뛰어난 학생일까요? 아닙니다. 고등학교 교사가 쓴 학생부의 내용을 100% 신뢰하는 대학은 없습니다. 기본적으로 학생부에는 부정적인 내용을 적지 못하기 때문에 사실에 기반해서 작성되었다고 보기 어렵습니다. 그래서 우리가 해야 할 일은 잠재력을 '증명'하는 일입니다.

그럼 다음 질문이 가능해집니다.

잠재력은 어떻게 증명할 수 있을까?

이 질문을 해결하기 위해 반드시 선행되어야 할 것은 '내 아이가 어떤 역량을 가지고 있는지를 아는 것'입니다. 그러니 위의 질문은 이렇게 바뀌어야 합니다.

어떤 잠재력을 어떻게 증명할 것인가?

상담을 진행했던 부모들 대부분은 자녀가 지닌 역량을 제대로 모르고 있었습니다. 그러니 잠재력을 키워주는 것이 어려울 수밖에요.

자녀의 역량을 정확하게 파악하기 위해서 해야 하는 가장 중요한 일은 당연히 '대화'입니다. 다만, 잡담으로는 자녀의 역량을 파악할 수 없습니다. 자녀와 깊이 있는, 주제가 있는 대화를 해야 합니다. 그러면 대화 과정에서 자녀가 지닌 다양한 역량들을 확인할 수 있고, 자연스럽게 그 역량들을 향상시킬 수 있습니다.

모든 학생이 강력한 가능성과 잠재력을 가지고 있음에도 불구하고 발현되지 않는 또 다른 까닭은 발현 과정이 힘들기 때문입니다. 잠재력이 발현되려면 반드시 고통스러운 과정을 거쳐야 하는데, 모든 인간은 본능적으로 고통스러운 것을 피하고 쉬운 것을 선택하려고 합니다. 하지만 잠재력을 발현시키기 위해서는, 공부를 더 잘해내기 위해서는 본능을 거스르는 '고통스러운 선택'을 해야 합니다. 이 지점에서 부모는 깊은 고민을 하게 됩니다.

**내 아이가 어떻게 하면 쉬운 선택이 아니라
어렵고 힘든 선택을 스스로 하게 도울 수 있을까?**

대답하기 매우 어려운 질문이지만, 자녀의 잠재력을 발현시키기 위해서는 반드시 스스로에게 해야 하는 질문이고, 부모가 감당해야 하는 일입니다. 특히나 어릴 때부터 부모가 '어렵고 힘든 선택'을 대신 해준 학생들에게 '힘듦'은 피해야 하는 일이고 '불편함'은 누군가 대신 해결해줘야 할 일입니다. 그래서 자녀가 직접 그런 선택을 해야 한다는 사실을 부모도 아이도 잘 받아들이지 못합니다. 더 심각한 문제는 아이가 힘든 선택을 하면서 겪게 되는 실패를 부모가 버티지 못해 계속 그 실패에 머무른다는 것입니다.

잠재력을 발현하고 가능성을 깨우는 과정에서는 '실패'를 겪을 수밖에 없습니다. 자녀가 그 실패를 딛고 일어날 수 있도록 해줘야 하는데, 부모가 함께 실패와 좌절의 자리에서 더 큰 실패를 만들어내면 자녀는 영영 일어설 수 없습니다. 우리에게 필요한 것은 실패라는 '결과'가 아닙니다. 그 결과만 바라보면 다음 '도전'은 다른 아이가 차지하게 됩니다. 부모는 자녀의 모든 실패에 대해서 가볍게 생각해야 합니다. 어차피 학생이고, 연약한 존재입니다. 앞으로 더 큰 실패, 더 많은 실패가 예약되어 있습니다. 어떤 실패도 경험하지 않는 완벽한 아이로 만들려고 해선 안 됩니다. 역사적으로 그런 사람은 존재했던 적이 없고, 앞으로도 절대 없습니다. 나만 잘한다고 실패를 경험하지 않는 것이 아니니까요. 중요한 것은 실패하더라도 훌훌 털고 일어나서 아무렇지 않게 다시 도전하게 해주는 것입니다.

갓난아기가 걸음을 제대로 걷기까지 약 8,000번을 넘어진다고 합니다. 이 말은 아기가 걸음을 걷게 되기까지 8,001번 도전했다는 의미입니다. 숱한 실패 끝에는 '성공'이 있습니다. 넘어지고 일어나 비로소 걷게 된 아기에게 커다란 박수와 환호를 보내는 것, 이것이 지금의 여러분에게 꼭 필요한 일입니다. 내 아이가 일어나기 위해 도전하고 용쓰는 모든 순간에 해야 할 일입니다.

2장
학습 불변의 법칙

공부에 관한
잘못된 믿음 세 가지

객관식 능력은 부모가 키워줄 수 없다

다년간 입시 상담을 하는 과정에서 입시 혹은 공부에 대한 일종의 '신화myth'가 많다는 사실을 알게 되었습니다. 학생과 부모, 심지어 교사 중에도 이런 '믿음'을 가지고 있는 사람들이 많습니다.

> 좋은 내신을 위해서는 선행을 해야 한다.
> 대치동 강의를 들어야 성적이 오른다.
> 공부를 잘하려면 반드시 좋은 학원을 보내야 한다.

myth라는 영어 단어는 '신화'를 의미하지만 '근거 없는 믿음'이라는 뜻도 있습니다. 즉 신화는 긍정적이든 부정적이든 '믿음'을 기반으로 합니다. 문제는 '믿는다'는 행위가 '이성적인' 작용이 아니라는 점입니다. 그래서 근거 없는 믿음을 가진 사람을 설득하는 것은 정말 어렵습니다. 게다가 그러한 믿음을 기반으로 즐겨 보게 되는 영상과 기사가 그 믿음을 더 굳건히 해줍니다. 정확하게 말하면, 알고리즘에 의해 그런 영상만 보기 때문에 믿음이 강화되는 것입니다.

우리 역시 자녀의 성적과 대학에 대한 근거 없는 믿음을 가지고 있습니다. 그렇기에 우리가 믿고 있는, 자녀의 성적과 대학에 대한 '신화'에 대해 의문을 던져야 합니다. 그 신화가 굳건할수록 일을 망치는 경우가 많기 때문입니다.

부모들이 가진 가장 큰 신화이자 착각은 자녀의 객관식 능력을 부모가 얼마든지 향상시킬 수 있다는 것입니다. 이 신화는 아주 오랜 기간 무수히 많은 부모를 실패의 길로 인도했습니다. 제가 이 책을 쓰는 목적도 이 신화들에 도전하기 위함입니다.

단언하면, 객관식 능력을 키우는 건 오로지 학생만이 할 수 있습니다. 그 외의 조건들은 부수적인 작용만 할 뿐입니다. 학원을 많이 다닌다고, 인강을 많이 듣는다고, 좋은 학원을 다닌다고 객관식 능력이 쑥쑥 자라지 않습니다. 본질은 학생이 공부를 하느냐 하지 않느냐입니다. 한마디로 '자기주도학습'이 성패를 결정짓죠.

우리는 자녀 입시를 학원 등 사교육기관에 과잉 의존하는 경향이 있습니다. 그러나 학원에 대한 과잉 의존은 자기주도학습을 실패로 이끕니다. 그럼에도 학원이 번창하고 사교육 시장의 규모가 매해 기록을 갱신하는 이유는 대학 학벌을 지향하는 사회구조, 남보다 좋은 대학에 진학해야 한다는 경쟁의식 등의 영향을 받아 자녀를 학원으로 떠밀기 때문입니다.

하지만 학원에 가고 사교육을 받아도 원하는 만큼의 성과를 얻기는 힘듭니다. 대부분의 부모들도 이 부분을 인지하고 있습니다. 경험상 학원이 절대적인 조건이 되기 어렵다는 것도 잘 압니다. 그럼에도 자녀를 학원에 보내는 이유는 '혹시나' 하는 기대감과, 학원에 보내지 않으면 내 아이만 뒤처질 것 같다는 현실적인 '불안'과 '공포'가 마음 깊이 자리 잡고 있기 때문입니다. 불안과 공포는 절대 좋은 결과를 가져오지 못합니다. 특히나 중고등학생들은 감정에 민감하기 때문에 부모가 느끼는 불안과 공포를 몇 배로 크게 전달받습니다. 그러면 공부를 시작하기도 전에 심각한 수준의 불안과 공포를 경험하게 됩니다.

중학교 4학년, 사교육의 늪에 빠지다

사교육 시장이 이렇게 커진 원인 중 하나는 어린 시절의 경험 때문입니다. 앞서 언급한 마트료시카 인형, 기억하시죠? 공부의 양은 마트료시카 인형처럼 점점 늘어나지만, 학습 성과에 대한 학원(사교육)의 효과는 그와는 반대로 흘러갑니다.

초등학교 때는 매우 쉽고 간단한 지식을 배워서 학원을 다니는 것만으로도 충분히 '우수하고, 월등한 학생'이라는 평가를 받게 됩니다. 엄청난 선행을 해도 아무 문제가 생기지 않습니다. '쉬운 것', '들으면 알 수 있는 지식'을 배우기 때문입니다. 그러니 사교육은 성공적일 수밖에 없고, 자연스레 사교육에 대한 맹신이 생깁니다.

그런데 아이가 중학교에 들어가면서 수학을 포기하고 공부를 하지 않으려고 합니다. 공부를 그렇게 잘하고 좋아하던 아이인데 왜 이런 일이 생길까요? 그것은 중학교에서 배우는 지식의 수준이 높아지기 때문입니다. 즉 초등학교 때처럼 두어 번 듣는다고 알 수 있는 지식도 아니고, 자신의 지식으로 만들어가는 과정이 '조금' 필요합니다. 그래서 학원에서 주는 지식을 수동적으로 받아들이기만 했던 아이들에게 중학교 공부는 너무나 힘듭니다. 그렇게 성적이 떨어지고 공부에 대한 관심이 줄어들면 부모는 위기감을 느낍니다. 그래서 더 놀라운 선택을 합니다. 그건 '더 많은 사교육'입니다. 아이가 초등학교 때 경험했던 사교육의 놀라운 효과가 다시 한번 더 일어나길 기대하면서요. 하지만 그 기대감은 무너지기 일쑤고, 학원이 늘어날수록 자녀와의 다툼도 늘어납니다. 결국 자녀는 더 수동적이 되고, 더 공부를 하지 않으려고 합니다.

고등학교 때는 문제가 더 심각해집니다. 고등학교에서 배우는 개념은 '고등' 수준입니다. 그냥 어렵습니다. 듣는다고 알 수 있거나, 많이 듣는다고 익힐 수 있는 내용이 아닙니다. 심지어 적용과 응용이 기본인 개념과 문항입니다. 그렇다 보니 고등학교에 와서 무너지는 학생들이 매우 많습니다. 중학교 때까지 공부를 잘하던 학생들이 고등학교 때 무너지는 이유는 간단합니다. '중학교식 공부'를 하기 때문입니다. 저는 그런 학생들을 '중학교 4학년'이라고 부릅니다. 심지어

'초등학교 10학년' 학생들도 많습니다. 안타깝게도 초등학교 12학년 으로, 중학교 6학년으로 졸업을 하는 학생들도 많습니다.

고등학교 공부를 해내려면 어느 정도 복잡한 사고를 해야 하고, 개념을 이해하기 위해서 상당한 수준의 지적 노력이 필요합니다. 그러려면 당연히 '공부 시간'을 많이 늘려야 합니다. 복잡한 사고의 패턴을 만들고, 어려운 개념을 이해하는 과정이 반드시 있어야 하기 때문입니다. 이러한 고등 학습의 특성을 사교육 시장이 놓칠 리 없습니다. 21세기 자본주의 사회답게 사교육 업체들도 경쟁에서 살아남기 위해 다양한 '마케팅 기법'을 펼칩니다. 시간을 절약해 학습 성취도를 효율적으로 올려줄 수 있다는 '기법'을 담은 강의를 쏟아내면서 "돈만 지불하면 그 모든 것을 당신의 자녀가 누릴 수 있다"고 광고합니다. 그런 말들에 혹한 여러분은 어느새 많은 학원의 많은 강의를 결제한 자신을 발견하게 될 것입니다. '학원 쇼핑' 후의 만족감은 당연히 클 수밖에 없겠지만, 사실 많은 부모가 '학원 쇼핑'을 하면서 제대로 된 '상품'인지를 고민하는 일은 드뭅니다. 홈쇼핑에서 물건을 주문하듯 자녀의 학원을 선택하니, 학원 공부가 자녀의 학습 성취로 이어질 수 없습니다. 인간의 성장은 절대 그렇게 이루어지지 않습니다.

부모들은 자녀를 여러 학원에 보내고 실력 좋다는 강사에게 과외를 받게 하는 등 자녀의 성적 향상을 위해 엄청난 돈을 쓰지만, 정작 문제의 본질에 대해서는 눈을 감습니다. 문제를 인식하면 삶이 '피곤'해지고, 자신이 해야 할 일이 많아진다는 걸 알기 때문이죠. 이 부분에 대해 솔직해지지 않으면 우리는 결코 아이의 공부 습관을 바꿀 수 없습니다. 아이의 삶에 변화를 일으키는 '변수'가 있어야 합니다. 소문난 학원 혹은 인강은 그런 변수가 되지 못합니다. 학생의 입장에서는 지금까지 경험했던 학원이나 인강과 다를 바 없으니까요.

학생을 변화시킬 가장 강력한 변수는 '부모의 변화'입니다.

탈대치, 할까요 말까요?

이런 고민을 하고 계신 분들에게 묻겠습니다.

지금 어떤 변화를 시도할 수 있나요?
무엇을 바꾸셔야 할 것 같은가요?

'객관식 능력은 부모가 키워줄 수 없다'는 말은 변화를 위한 부모의 시도를 전제로 합니다. 부모 스스로 자녀의 객관식 능력을 키워주는 것을 자신의 역할이라 생각해서 문제가 발생하기 때문입니다.

상당 기간 상담을 진행한 진서는 서울 성북구에 살지만 대치동으로 학원을 다니는 학생입니다. 고2의 끝자락에 처음 만났는데, 여러 학원을 다니고 있었고 한 달 학원비만 300만 원 수준이었습니다. 하지만 성북구 소재의 일반고에서 내신은 4등급 후반 수준이었습니다. 진서는 대치동 학원을 다니기 위해 거의 매일 3시간 정도를 이동하고 있습니다. 고1까지 집 근처에 있는 학원을 다니다가 성적이 오르지 않아 대치동으로 학원을 옮겼지만, 저를 만나기 전까지 성적은 변화가 없었습니다. 대치동으로 학원을 다니느라 많은 시간과 비용을 지불해야 했지만, 부모의 만족도는 매우 높았습니다. 이 말, 잘 이해해야 합니다.

부모의 만족도는 매우 높았습니다.

부모의 높은 만족도는 자녀가 학원에 다니느라 이전보다 더 많은 시간을 쓰고 선행 학습도 열심히 하는 데서 나온 것입니다. 진서도 그럴까요? 사실 진서는 학원에 다녀오면 힘이 다 빠집니다. 공부를 할 여력도 없습니다. 심지어 학원에서의 선행 수업은 잘 알아듣지 못하겠고 이해하기도 힘듭니다. 그래서 그냥 듣고 옵니다. 물론 수업 시간에 들은 내용은 집에 오는 길에 당연히 학원에 두고 옵니다. 자신과는 별로 상관없는 이야기이기 때문입니다. 2년을 그렇게 보낸 진서의 고2 내신은 놀랍게도 4등급 후반입니다. 달라진 것이 하나도 없었습니다. 당연한 이야기입니다. 상당수의 다른 학생들도 이런 상태입니다.

진서 부모의 선택에서 가장 본질적인 문제는 자녀의 객관식 능력을 대치동에서 키울 수 있다고 생각한 것입니다. 한마디로, 잘못된 '믿음'입니다. 안타깝지만, 대부분의 일반고에서 4등급 이하의 내신 성적은 공부 수준이 매우 낮은 상태를 의미합니다. 절대적인 공부량이 '매우' 부족해서 나타나는 현상이지만, 그 점을 부모도 학생도 인지하지 못하고 있습니다. 그저 열심히 공부하는데 성적이 안 나온다고 '착각'하고 있습니다.

저는 이런 학생들을 '중학교 5학년'이라고 부릅니다. 중학교를 졸업한 지 2년이 지나 고2가 되었음에도 불구하고 여전히 중학교 때의 공부 습관을 유지하는 학생들을 가리킵니다. 물론 '초등학교 11학년'들이 더 심각하긴 합니다. 고2이지만 초등학교 때의 사고 패턴, 공부 습관을 버리지 못한 채 앞으로 나아가려는 어떤 시도도 하지 않고 현재에 '안주'하고 있는 학생들입니다. 이런 경우에는 자녀의 공부 상태를 제대로 진단해야 해결책이 나옵니다. 중학교 5학년, 초등학교 11학년으로 지내면 좋은 대학에 진학하는 것도 성적을 올리는 것도 거의 불가능합니다. 그러니 왜 이런 일이 생겼는지에 대한 고민을 해야 합니다.

상담 결과, 진서의 내신 성적이 제자리걸음이었던 원인은 학원 강사의 문제도 학원의 문제도 과외 강사의 문제도 아니었습니다. '놀랍게도' 진서는 공부를 소홀히 하고 있었습니다. 진서는 대체로 쇼츠, 영상, SNS, 덕질 등 스마트폰에 집중해 있었습니다. 이러한 문제의 본질은 외면한 채 학원을 옮겨 증상만 해결하려는 '대증 요법'을 사용했기 때문에 같은 문제가 반복된 것입니다.

개인적으로는 학원이 나쁘다, 사교육을 하면 안 된다라고 생각하지 않습니다. 사교육은 '중립적'인 개념으로 좋은 것도 아니고 나쁜 것도 아닙니다. 사교육 자체가 문제라고 이야기하는 것은 단편적이고 편협한 사고에 불과합니다. 사교육은 어느 시대 어느 국가에서든 지속적으로 행해지고 있으며, 그것이 당연합니다. 다만, 부모와 학생이 사교육을 '잘' 활용하고 있는지에 대해서는 의문이 있습니다. 사교육을 어떻게 활용하느냐에 따라 학생의 역량이 강화될 수도 있고 약화될 수도 있습니다.

'일단 사교육을 통해 객관식 역량을 강화하고 점수를 높이겠다'고 생각하고 학원을 보내면 대부분 부정적인 영향이 강하게 작용합니다. 학원을 보내는 목적은 '학생의 성장'을 위해서입니다. 즉 성장을 위해 '부족한 부분'을 보완하는 것이 사교육의 핵심입니다. 공교육의 틀 안에서는 개개인의 약점을 보완하는 것이 한계가 있을 수 있고, 학생의 성향에 따라 모르는 것을 선생님에게 묻는 것을 부담스러워 하는 경우도 많습니다. 질문하지 못하면 제대로 알지 못하고 넘어가게 되고, 그 결과 좋은 성적을 받는 것이 어려워집니다. 이러한 학생의 약점을 보완하기 위한 목적이라면 당연히 사교육을 선택할 수 있습니다. 문제는 사교육이 모든 것을 해결해줄 것이라는 '믿음'입니다.

이런 믿음은 '부모가 자녀의 객관식 역량을 키워줄 수 있다'는 생각에서 나옵니다. 이를 뒷받침하는 학문적 이론을 설명하겠습니다.

공부하고 있다는 착각

학생 유형 사분면, 내 아이는 어떤 유형일까

사회학 이론 중 머튼의 '아노미 이론'이 있습니다. 이론에 대한 설명은 굳이 필요하지 않으니 넘어가고, 머튼의 아노미 이론에서는 인간의 유형을 다섯 가지로 구분합니다. 인간의 유형을 구분하는 기준은 '사회적·문화적 목표'와 '제도적 수단'입니다. 사회적·문화적 목표는, 쉽게 말해 사회의 한 구성원이 추구하는 일반적인 목표입니다. 부자가 되는 것, 좋은 대학을 가는 것 등이 그 예입니다. 제도적 수단은 사회적·문화적 목표를 이루기 위해 사회가 용인하는 수단 혹은 방법입니다. 예를 들어, 부자가 되기 위해 우리 사회가 용인하는 정당한 방법을 사용할 수 있지만 투기 등의 부당한 방법을 사용할 수도 있을 것입니다. 두 기준에 따라 인간의 유형을 구분하면 다음 그

림과 같이 나타납니다(사분면을 벗어난 '반역형' 제외).

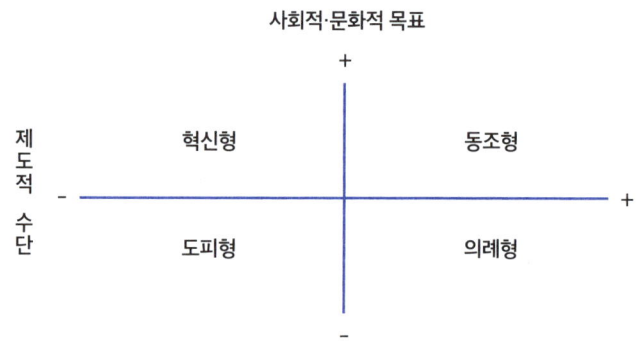

일반적으로 자기주도학습을 하고 성적이 뛰어난 학생들은 대체로 '동조형'입니다. 대학을 가야 한다는 자신만의 목표가 선명하고, 그 목표를 달성하기 위해 우리 사회가 허용하는 방법으로 최선을 다해 공부합니다. 목표에 대한 동조와 동의, 그리고 헌신이 있기 때문에 목표를 성취하게 됩니다.

문제는 '의례형'입니다. 오랜 기간 학교에서 만난 상당수 학생들이 의례형입니다. 사회의 일반적인 목표에 동의하지 않고, 그것이 가능하다고 생각하지도 않습니다. 좋은 대학을 간다는 것이 현실적으로 불가능하다고 생각하기 때문에 목표에 대한 동의도 동조도 헌신도 하지 않습니다. 그래도 학교를 열심히 다니고 학원도 열심히 다닙니다. 내용은 없고 형식만 취하는 학생들이죠. 이런 유형은 사회에서도 흔히 볼 수 있습니다. 교사 중에도 의례형이 있습니다. 어디나 존재하는 가장 흔한 유형입니다.

의례형 학생들은
자신이 공부에 성공할 수 없다고 생각합니다.

앞서 말했듯이 의례형 학생들은 내신이 좋은 학생들에 대해 원래 공부를 잘했다고 단정짓고, 자신은 원래 공부를 못하기 때문에 좋은 대학을 가는 것이 불가능하다고 '생각'합니다. 그래서 이런 학생들에게 "공부해"라는 말은 크게 의미가 없습니다. 공부해도 좋은 대학에 갈 수 없고 성공할 수도 없는데 굳이 공부해야 할 이유가 없다고 판단합니다.

의례형 학생들이 가장 많이 사용하는 단어가 '이생망(이번 생은 망했어)'입니다. 이번 생은 이미 망했고 더 이상 성적을 올리는 것이 불가능하기 때문에 포기를 선언합니다. 더 이상 어떤 '변화'도 시도하지 않겠다는 말입니다. 실패를 선언하고 그 자리에 주저앉지만 자신이 해야 할 일들은 그냥 합니다. 더 잘해보고 싶은 생각은 하지 않고, 그냥 합니다. 그러니 성적에 변화가 없습니다. 새로운 시도를 해야 성적에도 변화가 생기는데, 더 나아지기 위한 어떤 노력도 의미 없다고 이미 판단을 내렸기에 멈춘 것입니다.

이런 판단을 내리게 된 이유는 중학교 때보다 고등학교의 공부량이 훨씬 많기 때문입니다. 학생들은 놀랍게도 '내가 놀아야 할 수준'을 정해두고 그 나머지 시간을 공부에 투자하는 편입니다. 이건 닭이 먼저냐 달걀이 먼저냐의 문제이지만, 학생들은 중학교 때 했던 만큼 공부를 하고 그 이상 하는 건 버거우니 '나는 안 된다'라고 판단하는 것입니다. 결국 학생들이 의례형 인간이 되는 이유는 '자신이 충분히 했다고 생각하는 공부량' 때문인 셈입니다.

진서뿐만 아니라 상당수의 학생과 부모들은 이런 문제로 지속적으로 다툽니다. 공부나 성적 때문에 아이와 다퉜던 것을 생각해보면 그동안의 접근 방법이 잘못됐다는 것을 알게 될 겁니다. 문제가 있다면 그 원인을 정확하게 분석하는 것이 가장 중요합니다. 그래야 정확한 해결책을 찾게 됩니다.

공부를 열심히 안 해서 공부를 못한다는 생각은 1차원적 생각입니다. 우리는 자녀가 왜 그런 선택을 했는지를 고민해야 합니다. 부모가 자녀를 이해하고 공감하려 노력하는 모습을 보여주는 것이 중요합니다. 당장 중요한 것은 성적이라고 생각하겠지만, 성적을 바꾸기 위한 선택들이 어떤 결과를 가져왔는지를 면밀히 검토해야 합니다. 그러한 검토와 분석을 거쳐야 '진짜 문제'에 직면하고 진짜 해결책을 찾게 될 것입니다.

성적은 근거 있는 자신감에서 나온다

진서는 상담을 통해 삶의 명확한 방향을 찾고, 스스로 충분히 해낼 수 있다는 자신감을 얻었습니다. 부모가 시켜서가 아니라 자발적으로 공부할 수 있게 되었고, 상당 시간 공부를 지속하는 힘도 생겼습니다. 그리고 3학년이 되면서 성적이 극적으로 올랐습니다. 그때의 성취감과 효능감은 지금도 진서가 열정적으로 공부할 수 있는 버

팀목이 되고 있습니다.

단순히 '할 수 있다'는 믿음은 의미가 없습니다. 우리 사회에는 근거 없는 자신감 혹은 근거 없는 긍정 마인드가 확산되어 있어서 크게 노력하지 않아도 성공할 것이라는 이상한 믿음이 형성되어 있습니다. '칭찬은 고래도 춤추게 한다'는 '믿음'으로 어떤 근거도 없는 칭찬을 남발하게 되면 막연하게 '성공할 것이고 잘하게 될 것'이라는 환상을 갖게 됩니다. 그 환상은 고등학교에 들어가 힘든 공부를 해야 하는 상황에서 모조리 깨집니다.

진서와 같은 학생들에게 제일 강조하고 싶은 성공의 근거는 당연히 '학습량'입니다. 공부 초기에는 학습량이 가장 중요합니다. 공부를 하다 보면 효율성을 따지게 되는데, 놀랍게도 모든 학생과 부모는 공부의 시작부터 효율성을 찾습니다. 효율성이라는 말 자체가 실패를 용납하지 않겠다는 의미입니다. 그러니 제발 효율적인 공부는 나중으로 미룹시다. 효율적인 공부는 1등급 학생들에게 필요한 방법입니다. 제가 진서에게 가장 많이 강조하면서 설득의 토대가 되어준 내용 역시 학습량에 대한 것이었습니다. 그리고 자신의 가능성을 깨우는 문장을 말하게 했습니다.

"나는 나의 학습량을 믿습니다."

자신의 학습량에 대한 믿음은 매우 중요합니다. 이 문장을 자신 있게 말할 수 있을 때 한 걸음 앞으로 나아갈 수 있습니다.

현재 상황에서는 이 문장을 자녀에게 말하라고 권유하기가 쉽지 않을 것입니다. 그래서 자녀와의 대화를 통해 이런 말도 자연스럽게 건넬 수 있는 분위기를 만들어야 합니다. 부모의 조언을 듣고 내면화하는 과정을 거치면 자녀는 성장할 수 있습니다. 그런데 부모의 말이 자녀에게 전혀 통하지 않는 상황이라면 우리는 자녀를 바꿀 기회를 만들 수가 없습니다. 다시 강조합니다. 당장의 성적에 대한 고민이 아니라, 자녀의 인생을 바꿀 기회를 만들어주세요.

요즘 학생들은 결과에 집착하는 경향이 있습니다. 참으로 안타깝습니다. 이러한 경향은 '성적'이라는 결과에 부모가 지나치게 집착하는 것과 무관하지 않습니다. 결과에 대한 압박이 느껴지면 학생들은 지난 경험을 통해 자신이 '잘할 수 없을 것 같은' 일은 아예 시도하지 않으려고 합니다. 실패하는 것이 두렵기 때문이죠. 주로 의례형 학생들이 이러한 선택을 하는데, 공부를 시도하지 않으면 좋은 결과를 만드는 것은 불가능합니다.

의례형 학생, 즉 형식적으로 공부하는 '척'하는 학생들이 너무 많습니다. 겉으로는 나름 열심히 공부하고, 인강도 열심히 듣고, 학원 수업도 과제도 열심히 하는 것처럼 보여서 그 부모들은 줄곧 '내 아이가 열심히 공부하고 있다'고 속는 편입니다. 충격적이게도, 학생들도 스스로 열심히 하고 있다고 '착각'합니다. 그리고 항상 이렇게 말합니다.

"열심히 공부했는데, 성적이 안 나와요."

'공부를 열심히 했는데 성적이 안 나온다'는 것은 현실적으로 불가능한 이야기이지만 의례형 학생이라면 가능한 이야기입니다. 스스로 열심히 공부했다고 '착각'하고 그렇게 믿는 학생들이죠. 이런 학생들은 상담할 때 엄청 억울해하면서 울기까지 해 대부분의 부모는 속아 넘어갑니다.

하지만 우리 뇌는 '공부를 열심히 했는데 성적이 안 나오는' 식으로 작동하지 않습니다. 공부했다는 착각, 이해했다는 착각이 이러한 결과를 만들고 있다는 사실을 정확히 알아야 합니다. 성적 부진에는 분명한 이유가 있고, 그 이유를 정확하게 분석해야 최적의 해법을 찾을 수 있습니다. 머리가 나쁘다거나, 원래 공부를 못한다거나, 수학을 싫어한다는 식의 분석은 전혀 과학적이지 않은 실패한 분석입니다. 추상적으로 분석하면 해법 역시 추상적으로 나옵니다.

"열심히~~ 공부해."

추상적인 해법은 실패할 수밖에 없습니다.

편하고 쉬운 길은 어디에도 없다

공부하라고 할수록 공부와 멀어지는 이유

앞서 언급했듯, 성적을 올린다는 것은 중요한 학습 과정을 거친다는 의미이며, 공부하라고 말하는 것은 우리 뇌의 작동 원리를 이해하지 못한 채 하는 행동입니다. 먼저, 자녀에게 "공부해!"라고 말한 최근의 상황을 떠올려봅시다.

안타깝게도 대부분의 경우 "공부해!"라는 말은
자녀의 성적을 바꾸고
상위권 대학을 꿈꾸도록 만들기 위한 조언이 아니라,
자녀에 대한 분노를 표출하는 감정 처리의 한 방식이었을 것입니다.

그러니 자녀는 그 말을 그저 '잔소리'로 들을 뿐입니다. 부모의 걱정하는 마음과 자녀에 대한 사랑과 기대가 잔소리와 섞여 짜증스러운 말투로 자녀에게 전달되기 때문입니다. 그러니 서로 감정이 상하게 되고, 공부는 물 건너갑니다. 그리고 공부하라는 말을 할수록 감정의 골은 더 깊어집니다.

우리의 문제점을 알고 방법을 찾아서 자녀 교육에 성공하기 위해서는 우리 자신에게 본질적인 질문을 해야 합니다.

'공부해'라고 말했을 때 자녀의 표정은 어떤가요?
'공부해'라고 말했을 때 자녀의 반응에 대해 어떻게 생각하나요?

공부시킬 목적으로 말했다면 그 말을 들은 자녀는 '공부를 선택' 해야 합니다. 그런데 부모의 "공부해!"라는 말을 듣고 공부를 선택하는 자녀는 거의 없습니다. 자녀가 어떤 선택을 할지 알면서도 "공부해!"라고 반복해 말하는 분도 있을 겁니다. 마음은 아프지만 냉정하게 말하면, 우리는 실패할 수밖에 없는 방법을 쓰고 있습니다. 그러니 방법을 바꿔야 합니다.

우선, 자녀의 성적을 올리겠다는 목표 없이 습관처럼 혹은 의무감으로 "공부해!"라고 말하는 '의례형 부모'는 아닌지 스스로 돌아봐야 합니다. 많은 부모와 상담을 해본 결과 성적이 좋지 않은 자녀를 둔 부모들은 대체로 의례형 부모였습니다.

이제는 다른 방법을 시도해야 합니다. 자신의 방법만 고집하면 변화는 생기지 않습니다. 변화를 거부하는 부모와 현실에 안주하려는 자녀의 합작품이 '성적 유지'입니다. 아이들은 기본적으로 현재 상태를 변화시키려는 힘이 부족하고, 지금이 너무 편하니 변화하려는 노력도 하지 않습니다. 미래에 대한 고민으로 크게 괴롭지도 않습니다. 미래를 생각하기에 우리 아이들은 아직 어리기 때문입니다(이 부분에 대해서는 뒤에서 다시 설명하겠습니다). 그러나 의례형 학생들은 자신이 '최선을 다하고 있다'라고 생각합니다. 최선을 다했지만 자신 혹은 부모가 원하는 결과가 나오지 않으니 결국 그 자리에서 멈추는 것을 선택합니다. 이 선택이 자기 인생 최고의 균형점이라고 스스로에게 말하고 '적당히 타협'을 합니다. 그러니 변화는 부모가 시작해야 합니다.

변화의 첫걸음은 "공부해!"라는 말을 멈추고 다른 방법을 시도하는 것입니다. 물론 어렵습니다. 당연히 힘들죠. 부모로서 "공부해!"라는 말은 자녀에 대한 무한의 사랑을 담은 말이기도 하니까요. 하지만 자녀에게 이 말은 부모의 '사랑'으로 들리지 않습니다. 즉 부모의 입장이 중요한 것이 아니라, 그것을 받아들이는 자녀의 입장에서 생각하고 접근해야 합니다.

다시 한번 강조합니다.

우리의 목표는 자녀의 변화를 이끌어내는 것입니다.
자녀를 화나게 하는 것이 아닙니다.

공부하는 뇌로 바뀌는 최소한의 시간

"공부해!"라는 말이 의미 없는 말인 과학적인 이유는 뇌의 학습 원리에서 찾을 수 있습니다. 무언가를 배운다는 것은 뇌에서 정보의 소통이 이뤄진다는 의미입니다. 뇌에서 정보의 소통이 원활하게 이뤄지기 위해서는 '신경망'이 형성되어야 합니다. 무언가를 배우고^{學} 익히는^{習} 것은 결국 그것을 수행할 수 있는 신경망이 형성되어 있다는 의미입니다. 뇌과학에서는 학습 능력의 핵심을 뇌의 신경가소성 neuroplasticity 으로 봅니다. 뇌의 신경가소성은 인간의 뇌가 외부 환경 등의 영향에 따라 스스로 구조와 기능을 변화시키는 특성을 말합니다. 즉 뇌의 신경회로는 지속적으로 변화합니다. 결국 우리가 무언가를 배운다는 것은 뇌의 신경회로를 바꾸거나 확장하거나 강화하는 것입니다.

뇌와 신경망에 대해 설명하려면 아주 복잡한 이야기를 해야 하지만, 우리의 목적은 '학습'하는 뇌에 대한 이해이니 좀 더 간략하게 도식화해서 이야기하겠습니다. 간단히 말하면, 우리 뇌는 학습을 위해 신경망을 형성하는데 보다 고차원적이거나 보다 어려운 개념을 이해하기 위해서는 신경망을 강화하고 확장해야 합니다. 문제는 이 과정이 순탄치 않다는 점입니다. 우리가 무언가를 배우고 '익힌다'는 것은 의지의 문제라기보다 뇌의 신경망 형성에 의해 결정되기 때문입니다. 이 신경망은 지속적인 노력, 즉 습관에 의해 형성됩니다.

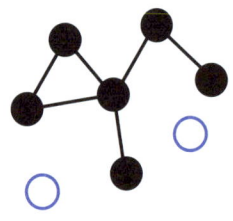

위 그림에서 ●은 시냅스를 의미하고, 시냅스가 연결된 것을 우리는 신경망이라고 합니다. 앞서 이야기한 것과 같이 우리 뇌에서 신경망은 지속적으로 '변화'합니다. 이 부분이 매우 중요합니다. 신체는 우리가 어떻게 행동하느냐에 따라 변화합니다. 다만, 이 변화에 적응하기까지 일정 시간이 필요하고, 신경망이 형성되는 데도 시간이 필요합니다. 체감상 우리 몸이 변화를 수용하기까지 최소 3주 정도의 시간이 필요한 것 같습니다. 즉 하나의 습관이 고착되기까지 걸리는 최소한의 시간이 3주입니다.

학생들은 대체로 자신만의 '학습 패턴'을 가지고 있습니다. 학습 패턴은 그 학생의 학습 신경망의 형태와 유사하다고 말할 수 있습니다. 학생들은 대부분 고등학교 3년 동안 성적이 바뀌지 않는데, 사실

**자신의 성적을 바꾸지 '못하는' 것이 아니라,
바꾸지 '않는' 것입니다.**

성적을 바꾸지 '않는' 이유는 학습 패턴, 즉 신경망을 바꾸는 3주 정도의 작업이 학생들에게 쉽지 않은 일이기 때문입니다. 쉽지 않은

정도가 아니라, 상당히 어렵습니다. 결국 상위권 학생들은 상위권 성적으로, 중위권 학생들은 중위권 성적으로 고등학교 생활을 마무리하게 됩니다.

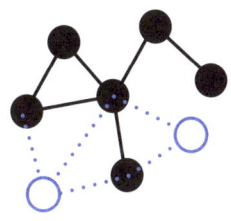

　열심히 공부하면 우리 뇌는 처리할 정보량이 많아지는 것에 대응하려 신경망을 확장합니다. 이전에 존재하지 않던 신경망을 '만들어야' 하기 때문에 매우 고통스러울 수밖에 없습니다. 근육을 만드는 작업과 유사합니다. 뇌에서 일어나는 일이기에 대체로 열이 나거나 지끈지끈한 두통이 생깁니다. 그래서 학생들이 공부 좀 하면 이렇게 말하는 겁니다.

　"너무 열심히 공부했나 봐. 머리가 아파 잠시 쉬었다 할게."

　이 지점에서 공부를 멈추면 당연히 형성되던 신경망은 원래 상태로 돌아가고, 학생에게 공부는 '항상' 힘든 일이 됩니다.
　고등학교에서 공부를 잘하는 학생들은 대체로 높은 수준의 학습과 공부량을 항상 유지하기에 공부 신경망이 어느 정도 확장되어 있습니다. 이런 학생들은 공부를 '그냥' 합니다. '공부를 해야겠다'는 대단한 결심을 하는 것이 아니라, 공부는 '그냥 항상' 하는 것으로 인지합니다.

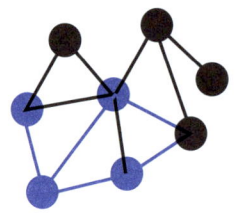

신경망을 고속도로에 비유하면 조금 더 쉽게 이해할 수 있습니다. 공부를 잘하는 학생들의 신경망은 왕복 10차선 고속도로라서 정체되는 일이 적습니다. 한 번에 많은 정보를 처리할 수 있기 때문에 다른 학생들에 비해서 정보처리 속도도 빠릅니다. 적은 시간을 투자해도 더 많은 정보를 처리할 수 있다는 말입니다. 그러니 이런 학생들은 시간이 크게 부족하지 않습니다. 그래서 수능 만점 받은 학생들이 한결같이 '잠을 충분히 잤다'고 말하는 것입니다.

반면, 공부를 못하는 학생들은 대체로 왕복 2차선 고속도로를 가지고 있습니다. 한 번에 처리할 수 있는 정보의 양이 매우 적으니, 많은 정보를 처리해야 하는 상황이 오면 '정체'되기 일쑤입니다. 그러니 공부는 항상 답답하고 어려운 일이 됩니다.

뇌의 신경망 발달을 가장 확실하게 보여주는 사례가 TV 프로그램 〈생활의 달인〉에 출연하는 분들이라고 생각합니다. 그분들은 처음부터 그런 '재능'을 가진 것이 아닙니다. 오랜 시간 수련하고, 그 재능을 자기 것으로 만들기 위해 고민하는 과정이 있었기에 지금은 달인이라 불리는 것입니다. 공부도 마찬가지입니다. '공부의 달인'은 그냥 열심히 공부한다고 되지 않습니다. 잘하기 위한 고민의 과정과 시행착오를 거쳐야 합니다.

못한다는 생각을 못 하게 하라

이런 뇌의 학습 시스템을 이해하면 '공부를 못하는 학생은 없다'는 결론에 이르게 됩니다. 생물학적으로 '공부를 못한다'는 건 불가능에 가깝습니다. 이 부분을 학습에 적용시키면 다음과 같은 놀라운 문장이 나옵니다. 오랜 교사 생활 동안 다져온 신념과 같은 문장이기도 합니다.

> 공부를 못하는 학생은 없다.
> 수학을 못하는 학생은 존재할 수 없다.
> 유일하게 존재하는 것은 공부를 안 하는 학생이고,
> 수학 공부를 게을리하는 학생이다.

초등학교 때 공부를 잘하다가 중학교로 올라가면서 공부를 싫어하고 수학을 포기하며 '공포자', '수포자'가 되는 학생들의 공통점은 '결과'에 집착한다는 것입니다. 학생이든 부모든 결과에 집착하면 어려움이 생길 수밖에 없습니다. 상대평가 체계에서는 우리가 원하는 결과가 항상 나올 수 없기 때문입니다. 이런 학생들은 자신이 원하는 결과가 나오지 않으면 초등학교 때만큼 공부해보고는 "나는 공부에 '재능'이 없다"고 말합니다. 그럴 리가!!

고등학생이 되면 비슷한 일이 다시 발생합니다. 중학교 때 공부를 잘했던 학생들이 고등학생이 되어서 성적이 떨어지면 "나는 공부를 못하는 학생이고, 수학을 원래 못한다"고 말합니다. 이런 학생들은 공통적으로 중학교 때 수준으로 공부를 하고는 '공부에 재능이 없다'고 선언하듯 말합니다.

수학에 재능이 없다고 말하는 학생들은 수학 공부량이 턱없이 부족하다는 공통점이 있습니다. 하은이가 그랬습니다. 하은이는 고등학교 1학년 때 국어와 영어 과목은 1등급이었지만, 수학은 항상 4등급이었습니다. 2학년 첫 상담에서 하은이는 수학 성적에 대한 자괴감과 심한 열패감을 드러냈습니다. 심각한 수포자였지요.

하은이의 문제점을 파악하기 위해서 제가 한 일은 간단합니다. 전체 공부 시간을 확인해보았습니다. 하은이는 전체 공부 시간 중 국어와 영어 공부에만 90%를 썼습니다. 국어와 영어는 공부를 하면 어느 정도 재미가 있고 성취감도 있으니까요. 성적이 좋으니 잘한다고 칭찬을 받아 나름 '국어 부심'과 '영어 부심'이 있었습니다. 그러니 스스로 공부하는 시간에는 주로 국어와 영어 공부를 한 것입니다. 자신은 수학을 '못'하는 학생이니까 수학 공부는 할 필요가 없다고 생각하고 있었죠.

하은이와의 오랜 상담 끝에 솔루션을 제공했고, 하은이는 그 솔루션을 이행하기 위한 모든 고통스러운 시간을 버텨야 했습니다. 사실 솔루션은 간단했습니다. 일정 기간 동안 국어와 영어 공부의 비중을 10%로 제한하고, 나머지 시간에는 수학만 공부하도록 했습니다. 하은이는 공부를 못하는 학생이 아닙니다. 학습에 필요한 높은 수준의 신경망이 어느 정도 형성되어 있었고, 그 신경망을 '수학'에 집중시키기만 하면 되었습니다. 하은이는 2학년 마지막 시험에서 '당연히' 수학 1등급을 받았습니다. 하은이가 자신의 학습 패턴을 바꾸지 않았다면 여전히 자신을 수학 못하는 학생으로 인지하고 그렇게 행동했을 것입니다. 하지만, 아니죠. 하은이는 수학을 못하는 학생이 아니라, 수학을 안 하는 학생이었을 뿐입니다. 수학적 재능의 문제가 아니라는 말입니다. 하은이와 같은 사례는 아주 많습니다.

확신을 가지고 말씀드립니다. 공부에 재능이 없는 학생은 없습니다. 우리 뇌가 그렇게 형성되지 않습니다. 수능 정도의 수준에서 공부 재능은 크게 의미가 없다고 생각합니다. 재능이 없다는 건 핑계일 뿐입니다. 그러나 학생들이 '나는 공부 재능이 없어'라고 생각하면 뇌도 그렇게 반응하고 무기력을 학습하게 됩니다.

수학을 못한다고 생각하는 학생이 수학을 잘할 수 있는 방법은 없습니다. 수학을 못한다는 생각 자체가 그 학생을 구속하기 때문입니다. 우리 뇌는 생각에 집중합니다. 그러니 중위권에서 상위권으로 도약하기 위해서는 당장 '그 생각'을 버려야 합니다. 불가능이 아니라 가능하다는 전제를 만들어주고, 가능하다고 믿도록 해야 합니다.

이것이 교육의 어려움이기도 합니다.

우리 뇌는 생각하는 대로 창조합니다.

즉 우리가 무엇을 생각하는지에 따라 뇌는 합당한 신경망을 형성해갑니다. 불안을 생각하면 불안을 구체적으로 느끼는 신경망을 만듭니다. 유전자는 자신이 집중하는 것에 에너지를 더 투입하기 때문입니다. 통증의 메커니즘을 밝힌 가장 최근의 기초과학연구원[IBS] 뇌과학 논문에도 유사한 내용이 실려 있습니다(참고 자료: DOI:10.1126/sciadv.ado8230). 인간이 느끼는 고통의 정도는 고통에 대한 예상치와 실제 고통의 정도를 합한 것으로, 결국 어떻게 생각하느냐에 따라 고통의 정도가 다르게 다가온다는 것입니다.

불편한 선택이 성적의 터닝 포인트가 된다

성적이 중위권인 학생이나 그 부모가 성적 향상을 위해 꼭 기억해야 할 것은 '자기 설득'입니다. 부모와 교사 들이 하는 착각 중에서 가장 큰 착각은 이것입니다.

다른 사람을 설득할 수 있다.

어떻게 생각하시나요? 이러한 착각은 부모와 교사만이 아니라 거의 모든 사람이 하고 있습니다. 이러한 착각을 전제로 하기 때문에 안타까운 상황이 많이 생깁니다.

사실만 말하면, 기본적으로 사람은 다른 사람을 설득할 수 없습니다. 부모가, 교사가 아무리 말해도 학생은 절대 설득되지 '않'습니다. 안 믿기시죠? 하지만 사실입니다. 실제 설득 과정을 보면, 설득은 반드시 '납득'을 전제로 합니다. 즉 납득되지 않으면 설득되지 않습니다. 아무리 좋은 말을 하더라도, 자녀가 그 말을 자신의 이야기로 받아들이지 않으면 어떤 변화도 일어나지 않습니다. 결국 가장 중요한 것은 납득, 즉 자기 설득입니다. 놀랍게도 이 부분은 뇌의 작동 원리와 동일합니다. 우리 뇌가 신경망을 만들 때 가장 중요한 것이 '자발성'입니다.

학생들의 자기 설득이 이루어지지 않으면 중위권의 터닝 포인트는 없습니다. 그렇기에 "공부해!"라는 부모의 말은 의미 없는 공허한 외침이 됩니다. 엄밀히 말해서 아이들은 "공부해!"라는 말에 반감을 느껴서 더 공부를 안 할 테니 명백한 마이너스 결과를 가져옵니다.

터닝 포인트는 '변화'를 전제로 합니다. 행동 패턴을 바꾸고 습관을 바꾼다는 말입니다. 알아두셔야 할 것은 자녀에게 변화가 일어나길 바란다면 부모가 먼저 변화를 시작해야 한다는 점입니다. 변화가 힘든 이유는 자신의 현재 상태를 '균형점'으로 생각하기 때문입니다. 대체로 사람들은 현재의 행동과 습관에서 '적당한 안정감과 만족감'을 느낍니다. 그래서 변화를 '선택'한다는 말은 불편함을 선택한다는 말도 됩니다. '편안의 균형' 상태를 깨기 때문이죠.

최근에 다이어트의 필요성이 생겨서 간헐적 단식을 시작했습니다. 다이어트를 선택하는 건 맛있는 음식을 포기하는 불편함을 감수하겠다는 결심입니다. 맛있는 것을 먹고, 소파에 누워 있는 편안함을 바꾸겠다는 의미입니다. 간헐적 단식 3주 만에 다이어트에 어느 정도 성공했습니다. 3주간의 '불편함'을 선택했기 때문에 체중에 '변화'가 생긴 것입니다.

학생들에게 공부는 '불편한 선택'입니다. 힘들고 어렵고 하기 싫은 일이 분명합니다. 그러니 공부를 한다는 것은 불편한 선택을 한다는 말이고, 성적을 올린다는 것은 매우 불편한 선택을 '지속적으로' 해야 한다는 말입니다. 그것을 가능하게 하는 것은 무엇일까요? 당연히 '자발성'일 수밖에 없습니다. 그래서 이런 질문을 해봅니다.

부모의 목적은 자녀가 '공부'하는 행동인가요?

그게 아니라면 우리는 선택을 보다 명확히 할 수 있습니다. 자녀를 의례형 학생으로 만들지 않기 위해, 자녀가 지금 공부를 포기하고 수학을 포기한 학생이라면 더더욱 스스로를 설득할 수 있도록 만들어야 합니다. 특히 중위권 학생이라면 터닝 포인트를 놓치지 않기 위해서라도 더 그래야 합니다.

3장

입시 불변의 법칙

입시에 성공하기 위한 필요조건

입시에 꼭 필요한 최소한의 정보

최근 치약을 사려고 근처 마트에 갔습니다. 이런저런 이유로 오랜만에 마트에 간 건데, 치약 코너에서 한동안 방황을 했습니다. 치약의 종류도 많거니와 다양한 기능을 자랑하는 치약들을 보고 있자니 뭘 사야 할지 선택하기 힘들더군요.

치약을 선택하고, 냉장고를 고르고, 화장품을 선택하고… 우리는 매 순간 선택을 하면서 살아갑니다. 선택의 어려움은 두말할 필요가 없습니다. 관련 정보가 다양하고 비슷한 종류가 많기 때문이죠. 하지만 우리는 선택을 할 때 관련된 '모든' 정보를 정확하게 살피고 가장 적합한 것을 고르지는 않습니다. 그저 포장이 예뻐서 살 때가 있고, 상품의 디자인을 보고 선택하기도 하고, 다른 사람의 사용 후기를 보거나 지인의 소개를 받아 선택하기도 합니다.

교육도 마찬가지입니다. 정보가 넘쳐나고, 입시 혹은 자녀 교육 전문가들이 다수 존재하는 세상입니다. 어찌나 전문가들이 많은지, 그들의 말을 듣고 있노라면 자녀는 거뜬히 의대를 진학할 것만 같습니다. 그런데 참 이상합니다. 정보도 전문가도 많은데 우리는 왜 자녀 교육에 실패하고 그 때문에 힘든 시간을 보낼까요? 이유는 간단합니다. 과도한 정보에 노출되어 있기 때문입니다. 치약을 사기 위해 한참을 고민하는 이유도 과도한 정보 때문입니다.

목적이 선명하고 방향이 명확하다면 다른 정보들에 눈을 돌릴 필요가 없습니다. 마찬가지로, 자녀 교육 혹은 자녀의 입시에서 성공하려면 두 가지 정보가 필요합니다. 이것은 고등학교 입시에도 대학 입시에도 모두 적용됩니다.

첫 번째는 입학 전형에 대한 정보입니다. 대학에 대한 정보는 넘쳐납니다. 대학이 발표하는 자료도 있고, 옆집 이야기에 대치동 성공 스토리도 있고, 각종 학원에서 제공하는 정보도 있습니다. 게다가 유튜브에는 온갖 정보가 넘쳐납니다. 이 무수한 정보들을 '필터링'하지 못하면 '불안'이 마음속에서 뭉게뭉게 피어오르며 덩치를 키웁니다.

'내가 이 정보를 지나치면 자녀 교육에 실패하지 않을까?'

그럴 리 없습니다. 입학 정보를 모르거나 더 많은 대학의 정보를 알지 못해서 실패하는 사회가 아닙니다. 그런 정보들은 잠깐 검색하면 충분히 알아낼 수 있습니다. '이것 모르면~'으로 시작하는 유튜브 영상들 때문에 자녀 교육이 실패하지는 않습니다.

그런 의미에서 두 번째 정보는 첫 번째 정보보다 훨씬 더 중요합니다. 제가 보기엔 성패를 결정짓는 것은 두 번째 정보라고 생각합니다. 그것은 바로 '자녀에 대한 정보'입니다. 더 정확하게 표현하면, 가슴 아프지만 부모가 외면하고 있는 자녀에 대한 정보가 그 모든 것을 결정합니다.

상위권을 제외한 부모 대부분은 내 아이를 모른다

2022년 12월에 지인의 소개로 만난 성재의 부모님은 자녀를 의대에 보내고 싶어 했습니다. 중학교 3학년이었던 성재는 공부를 제법 하는 아이로 알려져 있었고, 스스로도 공부에 대한 자신감이 있는 학생이었습니다. 머리가 좋아 공부에 많은 시간을 투자하지 않아도 꽤 괜찮은 성적을 유지했습니다.

그런데 성재와 잠시 상담을 해보니 전형적으로 노는 학생이었습니다. 유튜브 시청 시간이 꽤 길었고, 게임 아이디를 검색해 보니 40만 분(약 278일)의 시간을 게임으로 소비한 경험이 있었습니다. 웹툰을 제외하고도 엄청난 시간을 게임과 영상에 썼죠. 성재의 부모님은 그 사실을 모르고 있었습니다. 중학교 성적이 좋으니 고등학교에서도 좋은 성적을 유지할 것으로 막연히 기대하고 의대를 희망하고 있었던 겁니다. 중3 성재가 어떤 삶을 살고 있는지 모르고 알려고 하지도 않았기 때문에 기대는 컸습니다.

그러나 성재처럼 공부하는 학생들은 고등학교에서 좋은 내신 성적을 받기 힘들 뿐만 아니라 대체로 실패합니다. 그래서 공부 방법을 바꿀 것을 권유하면서 대치동 학원과 선행 학습에 브레이크를 걸었습니다(물론 하나도 받아들여지지 않았습니다). 왜냐하면 고등학교에서 배우는 공부의 수준이 매우 어렵기 때문에 공부 습관을 제대로 만들지 않으면 좋은 성적을 받을 수 없기 때문입니다. 나름 괜찮은 머리로 강의를 듣고 암기하는 것으로 충분히 해결할 수 있는 중학교 공부와 달리, 고등학교 공부는 충분한 사고력을 전제로 합니다. 개념을 알고 있다고 해결되는 것이 아니라 그 개념을 자신의 것으로 만들고 이해를 해야 문제를 제대로 풀 수 있습니다.

2024년 1학기가 끝나고 다시 만난 성재는 서울의 일반고에서 4등급 후반대의 내신 성적을 유지하고 있었습니다. 중3 때 제가 조언한 내용을 그냥 흘려들었던 성재, 그리고 성재가 그럴 리 없다며 아들을 믿은 부모님이 만든 결과였죠. 자녀를 믿었다고 뭐라 하는 것이 아닙니다. 자녀에 대한 확고한 믿음이 있으려면 '정확한 정보'가 뒷받침되어야 한다는 말입니다. 자녀에 대한 정보가 부정확할수록 우리는 더 많은 잘못된 정보에 집착하게 됩니다.

대부분의 부모들은 중고등 자녀에 대해 '추상적인 정보'만 가지고 있습니다. 자녀에 대한 정보가 부족한 데다 알고 있는 정보마저 부정확한 이유는 '대화의 부재' 때문입니다. 중학생 정도만 되어도 부모와 대화를 오랜 시간 지속하지 못합니다. 서로 다른 것을 보고 있기 때문입니다. 특히 자녀의 입장에서 부모는 '녹음기'와 같기에 대화가 어떻게 흘러갈지 훤히 보입니다. 그러니 부모와 대화를 하고 싶어도 대화를 할 수가 없습니다.

중학교 때 공부를 제법 했던 학생들은 부모와의 대화의 벽을 조금 더 심하게 느끼는 것 같습니다. 항상 인정과 지지를 해주던 부모의 '배신'을 경험하기 때문입니다. 중학교 때 공부를 잘한 학생들의 부모들은 자녀가 고등학교에서도 알아서 공부를 잘할 거라는 착각에 빠져 막연한 '믿음'을 장착합니다. 그리고 대화를 중단합니다. '공부해야 하니까, 학원을 가야 하니까, 과제를 해야 하니까, 서로 바쁘니까'가 그 이유입니다.

그런데 대화를 단절하면 자녀를 이해하고 자녀의 관심사를 알아갈 기회를 놓치고, 자녀가 무엇을 좋아하고 무엇을 잘하는지에 대해 '추상적'으로만 알게 됩니다. 게다가 자녀는 안전하고 확실하게 스트레스를 풀 방법을 찾지 못하게 됩니다. 그렇게 자녀 교육도 입시도 실패하게 됩니다. 오늘날 교육 정보들이 넘쳐남에도 불구하고 실패 사례가 늘어나는 이유입니다.

특히나 지금의 초중등 학생들은 큰 흐름이 바뀐 대학 입시를 치러야 하기에 이 부분이 더 중요합니다. 앞으로 우리 사회의 대학 입시가 '양적 평가' 중심에서 '질적 평가' 중심으로 서서히 이행되고, 더 많은 대학에서 질적이고 정성적인 평가를 반영할 예정입니다. 이런 흐름이 지속된다면 자녀의 장단점을 아는 것은 매우 중요한 전략이 될 수밖에 없습니다. 자녀에 대한 정보가 많을수록 선택할 수 있는 선지가 많아지는 것은 당연합니다.

학부모라면 반드시 답할 줄 알아야 하는 질문

타인에 대한 정보를 많이 알기 위해 가장 필요한 것은 '대화'입니다. 여러분은 이 책을 통해 저와 대화를 함으로써 저에 대한 '정보'를 획득하셨을 겁니다. 정보를 얻기 위해서는 당연히 대화가 필요합니다. 자녀와의 관계에서도 마찬가지입니다. 자녀와의 대화는 많은 정보를 제공하고, 그 정보를 나름의 방법으로 분석하면 자녀를 더 잘 이해하게 됩니다.

자녀와 어떤 대화를 하시나요?

일상적이고 통상적인 이야기 말고 '대화'라고 부를 만한 것을 하시나요? 자녀에 대한 정보가 없으면 자녀를 바른 방향으로 인도할 수 없습니다. 그러니 이제 자녀와 대화를 합시다. 반드시 '특정 주제'가 있는 대화여야 합니다.

가능하면 그 시작은 자녀의 관심사에 대한 이야기면 좋겠습니다. 자녀가 좋아하는 게임이나 아이돌에 대해서 반드시 '공부'하고 대화에 임해야 합니다. 부모의 관심사로 대화를 시작하면 자녀는 몰입하지 못합니다. 그러니 자녀가 좋아하는 것을 '적극적'으로 공부하세요. 저는 학생들의 역량을 확인하기 위해서 자신이 관심을 가지고 있는 분야에 대해 계속 말하게 합니다. 자신의 관심 분야에 대해 두 시간 이상 말할 수 있는 학생은 진로에 대한 관심과 준비가 어느 정도 되어 있다고 판단합니다. 물론 상위권 대학에 진학하기 위해서는 더 오랜 시간 동안 말할 수 있어야 합니다. 그런 측면에서 여러분에게 이런 질문을 하고 싶습니다.

자녀의 가장 큰 장점은 무엇인가요?

조금 더 구체적으로 묻겠습니다.

상위권 대학을 보내기 위해
자녀의 능력 중 어떤 능력이 가장 중요하다고 생각하나요?
자녀가 가진 10가지 능력 중 가장 탁월한 능력은 무엇인가요?

대답하기가 쉽지 않을 겁니다. 우리가 가진 자녀에 대한 정보가 '추상적'이라 그렇습니다. 대학이 요구하는 것은 구체적이고 증명 가능한 역량입니다. 추상적인 능력은 말 그대로 구체성이 없기 때문에 크게 의미가 없습니다.

가장 최근의 입시 설명회에서 유사한 질문을 던졌습니다. 부모님들의 대답은 '착하다'와 '성실하다'가 대다수였습니다. 그런데 '착하고 성실한 학생을 상위권 대학에서 뽑을까요?'라고 물으면 답하기 어려워합니다. 결국 자녀의 역량에 대한 이해도가 높아야 합니다. 높은 이해도는 대화에서 시작됩니다. 다양한 주제로 '깊게' 대화하다 보면 더 많은 것을 알게 되고, 자녀의 역량에 대해 고민할 수 있습니다.

중학생의 부모로서, 고등학생의 부모로서 가장 중요한 작업은 자녀에 대해 더 깊이 이해하는 것입니다.

대학은 '우수한' 학생을 선발한다

대학은 어떤 학생을 원하는가

그럼 도대체 최상위권 대학은 어떤 학생을 뽑을까요? 이 부분이 가장 중요합니다. 입시 제도는 계속 바뀌고, 앞으로도 상당한 변화가 예상되는 만큼 대학의 선발 기준을 아는 것이 좋습니다.

2008학년도 대입 수능 이후 한 신문에 〈억울한 수험생 양산… 등급제 고집할 일 아니다〉라는 제목의 기사가 실렸습니다(동아닷컴, 2007년 12월 10일). 10여 년 전에도 입시는 여전히 어려운 과제였고, 혼란스러웠으며, 갖은 불안이 존재했습니다. 지금 우리 사회가 당연하게 받아들이는 내신 9등급제도 엄청난 혼란과 불안의 과정을 통해 만들어진 것입니다. 아무리 입시 제도가 바뀌더라도 그 속에서 누군가는 길을 만들고 누군가는 불안해하면서 길을 잃습니다. 교육체계 혹은 입시 제도의 변화에 대한 '막연한 불안'은 성공의 방법을 제대로 찾지 못하게 만듭니다.

그러니 우리가 본질적으로 고민해야 할 지점은 입시 제도가 아니라 학생을 '선발'하는 대학의 입장입니다. 대학의 선발 기준은 시대의 흐름에 따라 입시 제도의 변화에 따라 조금씩 달라졌지만 대체로 유지되어 왔습니다.

다시 질문을 하겠습니다.

대학은 어떤 학생을 선발하려고 할까요?

사실, 엄청 간단한 질문입니다. 여러분이 건설회사 사장이라면 어떤 직원을 선발하고 싶을까요? 여러분이 편의점을 운영한다면 어떤 아르바이트생을 뽑고 싶을까요? 여러분이 교장 선생이라면 어떤 교사를 선발하고 싶을까요? 이 세 가지 질문에 대한 대답은 전혀 다를 확률이 높습니다.

그러면, 대학은 어떤 학생을 선발하려고 할까요?

대학은 당연히 우수한 학생을 선발하려고 합니다. 여기서 중요한 건 '우수한'이라는 단어의 의미입니다. 그 의미는 회사마다 다르고 직군마다 다르며 사람마다 다릅니다. 즉 '우수성'의 개념은 '주관적'이라 대학마다 기준이 다릅니다. 그러니 우리는 대학이 말하는 '우수성'이 어떤 것인지에 대해 공부해야 합니다.

최근에 많이 사용되는 선발 기준은 다음과 같습니다.

대학 입학 후 공부를 잘할 학생
대학 졸업 후 대학을 빛내줄 학생
중도에 포기하지 않을 학생

표현이 추상적이라 당황하셨을 겁니다. 대학이 우수성의 기준을 추상적으로 제시하는 이유는 '다양한 우수성'이 존재하기 때문입니다. 우수성은 한 가지 모습만 있는 것이 아닙니다. 다양한 영역에서 다양한 모습으로 등장할 수 있습니다. 이처럼 다양한 우수성을 포괄하기 위해 대학은 다소 추상적으로 우수성을 제시하는 것입니다.

그러나 입시를 준비하는 입장에서 추상적인 준비는 의미가 없습니다. 학생과 부모는 대학이 제시한 기준에 맞는 자신만의 우수성에 대해 구체적으로 표현해야 합니다. 그러려면 대학이 우수성을 어떤 식으로 평가하는지를 이해하는 것이 중요합니다. 대학이 요구하는 우수성을 구체화하면 대체로 다음과 같은 질문으로 나타낼 수 있습니다.

단순 암기 수준 이상의 '깊이 있는 이해'를 바탕으로 한 지식을 가지고 있는가?
고등학교에서 한 '의미 있는 학습 경험'은 무엇인가?
자신의 성취를 점검하고 '더 필요한 공부'가 무엇인가를 고민한 경험이 있는가?
습득한 지식을 적절히 '활용한 경험'이 있는가?

노력을 통해 '성장한 모습'은 어떠한가?

어떤가요? 이 정도의 질문을 가지고 학생부를 본다면 자녀의 우수성이 좀 더 선명해질 것입니다. 위의 질문에 자신 있게 대답할 수 있는 학생이라면 대학에 진학해서 더 열정적으로 자신의 분야를 파고들 것이라는 기대도 됩니다. 대학은 당연히 이런 학생들을 선발하길 원합니다. 참고로, 위에 제시된 내용은 서울대의 학업 역량 기준입니다.

AI 시대에 살아남을 우수한 학생은 누구인가

수능 성적이나 내신 성적은 학생이 지닌 다양한 우수성 중에서 '객관식 능력'을 측정한 것입니다. 이러한 현재의 평가 시스템에는 한계가 있습니다. 특히 AI 시대를 맞이하는 지금의 학생들에게 요구해야 할 능력이 객관식 능력인지는 더 의문입니다. 지금의 학생들은 사고의 확장은 미숙하지만 기계적으로 문제를 푸는 것은 익숙합니다. 하지만 기계적으로 '실수하지' 않고 문제를 푸는 능력은 인공지능이 훨씬 뛰어납니다. 그러니 대학은 갈수록 사고의 확장이 가능한 학생들을 선호할 확률이 높습니다.

최근 EBS 다큐멘터리 〈내 아이의 공부〉 제작에 참여했습니다. 중학교 수학을 선행하고 있는 초등학교 6학년 학생 41명을 대상으로 1교시에는 기본 개념 문제를 풀게 하고, 2교시에는 사고력 심화 문제를 풀게 한 실험이었습니다. 배운 공식을 단순히 이용해서 답을 찾는 문제를 푼 1교시 시험의 성적은 대체로 높았습니다(평균 80.24점). 반면, 사고력 심화 문제를 푼 2교시 시험 성적은 매우 낮았습니다(평균 25.95점).

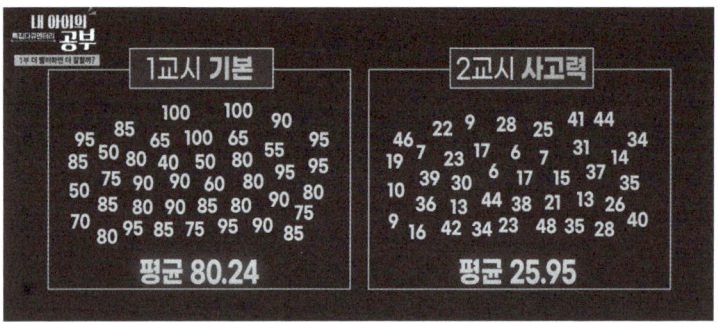

2교시 시험 성적이 낮은 이유는 자신이 외운 개념과 공식의 의미를 이해하지 못해서 답을 찾지 못했기 때문입니다. 기계적으로 공식을 적용하고 문제를 빨리 푸는 스킬은 누구나 익힐 수 있지만, 그 스킬로는 진짜 공부를 하지 못한다는 것을 보여주는 실험이었습니다.

고등학교에 가면 개념의 활용이 더 많아집니다. 그러니 기초를 제대로 쌓지 않고 문제를 빨리 푸는 스킬만 익힌 학생은 고등학교 공부가 상당히 어렵습니다. 중학교 때까지 공부를 잘하다가 고등학교에서 가서 성적이 떨어진 대부분의 학생들이 이런 함정에 빠진 경우입니다. 사고를 확장하는 공부를 하지 않았기 때문에 고등학교 공부를 잘해내기가 어렵고, 어려워서 해낼 수 없다고 '생각'하기 때문에 쉽게 포기합니다.

다큐멘터리에서 2교시 문제를 푼 학생들의 여러 답 가운데에서 제 마음을 가장 아프게 했던 답이 하나 있습니다.

이 답이 자녀 교육에 대한 깊은 고민의 지점이 되었으면 합니다. 더불어 자녀 교육의 목표와 방향을 설정하는 계기가 되기를 바랍니다. 그리고 '우수성의 기준'도 점검합시다.

최상위권은 우수성의 기준을 결과에 두지 않는다

궁극적으로 대학이 요구하는 역량은 '자기 주도적' 학습 역량입니다. 이 역량은 성적이 좋은 학생들과 사회적으로 성공한 사람들의 공통점이기도 합니다. 그런데 '자기 주도적'이라는 말에 대해 오해가 있는 것 같습니다. 자기 주도적 학생들은 대체로 '자기효능감'을 가진 학생들입니다. 자기효능감$^{self\text{-}efficacy}$이란 자신이 어떤 일을 성공적으로 수행할 수 있는 능력이 있다고 믿는 기대와 신념을 말합니다.

이를 학생들에게 적용한다면, 자신이 공부를 잘할 수 있고 공부를 열심히 하면 성적이 상승할 것이라는 기대와 믿음을 말합니다. 자기효능감이 강한 학생들은 공부를 통해서 원하는 결과를 만들어가기 때문에 공부에 '헌신'하게 됩니다.

그러나 상당수의 학생들은 자기효능감이 약합니다. 다양한 이유가 있지만, 방금 살펴본 것처럼 부모의 기대가 '성적'이라는 '결과'에 치우쳐 있기 때문입니다. 초등학교 혹은 중학교 1학년 정도까지는 성적이라는 결과를 통해 자기효능감을 쌓는 것이 수월합니다. 공부 내용이 어렵지 않기 때문입니다. 하지만 중학교 고학년 그리고 고등학교는 배우는 개념의 난도가 높아지고 어려워집니다. 개념이 어려워진다는 건 전보다 훨씬 더 많이 공부해야 한다는 말입니다. 그래서 이전처럼 좋은 성적을 받는 것이 절대로 쉽지 않습니다.

여기서 문제가 생깁니다. 중학교 저학년 때까지는 공부한 만큼 결과가 나오기 때문에 자기효능감이 충분했습니다. 그런데 고학년이 될수록 공부한 만큼 결과는 나오지 않고 부모가 성적이라는 결과에 집착하는 걸 보면서 자기효능감은 떨어집니다.

초등학교 때의 학습 성취는 다음과 같은 형태로 나타납니다.

쉬운 것을 배워서 그런 건데, 공부한 만큼 성적이 쑥쑥 오르니 '우리 아이가 천재인가?'라는 생각을 하게 됩니다. 하나를 알려주면 둘을 알고 셋을 이해하는 것처럼 보입니다. 공부에 드는 노력이 많이 필요하지 않습니다. 30만큼 투자하면 100의 결과가 나오기 때문에 학생도 부모도 공부를 '잘한다'고 착각하게 됩니다.

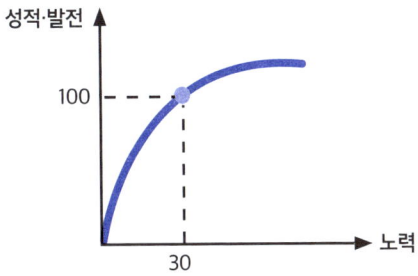

그러나 중학교 때부터는 양상이 달라져 대체로 다음과 같은 형태로 나타납니다.

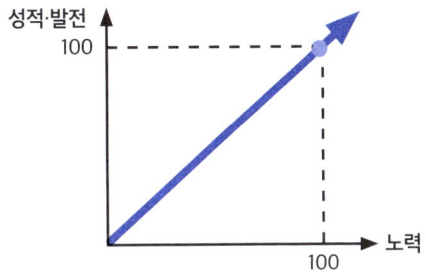

물론 이 부분에 대해 논란은 있지만, 그리 어렵지 않은 것을 배우기에 대체로 노력한 만큼의 결과를 얻습니다. 학원에 다니고 인강을 더 많이 '들으면' 대체로 공부를 잘할 수 있게 됩니다. 그러니 이 시기에도 착각을 합니다. 공부는 쉬운 것이고, 마음만 먹으면 언제든 잘할 수 있다고 생각하는 거죠. '결과'만 생각하기 때문에 공부 과정을 점검하지 않습니다. 초등학생 때처럼 그냥 '열심히' 공부를 하죠. 공부를 통해 자기효능감을 충족시키거나 더 나은 공부법을 고민할 필요가 없습니다.

노력하면 그만큼의 결과가 나오니까요.

그래서 심각한 문제는 항상 고등학교에서 발생합니다. 다들 열심히 공부하는데 성적이 나오지 않는다고 말합니다. 고등학교에서는 어려운 개념을 배우기 때문에 더 많은 공부 시간을 필요로 합니다. 그러니 다음과 같은 그래프가 만들어집니다.

열심히 노력하고, 중학교 때보다 훨씬 더 많이 공부하는데도 성적은 요지부동이라고 말들을 합니다. 당연합니다. 중학교 때보다 훨씬 어려운 것을 배우니까요. 결국 50만큼의 노력을 하고도 10만큼의 결과를 받으면 학생들은 공부를 더 오래 하는 것은 의미 없는 일이라고 생각하게 됩니다. 자신은 머리가 안 좋고, 수학적 재능이 없고, 아무리 해도 안 된다는 둥 핑계를 말하면서 공부를 포기합니다.

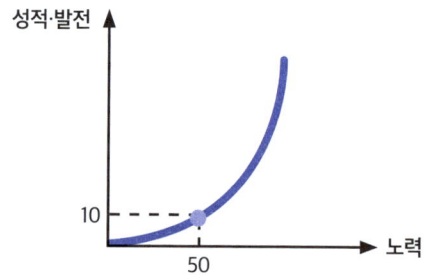

그러니 자기효능감이 바닥을 칩니다. 열심히 노력하면 성적이 오른다는 믿음을 버리게 되니, 아무리 열심히 공부해도 성적은 오르지 않습니다. 이미 '의례형' 학생이 되어버린 것입니다.

공부를 잘하는 학생들도 당연히 이 과정을 거칩니다. 가장 큰 차이점은 50만큼 노력해서 나온 '10'이라는 결과에 크게 의미를 두지 않는다는 것입니다. 초등학교와 중학교를 거치면서 자신이 노력을 쌓기만 하면 그에 합당한 결과는 언제든 나온다는 것을 경험으로 인지했기에 당장의 결과에 연연하지 않습니다. 자기효능감이 유지되는 것입니다. 이런 학생들은 결국 더 많이 노력해 '마의 구간'을 지납니다. 이것이 우리가 흔히 '자기 주도적'이라고 칭송하는 학생들의 실제 모습입니다.

부모의 말이 아이의 자기효능감을 결정한다

대학이 우수한 학생, 자기 주도적인 학생을 선호한다는 말이 이제 명확하게 이해되시죠? 자기 주도적 학생들은 공부하면서 만나는 어려움을 당연하게 받아들입니다. 왜냐하면 공부라는 것은 '모르는 것을 배우는 과정'이지, 아는 것을 잘 푸는 과정이 아니라고 이해하기 때문입니다. 모르는 것을 배울 때 실패를 겪는 것은 너무 당연한 일이니 좌절하고 멈출 이유가 없다고 생각합니다. 즉 자기 주도적인 학생들은 실패를 당연하게 생각합니다. 대학의 입장에서 보면, 대학 공부는 실패의 연속일 수밖에 없습니다. 고등학교 공부보다 훨씬 더 어렵고 고차원적인 개념을 배워서 활용해야 하니 더 많은 실패를 경험하게 될 게 뻔합니다. 그러니 실패를 해도 툴툴 털고 일어나는 학생들을 선호하게 됩니다.

인지 편향에 대한 다양한 심리 이론 중에 '더닝 크루거 효과 Dunning-Kruger effect'가 있습니다. 능력이 없는 사람이 잘못된 판단을 내리지만 능력이 없기에 자신의 실수를 알지 못하는 현상을 말합니다. 우리 속담 중에 '빈 수레가 요란하다'와 '벼는 익을수록 고개를 숙인다' 정도로 이해하시면 됩니다.

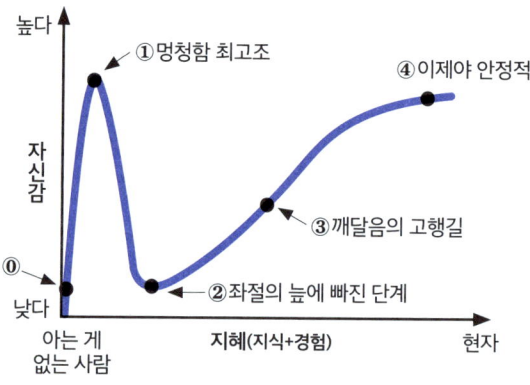

중학교 때 공부를 좀 하고 고등학교에 진학한 학생들은 대체로 스스로를 '과대평가'합니다. 이런 학생들의 부모들 역시 자녀를 과대평가합니다. 막연히 시험을 잘 볼 거라고 생각하고, 성적 상위권에 무난히 오를 수 있을 거라고 생각합니다. 자녀에 대해서 정확히 모르기 때문입니다. 그러나 고등학교 첫 시험을 치고 나면 학생들은 자신의 현실을 인지합니다. 실패에 좌절하고, 자신이 모른다는 사실을 처절하게 알게 됩니다. 거의 모든 학생이 이 단계를 거칩니다. 다만, 실패에 대한 반응은 학생마다 다릅니다. 자신의 실패와 좌절을 진짜 자신의 모습으로 받아들인 학생은 그 자리에서 멈추지만, 실패와 좌절이 '과정'이라고 인지한 학생은 자리를 털고 남다른 노력을 해서 결국 자신이 원하는 결과를 만들어냅니다.

그럼, 다음 질문을 하겠습니다.

어떻게 하면 실패를 당연하게 생각하고,
실패의 장면에서 툴툴 털고 일어나는 자녀로 만들 수 있나요?

그 방법은 간단합니다. 부모가 자녀의 실패를 만났을 때 쿨하게 반응하면 됩니다. 아무것도 아니라고, 틀려도 된다고 말해주면 됩니다. 그러면 자녀도 쿨하게 다시 일어날 수 있습니다. 사실 실패의 장면은 자녀를 키우면서 자주 겪습니다. 아이가 처음 일어설 때, 처음 자전거를 탈 때를 생각해보세요. 아이가 처음 무언가를 해내기 위해 숱하게 실패를 경험할 때 부모는 한결같이 응원을 하고, 아이는 그 응원으로 무언가를 해냅니다.

그런데 왜 시험에서는 틀리면 안 된다고 하나요? 왜 중학교 시험에서의 실수는 용납하지 않는 건가요? 도대체 왜 고등학교 시험에서 2등급을 받고 3등급을 받으면 안 되는 걸까요? 결과만 보고 결과에 민감하게 반응할수록 자녀는 '도전'하지 않으려 합니다. 도전해서 실패하면 부모가 보이는 반응에 '미안'해지거든요. 그러니 자녀 입장에서는 멈춰서 더 이상 도전하지 않는 것이 더 '편안'합니다.

다시 한번 강조합니다.

공부는 모르는 것을 알기 위해 '도전'하는 과정입니다.

그러니 자녀의 실패에 대해서 쿨해지세요. 결과가 아니라 과정에 반응하는 부모를 보면서 자녀는 자기효능감을 이해하고 충분히 쌓을 수 있게 됩니다. 그러면 더 큰 도전을 해낼 수 있고, 자기 주도적 학습 역량을 증명해서 결국 대학이 원하는 인재가 됩니다. 부모가 할 수 있는 최고의 교육은 자녀가 실패를 딛고 일어날 수 있도록 더 많은 도전을 응원하는 일입니다.

다시 한번 되새겨봅시다.

대학은 우수한 학생을 선발합니다.

대학은 '활동'이 아닌 '역량'을 본다

선생님, 학생회장 떨어지면 학종 어떡해요?

입시에 대해 이야기하고 학생부종합전형(이하 '학종')에 대한 질문을 받게 되면 항상 듣는 말들이 있습니다. 학종에서 좋은 평가를 받으려면 어떤 '활동'을 하고 어떤 '동아리'를 해야 하는지, 탐구 보고서는 어떤 주제로 써야 하는지에 대한 질문입니다. 심지어 탐구 활동과 관련해서 컨설팅이 진행되기도 합니다. 놀라운 일입니다.

여기서 대단히 중요하지만 흔히 간과되는 점이 있습니다. 대학은 학생부를 통해서 학생의 활동에 대한 구체적인 내용을 확인할 수 없다는 점입니다. 아무리 대단한 논문을 썼다고 '주장'하더라도 대학은 그 내용을 확인하지 못합니다. 학생이 들었다는 특강 역시 누구의 특강을 들었는지 알지 못합니다.

많은 고등학교에서는 학생들의 활동을 위해 다양한 프로그램을 진행합니다. 제가 근무하는 학교에도 다양한 프로그램이 있습니다. 학생들과 진행하는 활동 중 가장 유명한 활동은 인문계열 '지식인의 서재', 자연계열 '지식인의 LAB실'로 '당대 지식인들의 책으로 나의 서재를 채우자'가 프로그램의 목표입니다. 학생 중심의 섭외 전략을 활용한 이 프로그램에는 당대의 지식인이라고 할 수 있는 분들이 매년 초빙됩니다. 학생들이 TV에서나 볼 수 있는 유명인을 직접 만나고, 책을 읽고 궁금한 점을 질문하는 등 고등학생에게는 엄청난 기회인 프로그램입니다. 2024년에는 노벨 생리의학상을 수상한 팀 헌트 교수가 초빙되어 학생들과 질문을 주고받기도 했습니다. 이 프로그램은 대략 80명 정도의 학생들이 참여합니다. 각자에게 주어진 독서 과제와 토론 주제가 있고, 다양한 사전 활동과 사후 활동이 진행되는 등 학생들이 지적 능력을 강화할 수 있는 좋은 기회를 제공합니다.

여기서 질문을 하나 하겠습니다.

**'지식인의 서재'에 참여한 학생들을
대학은 우수하다고 평가할까요?**

당연히 아닙니다. 이 부분을 잘 생각해보면, 대학이 생각하는 우수성과 학생·부모가 생각하는 우수성의 결이 다르다는 것을 확인할 수 있습니다. 고등학교에서 진행되는 모든 '활동'은 우수성과는 거리가 있습니다. 단순하게 생각해서, 80명의 학생들 중 초빙된 지식인의 지식을 제대로 흡수할 수 있는 학생이 얼마나 될지를 생각하면 활동 자체가 중요하지 않다는 점이 명확하게 이해될 겁니다.

상당수의 고등학교에서는 학년 초에 동아리와 관련해서 조금은 서글픈 일이 생깁니다. 학교에서 유명한 동아리들은 경쟁이 치열합니다. 특히 학술 동아리이면서 전공 적합성이 높다고 알려진 동아리들이 그렇습니다. 그래서 그 동아리에 지원했다가 떨어진 학생들은 그렇게 웁니다. 대학에 실패했다고, 좋은 대학을 갈 수 없게 되었다고도 말합니다. 어떤 학생은 학생회장 선거에서 떨어졌다면서 학종에서 좋은 결과를 낼 수 없다고 실망하고, '지식인의 서재'와 같은 학교 대표 프로그램에서 떨어졌다고 좌절하는 학생도 있습니다. 그러나 그럴 필요 없습니다!!!!

그건 그냥 활동일 뿐이며, 활동 자체가 중요한 건 아닙니다. 그 활동을 통해서 자신의 어떤 역량을 보여줄 것인지가 중요합니다. 그러니 어떤 동아리든 상관없습니다. 학생회장이 아니어도 충분히 리더십을 증명할 수 있습니다. 대학이 중요하게 보는 것은 활동 자체가 아니라 그 활동을 하게 된 동기와 그 활동을 통해 성장한 모습입니다. 프로그램이나 동아리의 활동이 개연성이 있어야 하고, 그 과정이 개별 학생의 스토리텔링에 맞아야 합니다.

반대로 생각을 해보면 이해하기가 조금 더 쉽습니다. 서울대 등 상위권 대학을 진학한 학생들 중에 농구 동아리, 댄스 동아리 활동을 한 학생이 있을까요, 없을까요? 이렇게 질문하면 놀랍게도 상당수의 학생과 부모들이 "없을 것 같다"고 대답합니다. 아닙니다. 당연히 있습니다. 왜냐하면 대학은 동아리 활동을 보는 것이 아니라, 그 활동을 통해 무엇을 '증명'하는지를 보기 때문입니다.

요즘 대학에서 매우 중요하게 생각하는 역량 가운데 하나가 '창의력'입니다. 그럼 창의력을 증명하려면 어떤 동아리에 참여해야 할까요? 발명 동아리를 해야 할까요? 아닙니다. 어떤 동아리에서든 자신의 창의력을 증명하기 위한 노력을 하면 됩니다.

예를 들어, 댄스 동아리 활동을 하는 학생이라면 '색다른' 댄스 동아리 활동 기획이나 '새로운' 안무를 통해 자신의 창의력을 증명할 수 있습니다. 기존에 잘 알려진 안무들을 '재해석'하거나 '재조합'하는 것으로도 충분히 증명이 가능합니다. 결국 자신이 증명하고 싶은 역량을 얼마나 이해하느냐에 따라 증명할 수 있는 방법은 더 다양해집니다. 그러니 활동이 아닌, 증명할 자녀의 역량에 대해 선행을 하세요. 참고로, 창의력은 가능한 많은 아이디어를 내는 것(유창성), 다양한 해결책을 찾아내는 것(융통성), 참신하고 독특한 아이디어를 내는 것(독창성)을 모두 포함합니다.

서울대 지원자와 합격생의 독서 목록 차이

다년간 입시 지도를 해오면서 학생들에게 강조하는 것들이 생겼습니다. 그중 하나가 '독서'입니다. 독서의 중요성은 두말할 필요가 없지만, 우리나라의 낮은 독서 상황을 생각하며 항상 강조하고 있습니다. 본질적으로 독서는 학생의 역량을 증명할 수 있는 최고의 수단입니다. 앞서 언급한 바와 같이 자신의 역량을 증명하기 위해서는 공부가 선행되어야 하는데, 공부를 위한 최고의 방법이 독서이기 때문입니다.

저는 독서를 '새로운 세상과 만나는 경험'으로 규정합니다. 독서를 하면서 많은 세상을 만나니 다양한 이야기를 할 수 있게 됩니다. 새로운 세상에 대한 궁금함이 자연스레 생기고, 더 많은 것을 알게 됩니다. 이른바 '꼬리에 꼬리를 무는 질문'이 '꼬리에 꼬리를 무는 독서'(꼬꼬독)로 이어집니다. 다만, 현재 우리나라의 독서 교육에는 허점이 있습니다. 가장 큰 허점은 '허세 독서'입니다. 말 그대로, 어렵고 이해하기 힘든 책을 '읽었다고 주장'하는 것입니다.

앞서 언급한 내용과 연결하면, 독서도 활동의 범주에 포함되며, 대학 입장에서는 학생이 어떤 책을 읽었는지가 전혀 중요하지 않습니다. '어떻게' 읽었는지가 훨씬 중요합니다. 같은 책을 읽더라도 사람마다 전혀 다르게 느끼기 때문입니다. 예를 들어, 우리나라에서 엄청나게 팔린《정의란 무엇인가》(마이클 샌델)라는 책을 100명의 학생이 읽는다면 당연히 100가지 감상이 나오게 됩니다. 각자 인상 깊은 포인트가 다르고 '아는 만큼 보일 것'이기 때문입니다. 그래서 학생에 따라 책의 이해도가 천차만별입니다. 그러니《정의란 무엇인가》를 읽었다는 사실의 중요성은 현저히 떨어지고, 그 책을 왜 읽었고 얼마나 깊이 이해했으며 그 책을 통해 어떤 성장과 변화를 만들었는지를 볼 수밖에 없는 겁니다. 결국 독서 활동이 아니라 독서 활동을 통한 스토리텔링이 중요한 셈입니다.

우리 교육에 만연한 '허세 독서'는 서울대가 공개하는 자료를 통해서도 확인할 수 있습니다.

2022학년도 서울대 지원자들이 가장 많은 읽은 책

	2014년	2015년	2021년	2022년
1위	왜 세계의 절반은 굶주리는가	왜 세계의 절반은 굶주리는가	왜 세계의 절반은 굶주리는가	침묵의 봄
2위	아프니까 청춘이다	이기적 유전자	침묵의 봄	멋진 신세계
3위	이기적 유전자	정의란 무엇인가	멋진 신세계	왜 세계의 절반은 굶주리는가
4위	정의란 무엇인가	연금술사	미움 받을 용기	팩트풀니스
5위	연금술사	아프니까 청춘이다	정의란 무엇인가	공정하다는 착각

출처 : 서울대 웹진 아로리

이 리스트는 2014학년도부터 서울대가 공개하기 시작한 자료입니다. 당시 서울대는 자기소개서의 마지막 부분에 고교 생활에서 가장 의미 있게 읽은 책 3권을 쓰도록 했고, 그 책들을 정리해서 발표한 것이 이 리스트입니다. 그 당시의 최고 베스트셀러였던 《왜 세계의 절반은 굶주리는가》(장 지글러)는 서울대를 지원한 학생들이 인생 책으로 가장 많이 추천한 책입니다. 이후 이 책은 항상 최상위권에 자리 잡고 있습니다. 서울대를 가기 위한 필독서처럼 되어버린 것이죠. 나머지 책들도 순위가 크게 바뀌지는 않았습니다. 스테디셀러라고 불리기도 하고, 추천 도서 목록에서도 자주 보이는 책들입니다. 하지만 아무리 유명한 책이라도 '나'에게 의미가 없고 '나'의 성장에 기여하지 않았다면 아무 의미가 없습니다. 실제 학생부에 그 책 제목이 들어간다고 하더라도 우수성을 인정받는 요소가 되기는 어렵습니다.

**독서는 개인의 성장을 보여주기 때문에
충분한 개연성을 가질 수밖에 없습니다.**

어려운 책을 읽었다고 주장하려면 그 책을 읽을 수 있을 만큼의 지적 역량을 증명해야 합니다. 달리기에 대한 재능이나 치열한 연습을 증명하지 못했는데 어느 날 마라톤을 완주해서 우리나라 최고 기록을 갱신했다고 주장하면 믿을 사람이 있을까요? 어려운 개념을 이해하기 위한 사전 성장의 과정이 증명되어야 합니다. 독서에도 '단계'가 있다는 의미입니다. 그 단계를 수업이나 비교과 활동을 통해 증명하는 것이 중요합니다. 결국 '어떤 책'을 읽었는지보다 '어떻게' 읽었는지가 훨씬 더 중요합니다. 그 과정을 통한 성장을 증명해야 자신의 지적 역량을 정확하게 보여줄 수 있습니다.

다음 자료를 보면 제 주장의 타당성을 확인할 수 있습니다.

다음 자료는 2023학년도에 서울대에 합격한 학생 9명이 제시한 인생 독서 목록입니다. 어떤 생각이 드시나요? 이 목록은 두 가지 지점에서 선명한 논점이 있습니다.

첫 번째는 자신이 고민하는 진로와 관련된 독서라는 점입니다. 대학에서는 이것을 '진로 역량'으로 표현합니다('전공 적합성'이 아닙니다). 자신이 관심 있어 하는 분야를 깊이 공부한 흔적을 확인할 수

2023학년도 서울대 합격생 9명의 인생 독서 목록

인문대학 역사학부	사회과학대 심리학과	공과대학 건축학과
역사란 무엇인가	아파도 미안하지 않습니다	길들이는 건축 길들여진 인간
《왕오천축국전》을 읽다	국가란 무엇인가	죄와 벌
역사란 무엇인가	넛지	어디서 살 것인가
지리의 힘	우울할 땐 뇌과학	왓슨의 이중나선
외교의 부활	아가미	건축, 모두의 미래를 짓다
마르크스	판결의 재구성	반종차별주의

출처 : 서울대 웹진 아로리

있으며, 진로에 대한 학습 경험과 준비 정도를 보여주기 때문입니다.

두 번째는 합격생들의 독서 목록에서 중복되는 책이 거의 없다는 점입니다. 이 부분이 매우 중요합니다. 앞서 살펴본 지원자들의 독서 목록은 기본적으로 다른 사람들도 잘 알고 있는 책들로 구성되어 있습니다. 유명해서 누구나 알 것 같고 그래서 쉽게 접할 수 있는 책, 딱히 엄청난 관심을 가지지 않아도 쉽게 접할 수 있는 책들입니다. 그런데 합격생들의 독서 목록은 중복되는 책이 거의 없습니다. 왜일까요?

자신만의 궁금증을 해결하기 위한 책이기 때문입니다.

대학으로부터 우수성을 인정받은 학생들은 자신만의 궁금증을 가지고 그 궁금증을 해결하기 위해 독서를 했습니다. 다른 학생들이 관심을 가지지 않을 주제이지만 궁금해하고, 탐구하고, 재미있어합니다. 그리고 자신의 궁금증에 대한 답을 찾기 위해 다양한 활동을 합니다. 그 과정에서 눈부신 성장을 이루게 됩니다.

한때 서울대를 지원한 학생들이 제출한 책 중 64% 정도가 1명만 읽은 책이었습니다. 들으면 누구나 알 만한 책이 아니라, 자신만의 궁금증을 해결하기 위한 책을 읽고 성장을 이뤘다는 의미입니다. 그러니 어떤 책이 중요한 것이 아니라 어떻게 읽고 어떤 성장을 만들어가느냐가 중요합니다. 이것이 독서 활동의 중요성입니다.

결국 성공하는 사람은 '성장'하는 사람이다

대학의 선발 기준에 대해 이해했다면 이를 대비하는 전략을 준비해야 합니다. 학생부가 활동 중심으로 이루어져 있다면 좋은 평가를 받기 어렵습니다. 왜냐하면 전국의 많은 고등학생이 다양한 활동을 하며, 그 활동들은 거의 유사합니다. 우수한 활동이 있고 덜 우수한 활동이 있는 것이 아니라, 그 활동에 어떤 '의미'를 부여하느냐가 중요합니다. 그 의미 부여를 위한 공부가 충분히 된 활동은 당연히 좋은 평가를 받게 됩니다. 같은 활동을 하더라도 어느 정도 공부가 되었느냐에 따라 보이는 것이 달라지고 느껴지는 것이 다를 수밖에 없기 때문입니다.

의대를 가고 싶어 하는 승훈이와 민서에게 지속적인 상담을 통해 《불행은 어떻게 질병으로 이어지는가》(네이딘 버크 해리스)를 추천했습니다. 이 책은 저자가 공중보건 전문가로 활동하면서, 어린 시절의 트라우마가 신체 건강에 악영향을 미친다는 연구 결과를 통해 효과적인 치료법을 찾아가는 과정을 담고 있습니다. 이 책을 읽은 승훈이는 어린 시절의 트라우마에 대한 깊은 고민을 가지고 '사회적 복지 정책'으로서의 아동 정책에 대한 탐구를 이어갔습니다. 우리나라의 학대 받는 아동에 대한 광범위한 조사와 통계를 활용해서 보건 정책의 큰 축으로서의 아동복지 정책을 탐구한 셈입니다. 이를 위해 관련 독서를 더 했음은 말할 것도 없습니다.

한편, 민서는 트라우마 자체에 집중했습니다. 우리 몸에서 트라우마가 발생하는 기전을 탐구했고, 방대한 독서를 통해 트라우마에 대한 이해도를 높여가는 과정에서 신경과 뇌에 대한 관심이 급격하게 높아졌습니다. 공부의 방향이 정해지면서 '의과학자'에 관심을 가지게 되었고, 관련 분야의 진로 역량이 강화되었습니다.

학생부에서 '활동'에 대해 이해하게 되면 고교 생활에 대한 심각한 오해 하나가 풀립니다. 고등학교에 진학하면 많은 학생과 교사, 부모가 오해를 하는 부분이 바로 고교 생활을 교과와 비교과로 구분하는 것입니다. 고등학교 생활을 교과와 비교과로 구분하는 것은 학생들의 성장 과정에서 크게 의미가 없습니다. 그럼에도 교육 현장에서는 이 둘을 명확하게 구분하고 서로 다른 의미를 부여하려고 합니다. 그러다 보니 학생의 성장이 제대로 보이지 않는 결과로 나타나게 됩니다.

교과에서 배운 내용이 비교과 활동을 통해 증명되고, 비교과 활동에서 얻게 된 아이디어들이 교과 역량을 강화하는 것은 당연한 일입니다. 두 영역은 각 학생들의 학교생활을 보여주는 영역일 뿐입니다. 단순하게 생각하면, 무언가를 배웠는데 교과에는 적용할 수 있고 비교과에는 적용하지 못한다는 것은 말이 안 됩니다. 우리 뇌는 그렇게 작동하지 않으니까요. 그러니 '교과 활동은 의미 있고, 비교과 활동은 의미가 없으며 중요성이 덜하다'고 생각하면 안 됩니다. 대학이 보려고 하는 것은 '학교생활을 통한 성장'이지 교과 활동 혹은 비교과 활동이 아닙니다.

고교 활동을 통해 자녀의 어떤 역량을 증명할 것인지를 결정합시다.

내 아이의 역량을 증명하는 통로

대학으로 가는 네 갈래의 길

현재의 입시 제도에서 대학이 학생의 우수성을 측정하는 방법은 4가지로 구분됩니다. '대학 가는 길'이 4가지인 셈입니다. 복잡해 보이지만 복잡하지 않습니다. 낯설기 때문에 복잡해 보이는 것입니다. 조금 익숙해지면 쉽게 이해할 수 있습니다. 다만, 2028학년도 입시를 준비하는 학생들은 지금과는 다른 부분이 있을 겁니다. 앞서 언급했듯 우리 교육이 '양적 평가'에서 '질적 평가'로 변화를 시도하고 있기 때문입니다. 같은 맥락에서, 고교학점제는 평가의 핵심을 서술형·논술형의 확대로 잡고 있습니다.

현재의 입시 제도에서 대학을 진학하는 방법 4가지는 다음과 같습니다.

정시: 수능 위주 전형
수시: 내신 위주 전형(학생부교과), 학생부종합 전형, 논술 전형

수능 위주의 전형과 내신 위주의 학생부교과 전형은 공통적으로 객관식 능력을 측정합니다. 부모인 우리에게도 익숙한 객관식 위주 전형은 대체로 '공정'하다는 평가를 받지만, 냉정하게 보면 공정하지 못한 전형입니다. 각각의 학생이 처한 '사회적 자본'이 다르기 때문입니다. 이른바 '기울어진 운동장'이 존재하기 때문에 결과값인 시험 성적도 '기울어진' 상태일 수밖에 없습니다. 실제 수능 점수 분포를 보아도 서울과 광역시, 지방의 중소도시, 읍면 지역의 성적 차이가 확연하게 나타납니다.

한국교육과정평가원의 자료를 보면 응시자의 학교 소재지를 기준으로 서울의 표준점수 평균은 101.2점, 경남의 표준점수 평균은 92.1점입니다. 지역 간 표준점수 최대 차이가 9점입니다. 보다 직관적으로 설명하면 수학 1등급의 비율은 서울이 5.1%로 가장 높고, 다음이 2.5%인 경기도입니다. 가장 낮은 지역은 0.7%인 강원으로, 지역 간 차이가 명확히 드러납니다.

이러한 현상의 원인으로 '사교육'을 떠올리는 사람들이 많습니다. 하지만 사교육의 문제가 아니라, 지역을 둘러싼 '사회적 자본'이 달라서 나타난 결과입니다. 부모와 주변 환경의 분위기가 치열한 공부를 강조하느냐 아니냐의 차이이기도 합니다. 가정 환경, 지역 환경 등의 '사회적 자본'이 극명한 차이를 만든 것입니다.

이 점은 지방 학생들과 지속적으로 상담하면서 느낀 점이기도 합니다. 그래서 항상 안타깝습니다. '공부'를 바라보는 관점과 태도 등 학생들을 둘러싼 사회적 자본의 차이는 공부에 대한 '노력의 정도'로 나타납니다. 공부에 어느 정도 노력을 기울일 것인지가 사회적 자본의 영향을 크게 받는다는 의미입니다.

하나, 수능 위주의 정시 전형

기본적으로 수능 위주의 정시 전형은 '우수한 객관식 능력'을 지향합니다. 익숙한 5지 선다형으로 학생이 가진 역량을 측정한다는 의미입니다. 수능을 준비하는 과정은 복잡하지만, '점수'로 모든 것을 평가하고 서열화하기 때문에 누가 보더라도 명쾌하고 평가가 매우 쉽습니다.

그러나 수능의 목적인 사고력 측정의 측면에서 객관식 평가인 정시 전형은 한계가 있습니다. 객관식 평가는 반복적으로 연습한 학생에게 유리하기에 졸업생들이 초강세를 보인다는 점이 그렇습니다. 2025학년도 수능은 46만 명의 수험생이 시험을 쳤습니다. 그중 검정고시를 포함한 졸업생은 약 16만 명 수준이었습니다. 재수생, 삼수생 등이 늘어난 건 의대 증원 확대, 주요 대학의 정시 비율 확대 등의 이유가 있지만, 졸업생 응시자가 많아지면서 본질적으로 반복을 더 많이 한 학생이 유리하다는 수능 시험의 태생적 한계가 그대로 드러났습니다.

2025학년도 수능 성적 데이터를 정리하면 다음과 같습니다.

재학생과 졸업생의 2025학년도 수능 성적 데이터

	2025학년도 수능 응시자 수	표준점수 평균(국어)	표준점수 평균(수학)
재학생	302,589명	95.8점	96.2점
졸업생	143,496명	108.9점	108.4점

다양한 이유와 분석이 있을 수 있지만 상위권 대학에서 주로 평가에 활용하는 지표인 표준점수를 보면, 재학생과 졸업생의 점수 차이가 확연하게 납니다. 국어를 기준으로 보면 재학생의 평균은 5등급이고, 졸업생의 평균은 4등급인 셈입니다. 국어 1등급을 받은 학생은 재학생은 전체 28만 명 중 2.7% 수준이고, 졸업생은 14만 명 중 6.9% 수준입니다. 국어 1등급을 받은 수험생 중 재수생의 비율은 55% 수준입니다. 수학은 조금 더 차이가 큽니다. 수학 1등급을 받은 수험생 중 재수생의 비율은 65% 수준입니다. 참고로, 2025학년도 수능에서 만점자는 총 11명인데 그중 재학생은 4명, 재수생은 7명이었습니다. 재수생은 이른바 장수생이라고 부르는 3수생 1명과 4수생 1명이 포함된 수입니다.

수능 시험은 객관식 점수로 우수성이 결정됩니다. 다만, 최근에는 일부 대학들이 수능 위주 정시 전형에 변수를 반영하고, 특히 고교학점제가 적용되는 2028학년도 입시부터는 더 많은 대학이 객관식 시험의 한계를 극복하기 위해 더 다양한 시도를 할 것으로 보입니다.

예를 들어 서울대는 2023학년도 수능 위주 정시 전형에서 이른바 '교과 평가'를 반영하기 시작했습니다. 1단계에서 수능 성적으로 2배수를 선발하고, 2단계에서 '수능 성적 80% + 교과 평가 20%'로 선발합니다. 서울대가 제시한 교과 평가는 '과목 이수 내용, 교과 성취도, 교과 학업 수행 내용'을 포함하는 정성평가입니다. 간혹 내신을 반영한다고 이야기하는 사람들이 있는데, 서울대는 내신에 대한 '질적 평가'를 전제로 하고 있습니다. 특히 2025년에 고1인 학생들이 치를 2028학년도 입시에서는 정시 교과 평가를 '교과역량평가'로 이름을 바꾸고, 반영 비율을 20%에서 40%로 확대하는 등 정성평가를 강화하고 있습니다.

2024학년도 입시에서는 고려대가 수능 위주의 정시 전형에서 '수능-교과우수전형'을 신설했습니다. 서울대와 다른 점은 학생부교과 전형, 즉 내신 등급을 정량적으로 평가한다는 점입니다. 2026학년도 입시부터는 연세대, 성균관대, 한양대 등이 정시에서 교과를 정량적 혹은 정성적으로 반영할 계획을 제시했습니다.

이처럼 대학들이 수능 위주의 정시 선발에서 다양한 평가 요소들을 반영하는 이유는 우리 사회가 요구하는 인재를 선발하기 위해서입니다. AI가 고도로 발달하고 있는 우리 사회에서 객관식 역량만으로 학생을 선발하는 것은 한계가 명확하기 때문입니다. 고교학점제의 도입과 2028학년도 대입 전형의 변화를 생각하면 변화의 방향은 보다 선명합니다.

그럼에도 당장 수능 시험에서는 객관식 능력이 상대적으로 탁월한 졸업생들이 선전할 것입니다. 의대 확대를 필두로 한 다양한 요인들로 인해 수능 시험에서 졸업생의 규모는 35% 수준을 상회할 것으로 보입니다. 이는 재학생의 규모 감소와 맞물리면서 다소 폭증하는 양상으로 나타날 것입니다.

수능 위주의 정시 전형에서 나타나는 가장 특이한 점은 지방 거점 국립대를 중심으로 한 지방 대학과 수도권 대학의 선발 비율 차이입니다. 수도권 대학들은 정부의 '정시 40% 이상 선발'을 강제당하는 대학을 중심으로 수능 위주 전형으로 40% 이상을 선발하고 있지만, 지방권 대학들은 다양한 이유로 수능 위주의 정시 선발을 극도로 줄이고 있습니다. 결국 정시 전형을 둘러싸고 지방 대학과 수도권 대학의 온도 차이가 명확하게 나타나는 셈입니다.

객관식 위주의 수능 전형에서 자신의 역량을 증명하기 위해서는 당연히 '객관식 역량'이 뛰어남을 보여주어야 합니다. 현 수능 체제에서 객관식 역량의 우수성은 결국 객관식 문제를 얼마나 덜 틀리느냐에 의해 결정되고, 성적으로 줄을 세우는 서열화에서 벗어나기 어려운 것이 사실입니다. 문제의 난도에 따라 차이는 있지만, 실제 수능은 객관식 역량보다는 실수하지 않는 것이 중요한 시험이 되어가고 있습니다. 2025학년도 수능을 보면, 의대 진학 학생들은 대체로 수능 4과목(국어, 수학, 탐구1, 탐구2)에서 원점수 기준으로 10점 정도 감점된 학생들입니다. 4점짜리 2문제, 2점짜리 1문제를 틀린 학생들이 정시로 전국 의대를 진학한다는 말입니다. 결국 최상위권에서는 실력이 문제가 아니라 실수가 문제입니다. 틀린 문제 중 모르는 문제는 없습니다. 누가 실수하지 않느냐가 관건인 셈입니다. 우리 사회가 학생들에게 무엇을 요구하고 있는지를 선명하게 보여주는 아픈 현실이기도 합니다.

객관식 역량을 키우는 데 가장 중요한 것은 '공부 시간'입니다. 수능 성적이 지역별로 차이가 나는 이유에 대해 다양한 분석을 할 수 있지만, 저는 '공부 시간'을 첫 번째 요인으로 꼽습니다. 실제로 전국에서 학생들을 만나다 보면 수도권 학생들과 지방 학생들의 공부 시간이 크게 차이 난다는 것을 실감합니다. 언론이나 사람들의 보편적인 인식에 따르면 '사교육의 부재' 혹은 '입시 정보의 부재'가 원인인 것 같지만, 본질적인 차이는 공부의 필요성에 대한 '사회적 자본'의 극심한 차이에서 비롯된 '공부 시간의 차이'에서 생깁니다.

이른바 대치동 불패, 사교육에 대한 환상은 오로지 사교육 성공 사례만 집중적으로 다루고 그것을 믿게 만드는 과정을 통해 사회적인 세뇌가 이루어진 결과입니다. 대치동 불패의 신화에서 아무도 주목하지 않는 진실이 있습니다.

성공한 학생보다 실패한 학생이 더 많습니다!

성공 사례는 학원이 많은 돈을 들여 마케팅으로 활용하고, 실패 사례는 학원에서 언급하지 않고 학생도 부모도 말하지 않습니다. 사교육을 비난하려는 의도가 아닙니다. 사교육은 필요합니다. 하지만 대치동 불패, 사교육에 대한 환상에 빠져서 '과잉 사교육'을 하는 것은 문제입니다. 사교육이든 공교육이든 자녀에게 필요한 것이 무엇인지를 '정확하게' 분석해서 '잘 활용'하는 것이 중요합니다.

많은 학생과 부모가 '과잉 사교육'에 현혹되는 이유는 명확합니다. 진화심리학이라는 학문 분야에서는 이러한 현상을 '초정상 자극 supernormal stimuli'으로 설명합니다. 이 용어는 1973년 노벨 생리의학상을 수상한 니코 틴버겐이 처음 사용한 개념으로, 동물들이 자신이 낳은 알보다 인간이 만든 과장된 모형 알에 더 애착을 갖는 현상을 설명합니다. 이는 새나 곤충 등에서 볼 수 있는 '탁란托卵' 행위로 쉽게 이해할 수 있습니다. 뻐꾸기는 주로 종다리 등의 둥지에 알을 놓습니다. 이때 놓은 알들은 대체로 종다리의 알보다 크고 화려합니다. 종다리는 결국 크고 화려한 뻐꾸기의 알을 더 좋아하고 더 오래 품습니다. 정상적이지 않고 과장된 자극에 끌리는 동물의 본능에 의한 행동입니다. 이런 초정상 자극은 현대사회의 일상에 매우 깊게 스며 있으며, 초정상 자극을 선택한 사람들을 가장 잘 설명해주는 것이 '과잉 사교육'입니다.

갈수록 자녀 교육에 대한 부담이 증가하는 우리 사회에서 교육에 대한 초정상 자극은 점점 더 치열해지는 것 같습니다. 공부와 연관된 광고마다 "공부가 쉬워집니다"라고 말하고, "공부 포텐이 터질 겁니다"라고 주장합니다. 이걸 하면 쉽게 성공하고, 저걸 하면 쉽게 합격한다고 말합니다. '이 약을 먹으면 쉽게 살이 빠지고, 이 화장품을 바르면 쉽게 예뻐진다'는 과장 광고와 다를 게 없습니다.

결국 우리는 '정상적인' 공부 과정보다는 부풀려지고 과장되

그래서 한없이 쉬워진 공부를 선호하게 됩니다. 하지만 이런 초정상 자극에 반응하게 되면 입시는 실패합니다. 성적에 눈물 흘리는 학생과 교육이 힘들다고 말하는 부모의 이면에는 이런 초정상 자극이 존재합니다. 초등학교, 중학교를 초정상 자극에 이끌려 보내면 당연히 고등학교에서는 쉽게 무너집니다. 그리고 대체로 회복을 못 합니다. 중학생 때 공부를 잘하던 학생이 고등학생이 되어서 평범해지거나 되레 공부를 못하게 된 경우는 주변에서 흔히 볼 수 있습니다.

초정상 자극에 반응할수록 더 많은 사교육을 선택하게 되고, 더 많은 사교육은 더 깊은 실패의 수렁으로 우리를 밀어 넣습니다. 정상적인 공부 방법이 아니기 때문입니다.

우리 뇌가 학습하는 과정은 절대 '쉽지' 않습니다.

둘, 수시: 학생부교과 전형

수능 위주의 정시 전형과 수시 전형의 학생부교과 전형은 객관식 역량을 증명하는 전형이라는 점에서는 다를 바가 없습니다. 하지만 시험 범위나 출제 수준 등을 고려하면 차이가 크고, 특히 학생부교과 전형은 고교에서의 내신 성적을 평가도구로 사용하기 때문에 학교 간에 차이가 엄청나게 날 수밖에 없습니다. 학교별로 교과서가 다르고, 시험 범위와 난도 등이 천차만별이기 때문입니다.

또 학생부교과 전형은 수행 평가의 반영 비율이 높게 형성되어 있습니다. 수행 평가를 포함한 내신 성적을 '정량적'으로 평가하고, 고교학점제 및 2028학년도 대입 전형에서는 논술형·서술형 평가가 확대된다는 점을 생각하면 정량적 평가로만 보기 어렵습니다.

이런 고민은 대학에서 좀 더 활발히 진행되었고, 현재를 기준으로 서울의 상위 주요 대학들은 대체로 학생부교과 전형에 다른 평가 요소들을 도입하고 있습니다. '다른 평가 요소'로는 학생부를 정성적으로 반영하는 방식이 대표적입니다.

주요 대학의 2026학년도 학생부교과 전형 평가 방식

대학	선발 방식	최저	대학	선발 방식	최저
건국대	지역균형 70% + 서류 30%	×	경희대	지역균형 70% (출결/봉사활동 20%) + 서류 30%	○
서울시립대	교과 100% (정량 90%, 정성 10%)	○	고려대	학교추천 90% + 서류 10%	○
성균관대	교과 100% (정량 80%, 정성 20%)	○	한양대	교과 100 (정량 90%, 정성 10%)	○

대학마다 적용하는 방식에는 차이가 있지만, 상위권 대학에서는 이런 흐름이 확산되고 있습니다. 정부가 수도권 대학에 '학교장 추천' 전형을 10% 수준으로 규제하면서 이런 평가 방식이 확산되었고(정부 규제 이전에는 학생부교과 전형의 선발 비율은 대체로 전체의 4~7% 수준이었습니다), 이러한 평가 방식은 고려대와 동국대를 시작으로 건국대, 경희대, 한양대 등으로 확산되고 있습니다.

고교학점제가 적용되는 2028학년도 입시에서는 이런 경향이 더욱 강화될 것으로 보입니다. 특히 고교학점제의 시행과 더불어 내신 시험에서 논술형·서술형이 크게 강화된다는 점을 감안하면 학생부 교과 전형에서의 정성평가는 더욱 강화될 것이며, 이를 대비하기 위한 노력이 필요해 보입니다.

논술형·서술형 평가에 대해 불안해하는 분들이 있는데, 고교에서의 논술형·서술형 평가의 핵심은 학업 역량 측정에 불과합니다. 고교학점제가 상대평가를 지양하고 절대평가를 지향한다는 점을 감안하면 기본적인 학업 역량이 충족되는 것이 중요합니다.

2025년을 기준으로 초등학교에서는 고교학점제가 제대로 적용되어 내신 절대평가가 실현될 가능성이 높습니다. 내신이 절대평가로 전환되면 대학은 내신 성적을 일종의 자격 기준으로 생각할 가능성이 높습니다. 지금 상위권 대학이 적용하는 형태로 내신을 일종의 자격 기준으로 삼은 것과 같은 효과를 냅니다. 결국 개별 고교에서 내신 성적이 높은 학생들을 추천받아서 학생부를 포함한 정성평가로 선발하겠다는 의미이기도 합니다.

고교 내신에서 의미 있는 결과를 만들기 위해서는 '수업'에 충실해야 합니다. 고교 내신 시험의 출제자는 수업을 하는 교사입니다. 이 점을 인지한다면 제대로 준비할 수 있습니다. 오랜 교사 경력을 돌아보면 수업에 적극적으로 참여하는 학생들이 대체로 높은 내신 성적을 유지했습니다.

나름 열심히 공부한다고 '주장'하는 학생들 중에는 국어 시간에 수학 공부를 하고, 영어 시간에 과학 공부를 하는 학생들이 있습니다. 그 이유를 물으면 시간을 효율적으로 쓰기 위해서라고 말하거나 배울 것이 없다는 황당한 말도 하지만, 이런 학생들은 성적이 잘 나오지 않습니다. 공부를 제대로 하지 않으면서 공부한다고 착각하기 때문입니다.

우리 뇌는 '멀티 플레이'를 하지 못합니다. 그래서 음악을 들으면서 하는 공부는 크게 효과가 없는데, 그것은 뇌가 '하나'를 선택하기 때문입니다. 우리가 보통 멀티 플레이를 할 수 있다고 생각하는 건 뇌가 아주 짧은 시간에 다른 작업으로 전환하기 때문입니다. 멀티 플레이가 가능하다고 말하는 사람들은 대체로 뇌의 작업 전환 능력이 빠른 것입니다. 그러니 웬만해서는 국어 시간에 수학을 공부하는 건 효과를 거두기 어렵습니다.

수업에 충실해야 하는 또 다른 이유는 대학들이 정성평가를 반영하기 때문입니다. 주요 대학들이 정성평가를 말하면서 가장 중요하게 언급하는 부분이 '충실도'입니다. 예시로 서울대의 '정시 교과 평가'를 들여다봅시다.

다양한 분석이 가능하겠지만, 가장 중요한 건 정성평가라는 점입니다. 특히 교과 성취도를 평가할 때 사용한 용어를 보면 대학이 주목하는 관점이 드러납니다. 서울대의 경우 교과 성취도를 보는 것이 아니라 교과 성취도의 '우수성'을 평가합니다. 쉽게 말하면 내신 등급이 아니라, 내신 등급이 얼마나 우수한지를 평가한다는 말입니다. 이 평가에서 중요한 지점은 '과목의 수준'입니다. 쉬운 과목을 선택

서울대의 정시 교과 평가

정시 교과 평가 항목	평가 내용
교과 이수 현황	교과별 위계에 따른 선택과목 이수 내용 진로 및 적성에 따른 선택과목 이수 내용
교과 성취도	교과 영역 및 모집 단위 관련 교과 성취도의 우수성 (과목 수준, 수강자 수, 원점수, 평균, 성취도별 분포 비율 등)
세부 능력 및 특기 사항	교과별 수업 활동에서 나타난 학업 수행의 충실도

해서 좋은 내신을 받는 것은 '우수'하다는 평가를 받지 못합니다.

더불어 수업과 학교생활에 대한 충실도의 핵심은 '열심히' 활동했는지를 확인하는 것이 아닙니다. 개별 활동을 통한 학생의 성장에 포인트를 두고 있습니다. 충실하게 활동한 내용을 토대로 어떤 성과와 성장을 이루었는지를 '충실도'라는 항목으로 평가한다는 말입니다. 이 내용은 뒷부분에서 보다 자세히 설명하겠습니다.

특히 내신 시험은 수능 시험에 비해 범위가 한정되어 있어 미리 준비하면 충분히 준비가 가능합니다. 대체로 학생들에게 주어지는 내신 시험 대비 기간은 '6주'입니다. 내신 상위권 학생들은 공부 습관이 어느 정도 완성되어 있기에 내신 시험 기간에는 내신 공부에 집중하고, 그 외의 기간에는 수능 대비 공부에 집중하는 등 일관되게 공부를 합니다. 즉 항상 시험 공부를 하고 있는 셈입니다.

반면, 내신 성적이 높지 않은 학생들은 놀랍게도 3주 정도를 내신 기간으로 생각하고 긴장 모드에 들어갑니다. 사실 2주 정도 벼락치기를 하는 학생들도 '매우' 많습니다. 그러니 자신들이 원하는 결과를 만들지 못합니다. 그리고 시험이 끝나면 이렇게 말합니다.

"나는 진짜 열심히 했는데, 성적이 안 나와."
"역시 나는 공부랑 안 맞나 봐."
"이번 시험은 진짜로 열심히 했는데…."

이런 말을 들으면 참으로 안타깝습니다. 그러나 '공부 흉내'를 내는 것으로는 공부를 잘할 수 없습니다. 중학교 때까지는 공부 흉내를 내도 어느 정도 공부를 잘할 수 있었지만, 고등학교에서는 어려운 것을 배우는 만큼 많은 시간을 투자해야 진짜 공부가 됩니다.

셋, 수시: 학생부종합 전형

학생부종합 전형(학종)은 상위권 대학을 진학하는 데 매우 중요한 전형입니다. 2026학년도 전형을 살펴봅시다.

다음 그림에 나타난 상위권 대학의 전형별 비율을 보면 학종이 학생의 우수성을 확인하는 중요한 전형으로 작동한다는 점을 알 수 있습니다. 이 부분이 매우 중요합니다. 수능 성적으로 줄을 세워서 학생을 선발하는 것이 더 공정하고 간단하다는 일반적인 인식과는 다르게, 상위권 대학들이 학종을 더 중요하게 여기는 이유는 다양합니다. 2028학년도 입시를 준비하는 서울대의 입장을 보면 어느 정도 이해가 됩니다.

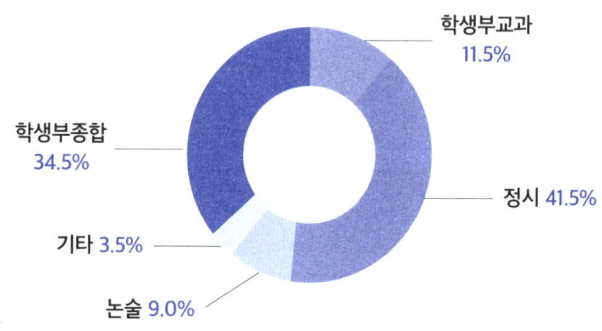

서울 상위 14개 대학의 2026학년도 전형별 모집 비율

'2028 서울대 입시 정시 비중 대폭 축소'라는 제목의 기사(출처: 연합뉴스, 2024년 2월 6일)에 의하면, 상위권 대학들은 객관식 틀에 맞춰진 인재가 아니라 다양성을 가지고 창의적으로 학문을 탐구해나 갈 학생이 더 의미 있다고 판단해 학종으로 선발하는 비중을 고민합 니다. 왜냐하면 정시로 선발되는 학생들은 대체로 '수도권 중심, 서울 중심, 강남 중심' 등의 특징이 있기 때문입니다. 더불어 현재의 입시 제도에서 고등학교를 그만두고 검정고시로 상위권 대학을 진학 하려는 학생들이 꾸준히 증가 추세를 보인다는 점도 고려합니다.

학종은 완벽한 전형이 아닙니다. 하지만 현재 수능 체제보다는 부작용이 적고, 학종 지원자들이 대학이 요구하는 인재상에 조금 더 부합하는 것도 사실입니다. 학종 체제가 어느 정도 틀을 잡아가던 해에 이루어진 갑작스런 '정시 확대'는 교육의 전체 기조를 무너뜨리고 전반적인 입시 시스템에 혼란을 가져왔다는 점을 생각하면 고민은 더욱 깊을 수밖에 없습니다.

현재 학종에 가해지고 있는 다소 부당한 압력들은 어느 정도 시간이 지난 후에 충분히 해소되어야 하고, 해소될 것입니다. 보다 공정한 학종을 만들기 위한 '공공 입학사정관제' 등의 제도를 통해 단점을 보완해가는 과정은 물론, 학종에 대한 사회의 부정적인 인식을 일소하기 위한 다양한 노력도 필요합니다.

학종은 기본적으로 학생에 대한
'입체적이고 종합적인 평가'를 전제로 합니다.

이러한 이유로 저는 학종을 선호합니다. 학생들마다 다양한 관심과 능력을 지녔지만, 현재의 교육체계 및 입시 제도에서는 그 관심과 능력이 '수학 문제'로 '객관식 능력'으로 치환되어야만 합니다. 창의적 사고를 하고 탁월한 추론 능력이 있는 학생들은 아주 어린 시기에 능력을 발휘할 기회조차 갖지 못한 채 일률적인 기준에 의해 평가를 받습니다. 그들에 대한 평가 결과는 놀랍게도 '공부를 못하는 학생'입니다.

하지만 성장을 만들어가는 학생들이 그렇게 평가절하되어서는 안 됩니다. 모두 자기만의 능력이 있고, 여전히 성장을 꿈꿉니다. 자신이 잘할 수 있는 것을 통해 진로를 찾아가고, 스스로 동기를 부여해 결국 '수학을 아주 잘하는' 학생으로 성장할 수 있습니다. 앞서 언급한 것처럼 '공부를 못하는 학생'이 아니라 '공부를 통해 답을 찾아가는 학생'일 뿐입니다.

학생들을 입체적이고 종합적으로 바라보면 그들이 가진 능력이 선명하게 보입니다. 제주도 캠프에서 안도 타다오가 설계한 '본태 박물관'을 보고 흥미를 느끼고 그 의미를 탐구하며 꿈을 키운 제현이, 어르신 봉사 활동을 꾸준히 하면서 신소재에 관심을 가지고 자신의 꿈을 만들어간 서현이, 초등학교 때부터 소록도 한센병원에서 봉사 활동을 하며 생명 현상에 대한 깊은 이해와 의문을 가지고 삶을 개척하길 원했던 민지… 이 학생들은 수학을 '못'했던 학생들이었고, 공부 잘한다는 평가를 받지 못하던 학생들이었습니다. 하지만 자신만의 의문과 탐구를 통해 스스로에게 동기를 부여하며 공부를 '잘하게' 되었습니다.

대학은 이렇게 자신의 '역량'을 증명한 학생들을 선호합니다. 핵심은 '역량'이지만, 현재의 입시 제도를 생각하면 '증명'이 더 중요합니다.

어떤 역량을, 어떻게 증명할 것인가?

이것이 우리가 고민해야 할 지점이며, 현재의 학종 체제에서 가장 중요한 질문입니다. 이 질문에 대답하기 위해서는 자녀가 어떤 역량을 가지고 있는지를 파악해야 합니다. 자녀에 대한 심도 있는 정보가 필요하고, 그 정보를 토대로 자녀의 역량에 대해 구체적으로 분석해야 합니다. 이렇게까지 해야 하는 이유는 부모가 자녀에 대해 잘 알길 바라는 마음도 있지만, 부모가 자녀의 구체적이고 심층적인 정보에 관심을 가지고 '질문'하기 시작하면 자녀도 자신의 역량에 대해 구체적으로 고민하고 그 과정을 통해 엄청난 성장이 이뤄지기 때문입니다.

질문을 통해 성장하고 꿈을 이룬 학생 하면 서진이가 가장 먼저 생각납니다. 질문을 한다는 것은 현재 상황에 대한 불편함을 표현한다는 의미입니다. 현재를 편하게 살아가고 현재에 대해 별 생각이 없는 학생들은 질문이 없습니다. 그런 생각의 회로가 형성되지 않았기 때문입니다. 서진이는 학교 프로그램을 소화하면서 쉼 없이 질문하는 훈련을 '당'했습니다(학교 입결의 대부분은 질문을 잘하는 훈련을 통해 만들어졌습니다). 서진이는 자신의 주변 삶에 대해서 쉼 없이 질문을 하며 불편을 찾는 연습을 했고, 그 불편을 해결하기 위해 독서 과정을 거쳐서 높은 수준의 사고 회로를 만들었습니다. 그 결과 다소 낮은 내신 성적에도 불구하고 희망 대학이었던 한양대를 넘어 고려대에 합격했습니다. 대학은 자기 삶의 불편함을 찾기 위해 질문하고 그 답을 찾기 위해 독서하는 과정을 '지적 호기심'이라 표현합니다.

대학마다 우수한 학생들을 선발하기 위한 기준을 제시하고 있습니다. 부모들은 그 기준에 대해 어느 정도 공부를 해두어야 합니다. 모든 대학의 기준을 아는 것은 크게 의미가 없고, 자녀가 희망하는 대학을 1군데 정도 정해서 알아보는 방법을 추천합니다. 자녀에게 그 대학에 가야 한다고 직접적으로 말하고 강요하는 것은 하책 중의 하책입니다. 최고의 전략은 '자연스럽게' 그 대학에 관심을 갖도록 유도하는 것입니다. 경제학 용어 중 '넛지Nudge'에 해당하는 전략입니다.

넛지는 2017년 노벨 경제학상을 수상한 행동경제학자 리처드 탈러가 제시한 개념입니다. 넛지의 영어 단어 nudge는 '팔꿈치로 슬쩍 찌르다', '주의를 환기시키다', '타인의 행동을 유도하는 부드러운 개입'을 의미합니다. 넛지의 관점에서, 직접적으로 자녀에게 "공부해!"라고 말해봐야 반감만 일으킵니다. 부모는 가능하면 넛지 전략을 유지해야 합니다. 자녀와 적당한 거리를 두고, 슬쩍 부모의 요구를 관철시킬 수 있는 방법을 사용하면 모두가 행복하게 입시를 마무리할 수 있습니다.

그러기 위해서는 부모도 공부를 해야 합니다. 자녀의 역량을 공부하고, 대학의 선발 기준을 공부하고, 원하는 대학을 공부하다 보면 어느 정도 상위권 대학이 원하는 인재의 모습을 알게 됩니다. 그런 뒤에 제대로 준비만 하면 얼마든지 입시에 성공할 수 있습니다. 추상적으로 알면 입시는 실패합니다. 제가 요즘 학생들에게 자주 하는 말이 있습니다.

"실패할 수밖에 없는 방법을 쓰면서 성공하길 바라다니…"

상위권 대학의 다양한 평가 요소 중에서 개인적으로 가장 중요하게 생각하는 것은 '건국대, 경희대, 연세대, 중앙대, 한국외대'가 공동으로 연구하고 발표한 자료인 〈new 학생부종합전형 공통 평가요소 및 평가항목〉입니다. 주요 5개 대학(건국대, 경희대, 연세대, 중앙대, 한국외대)이 공동 연구한 결과를 담은 이 자료는 내용이 매우 체계적이라 많은 대학이 차용하고 있습니다. 이는 대학별 평가 요소는 조금씩 다르지만 유사한 점이 많다는 의미입니다. 그러니 제대로 입시 공부를 하기 위해서는 이 자료를 반드시 꼼꼼하게 읽고 질문해야 합니다. 자료에 대한 이해도가 높을수록 준비할 수 있는 다양한 방법을 발견하게 될 것으로 확신합니다.

대학이 제시하는 학종의 핵심 평가 요소는 '학업 역량, 진로 역량, 공동체 역량'입니다. 대학의 평가 요소에 대해서는 잘 알아야 하는 만큼 반드시 읽어보고 다양한 질문을 하길 바랍니다.

여기서 매우 중요한 개념을 확실하게 짚어야겠습니다. 그 개념은 바로 '역량'입니다. 사실 대학이 학종과 관련해서 '능력'이 아니라 '역량'이라는 단어를 사용하는 이유를 묻는 부모님을 아직 만나지 못했습니다. '당연히 능력 정도겠지'라고 생각하시는 것 같습니다. 이 점이 제가 철저한 공부의 필요성을 말씀드리는 이유입니다. 부모들은 입시에 대한 대부분의 공부를 '아마도 그러할 것이다'라는 추상적인 생각 수준에서 끝냅니다. 그러니 예상과는 전혀 다른 결과가 나오는 것입니다. 원하는 결과를 얻으려면 수험생의 부모로서 이해하는 것이 아니라, 선발하는 대학의 입장에서 구체적으로 고민해야 합니다. 그러기 위해서는 확실하게 공부해야 합니다.

대학이 '학업 능력'이라는 단어를 사용하지 않고 '학업 역량'이라는 단어를 사용하는 이유는 두 단어의 의미가 다르기 때문입니다. 능력은 '일을 감당해낼 수 있는 힘'을 의미하며, 영어 단어 ability에 해당합니다. 하지만 대학에서 사용하는 '학업 역량'은 학업을 할 수 있는 힘이 아닙니다. 영어 단어 competence 정도의 개념입니다. competence의 라틴어 어원은 competere로 '함께 목표를 추구하고 달성할 수 있는 능력'을 의미합니다. 경쟁을 뜻하는 competition도 같은 어원을 가진 단어입니다. 결국 competence는 경쟁에서 자신의 능력을 입증할 수 있는 유능함을 의미합니다.

조금 어렵게 설명했지만, 역량과 능력은 구분하기 쉽습니다. 역량의 기본은 '잘하는 것'입니다. 예를 들어, 누구나 배드민턴을 칠 수 있지만(능력), 배드민턴을 잘 치는 것(역량)과는 다르다는 말입니다. 누구나 요리를 할 수 있고 라면을 끓일 수 있지만, 요리를 잘하고 라면을 잘 끓이는 것은 또 다른 얘기입니다. 결국 대학이 요구하는 학업 역량이란 '학업을 할 수 있음'을 말하는 것이 아니라 '학업을 잘한다는 것을 증명'하는 것입니다. 즉

공부를 할 수 있다가 아니라,
공부를 '잘한다'를 증명하는 것이 학업 역량입니다.

그러나 많은 고등학교에서는 학생들의 '학업 능력'을 강조하고 있습니다. 대학이 요구하는 것은 학업 능력이 아니라 학업 역량입니

다. 대학이 굳이 학업 역량을 강조하는 이유는 단순히 공부를 열심히 하는 것만으로는 학업을 잘해낼 수 없기 때문입니다.

손흥민 선수가 축구를 잘하는 것은 열심히 운동을 했기 때문만이 아닙니다. 정확하게 말하면, 축구를 잘하기 위해서 열심히 운동을 하는 것은 기본 중의 기본입니다. 이 기본에 체계적인 훈련을 더하고, 선수에게 부족한 부분을 적극적으로 보완하기 위한 다양한 작업을 해야 합니다. 경기의 전체 흐름을 파악해 필요한 곳에 공을 보내기 위해서는 나름의 거시적 안목도 필요합니다. 이런 능력을 강화하기 위해 경기 영상을 분석하고, 그 내용을 자신의 것으로 만들기 위해 연습을 반복하는 과정을 거쳐서 '역량'이 완성된 것입니다.

공부도 마찬가지입니다. 무조건 열심히 한다고 원하는 결과가 나오지 않습니다. 열심히 공부하는 것은 기본 중의 기본입니다. 자신의 취약점이 어느 부분인지, 자신의 공부 습관에는 어떤 문제가 있는지, 자신이 공부를 멈추는 지점이 어느 지점인지를 이해하고 각각의 약점과 한계를 극복하기 위한 구체적인 노력을 함께 할 때 학업 역량이 성장합니다.

고교 생활에서 학종을 제대로 준비하기 위해서는 다양한 공부가 필요한 것이 사실입니다. 하지만 그 공부가 엄청난 것이 아니라는 점을 강조하고 싶습니다. 지극히 정상적인 성장의 과정이고, 거의 대부분의 성공은 이런 과정을 거쳐 이루어집니다. 그런 의미에서 학종에서 성공하는 비결은 '학생의 관심'입니다. 자신이 궁금한 것을 공부할 때 실질적인 성장이 이뤄집니다.

넷, 수시: 논술 전형

마지막 전형은 논술 전형입니다. 현재 논술 전형은 서울의 주요 대학에서 비중이 높은 편입니다.

논술 전형은 부모들 사이에서 '대박' 전형으로 알려져 있습니다. 실제로 논술 전형으로 '대박'을 치는 경우가 종종 있습니다. 다만, 항상 그러하듯, 심대한 오해가 있습니다. 이공계열의 논술 문제는 대부분의 대학에서 '수학'을 범위로 합니다. 상위권 대학일수록 수학의 범위가 넓습니다. 그래서 이공계열 논술은 수능 수학 성적과 상관관계가 매우 높습니다. 그러니 현실적으로는 '논술 대박'이 나기 어려운 구조입니다. 그럼에도 가끔 논술 대박이 나는 이유는 '수학'만 잘하는 학생들이 간혹 있기 때문입니다. 물론 수능최저학력기준이 설정된 대학에 지원할 경우에는 수학만 잘해서는 논술 대박을 만들기 어렵습니다.

논술 대박은 대체로 인문계열 논술에서 나오는 편입니다. 대학과 논술 유형에 따라 다르지만, 인문계열 논술은 수학 실력이 다소 떨어지더라도 의미 있는 결과를 만들 수 있는 '언어 논술'이 있기 때문입니다. 객관식 역량이 다소 떨어지지만 논리적 사고력과 독해력, 분석적 사고력이 뛰어난 학생들이 소수 존재합니다. 인문 논술 전형에서는 이런 부류의 학생들이 좋은 평가를 받으며, 이들이 이른바 논술 대박의 주인공이 됩니다.

논술 전형의 가장 큰 문제점과 장벽은 높은 '경쟁률'입니다. 모든 전형을 통틀어서 논술 전형의 경쟁률이 가장 높습니다. 2025학년도 입시를 기준으로 논술 전형의 전체 경쟁률은 42.51:1입니다. 2025학년도 논술 전형 모집 인원이 1만 2,205명이었으니, 논술 전형에 지원한 건수는 51만여 건이었습니다. 무시무시한 숫자입니다. 경쟁률에 대한 이야기는 여기서 끝이 아닙니다. 전체 평균 경쟁률이 그러할 뿐이고, 대학별 모집 단위별 상위 경쟁률을 살펴보면 현재의 입시 경쟁이 어느 정도 치열하고 문제가 있는지를 단적으로 알 수 있습니다.

논술 경쟁률이 가장 높게 나타나는 대학은 다음과 같습니다.

2025학년도 수시 논술 대학별 경쟁률(높은 순)

대학	모집 인원	지원 인원	경쟁률
한양대	224명	28,020명	125.0 : 1
성균관대	391명	41,617명	106.4 : 1
아주대	178명	16,358명	91.9 : 1
서강대	173명	15,689명	90.6 : 1
중앙대	478명	36,668명	76.7 : 1

논술 전형에서 수능최저학력기준을 적용하지 않는 한양대의 경우는 경쟁률이 매우 높게 형성되는 편입니다. 대학별로도 편차가 크지만, 사실 논술 경쟁률의 문제는 모집 단위별 경쟁률에 있습니다.

2025학년도 논술 전형에서 1위를 기록한 모집 단위는 역대 최고 기록을 갱신한 아주대 약대입니다. 882.6:1이라는 놀라운 기록을 보여주고 있습니다. 최고 경쟁률은 의약학계열입니다. 의약학계열을

2025학년도 수시 논술 경쟁률(높은 순)

대학	학과	모집 인원	지원 인원	경쟁률
아주대	약학	5명	4,413명	882.6 : 1
성균관대	약학	5명	2,377명	475.4 : 1
숙명여대	약학	4명	1,837명	459.2 : 1
경희대	한의예(인)	5명	2,174명	434.8 : 1
이화여대	약학	5명	2,121명	424.2 : 1
성균관대	의예	10명	4,125명	412.5 : 1
한양대	미디어커뮤니케이션	5명	1,459명	291.8 : 1

2025학년도 수시 논술 경쟁률(의약학계열 제외, 높은 순)

대학	학과	지원 인원	경쟁률
한국외대	Language & AI 융합	7명	174.1 : 1
한양대	인터칼리지(자)	35명	164.3 : 1
한양대	컴퓨터소프트웨어	10명	138.2 : 1
서울과기대	컴퓨터공학	1명	135.0 : 1
한양대	반도체공학	4명	127.7 : 1

제외한 이공계열의 일반학과 경쟁률은 위와 같이 나타납니다.

다만, 논술 경쟁률은 보여지는 경쟁률이 중요하진 않습니다. 논술 경쟁률에서 중요한 것은 '실질 경쟁률'입니다. 실질 경쟁률은 대체로 수능최저학력기준을 충족한 경쟁률을 의미합니다. 대학마다 모집 단위마다 실질 경쟁률은 다르게 나타나지만 수능최저학력기준

2025학년도 대학별 실질 경쟁률

대학	최초 경쟁률	실질 경쟁률
서강대	100.5 : 1	34.9 : 1
중앙대	62.1 : 1	17.2 : 1
경희대	104.8 : 1	47.2 : 1
동국대	73.8 : 1	23.1 : 1
세종대	82.1 : 1	22.8 : 1

이 낮게 설정된 대학들은 50% 수준이고, 수능최저학력기준이 높게 설정된 대학들은 30% 수준을 보입니다.

논술 전형은 기본적으로 내신 성적이 우수하지 못한 학생들이 도전합니다. 그렇기 때문에 정시와 유사하게 졸업생들이 초강세를 보입니다. 논술 전형에 지원하기 위해서는 논술 실력과 수능최저학력기준을 충분히 준비하는 것이 무엇보다 중요합니다.

마지막으로, 논술 전형에 대해 하나 짚어야 할 부분이 있습니다. 2015 개정 교육과정이 적용되는 상황에서는 논술 전형에서 대체로 '과학 논술'을 폐지하는 방향이었습니다. 하지만 2022 개정 교육과정이 적용되는 2028학년도 논술 전형에서는 서울의 주요 대학에서 '과학 논술'이 부활될 가능성이 높습니다. 연세대는 2027학년도 논술에서 '과학 논술 부활'을 선언했습니다. 다만, 이전과는 다르게 선택과목 없이 통합과학을 기준으로 출제될 것으로 보입니다. 이런 움직임은 서울의 주요 대학으로 퍼질 가능성이 매우 높습니다.

2부

진짜 공부를 위한 3·3·3 필승 법칙

1장

이렇게 하지 마세요

불안해하지 마세요

지나치게 불안한 요즘 부모들

최근 기초과학연구원IBS에서 통증에 대한 과학적 검증을 진행했습니다. 그 결과 우리의 뇌가 느끼는 통증 정도는 통증에 대한 기대치와 실제 자극의 세기를 통합한 정도라는 점을 규명했습니다. 쉽게 말하면, 아프다고 생각할수록 아픔을 더 느끼게 된다는 말입니다.

고통에 대한 이야기로 시작하는 이유는 학교 현장에서 본 '부모의 불안'이 이와 같은 메커니즘으로 작동하는 것으로 보이기 때문입니다. 실제로 학교 현장에서 만나는 부모들 중 자녀의 미래에 대한 불안을 '과하게' 느끼는 부모들이 많고, 그 수는 점점 더 늘어나고 있습니다. 이런 불안은 사회가 부추겨서 생기기도 하지만, 자녀가 1명인 가정이 많은 것도 영향이 있는 듯합니다. 게다가 사회적 지위와 경제적 여유가 있는 가정에서는 자녀가 진학한 대학의 수준이 부모의 '자랑'이 되고 '훈장'이 되기 때문에 전폭적으로 자녀 교육에 애정과 돈과 시간을 투자하고, 자녀가 '대학'을 통해 자신보다 나은 삶을 살길 희망하는 가정 역시 힘이 닿는 데까지 학원비와 시간을 지원합니다. 이런 마음과 준비와 투자와 지원의 결과에 대한 기대가 있으니 그만큼 불안할 수밖에 없는 것입니다.

그러나 자녀의 미래와 대학, 성적에 대한 지나친 걱정과 불안은 좋은 결과로 이어지기는커녕 심각한 부작용을 낳기 쉽습니다. 자녀 교육에 대한 불안은 실제 불안보다 더 부풀려져서 더 큰 불안을 낳게 되고, 불안한 마음에 하는 대부분의 선택은 합리적이지 않은 판단에 의해 이루어질 가능성이 높습니다. 합리적이고, 의미 있는 판단이 되기 위해서는 상황에 대한 이성적 판단이 중요한데, 불안이 이것을 막기 때문입니다.

실패에 취약한 요즘 아이들

공부는 '모르는 것을 알아가는 과정'입니다. 모르는 것을 배우고 자신의 것으로 익히는 것이 공부입니다. 그렇기 때문에 그 과정에서 실패하고 실수할 수밖에 없습니다. 실수와 실패를 통해 학생들은 진짜 성장을 하게 됩니다. 그런데 부모들은 실수와 실패를 용납하지 못합니다. 그래서 아이가 한 실수와 실패를 대신 해결해줍니다. 그렇게 유치원을 보냈고, 초등학교와 중학교도 그렇게 보내고 있습니다. 그런데 모든 문제를 부모가 해결해주다 보니 자녀의 삶은 새로운 것에 대한 경험으로 채워지기가 어렵습니다. 실패를 통한 성장은 전설에나 등장하는 이야기가 되어버린 셈입니다.

'내 아이는 절대 다쳐서는 안 되고,
어떤 불이익도 당해서는 안 되고,
부모는 자녀를 위해서 모든 것을 다 할 수 있는…'

신체적으로는 부모 세대보다 성장이 빠르지만, 정신적으로는 부모 세대보다 성장이 더딘 지금의 학생들은 실패에 매우 취약합니다. 실패에 취약한 학생들은 고등학교에서 맞닥뜨리는 실패를 잘 받아들이지 못합니다.

고등학교에서 유독 시험에 실패하는 경우가 많은 이유는 배우는 지식의 수준 때문입니다. 초등학교와 중학교 공부는 부모의 통제 아래에서 어느 정도 가능하지만, 고등학교 공부는 그렇지 않습니다. 고등 지식의 기초 과정이라서 개별 학생의 '사고력'이 강력한 학습 요인으로 작용하기 때문입니다. 그러나 학생들은 초등과 중등 공부를 하면서 부모에 의해 통제된 학습, 사교육에 의해 '보고 듣는' 방식의 '수동적인 학습'에 길들여진 상태입니다. 지적 호기심이 철저히 배제된 상태에서 문제 푸는 스킬을 열심히 배웠던 것입니다. 그러나 이런 수동적인 학습은 고등학교에서 성적을 담보하기 어렵게 만듭니다.

오늘날 '보고 듣는' 학습(정확하게는 '學')은 극단적으로 발달해 있습니다. 원한다면 얼마든지 수업을 보고 들을 수 있습니다. 학습 조건은 완벽한 것 같은데, 왜 교육은 갈수록 힘들게 느껴질까요? 그 이유는 '공부 착각' 때문입니다. 배웠다고, 알겠다고, 이해했다고 생각하는 착각이 진짜 공부를 방해합니다. 그럼에도 많은 부모와 학생이 보고 듣는 것으로 공부가 된다고 생각하는 이유는 초등, 중등의 학습 과정에서 그렇게 해왔기 때문입니다. 초등학교와 중학교 과정에서 이른바 '엄마표 공부', '아빠표 공부'는 얼마든지 그것이 가능합니다.

하지만 배움은 보고 듣기만 해서는 제대로 이뤄지지 않습니다. 지식을 자기 것으로 만드는 과정이 없으면 여전히 남의 지식이고, 남의 생각일 뿐입니다. 특히 고등학교의 공부는 유명한 강사의 인강을 듣거나 대치동의 유명한 학원을 다니는 것만으로 되지 않습니다. 모든 배움은 '습習'이 중요하기 때문입니다. 고등학교 이후의 학습 과정에서는 더욱 그러합니다. 뇌의 학습 신경망이 형성되어야 원하는 결과를 만들 수 있습니다.

부모의 불안은 자녀에게 대물림된다

부모의 불안이 증폭되는 시점은 중학교 때까지 공부를 잘하던 자녀가 갑자기 고등학교에서 성적이 떨어지는 경험을 하면서입니다.

'학원이 잘못 가르친 거야.'
'과외 선생이 문제가 있나 봐.'

'전교 1등은 도대체 어떤 학원을 다니는 거야?'
……

이런저런 생각을 하다가 불안이 고조되고, 심하게는 실패에 대한 공포로 패닉에 이릅니다. 그러다 결국 성공하게 만든다는 온갖 방법을 사용하는 등 또 다른 실패를 만드는 선택들을 하게 됩니다. 뭔가 이상하다고 생각하면서도 불안을 해결하기 위해서요. 지후도 그런 일을 겪은 학생 중 한 명입니다.

지후는 서울 강북구 수유에 살고 있습니다. 학교까지는 40분 정도의 시간이 걸리는 거리라 스쿨버스로 이동을 합니다. 강북의 한 중학교에서 공부를 꽤나 하고 인정을 받던 지후는 고등학교 1학년 1학기 중간고사 때 상상도 못 했던 성적을 받고 패닉에 빠졌습니다. 당연히 지후보다 부모님의 패닉이 훨씬 컸습니다. 지후의 부모님은 당장 대치동 학원을 알아봤고, 대치동에서 가장 유명하다는 학원에 등록을 했습니다. 엄습하는 불안을 해결하기 위한 '최선책'이라고 생각했기 때문입니다.

지후의 부모님은 학교에서 대치동까지 왕복 3시간의 거리를 거의 매일 '학원 셔틀'을 했습니다. 그후 지후의 성적은 어떻게 됐을까요? 아쉽게도 성적은 요지부동이었습니다. 문제의 핵심은 학원이 아닙니다. 내신 1등급도 그 학원에 다니고, 9등급도 그 학원에 다닙니다. 변수는 학원을 다니고 안 다니고의 문제가 아닙니다. 문제의 원인에 대한 정확한 처방 없이 불안을 해결하기 위한 선택을 했기 때문에 실패라는 결과가 나타난 것입니다.

　지후는 거의 1년간 대치동 학원을 다녔고, 성적은 계속 제자리걸음이었습니다. 2학년 2학기 개학 즈음에 학교에서 진행한 프로그램에서 처음 만난 지후는 상담을 통해 자신의 문제점을 정확하게 확인한 후 '진짜 공부'를 시작했습니다. '공부하는 척'하지 않고, '가짜 공부'를 접고 공부에 집중하기 시작했습니다. 여전히 수학 학원은 대치동으로 다니지만 전혀 다른 관점으로 공부를 하게 된 셈입니다. 상황 자체가 엄청 바뀐 것이 아니라, 그 상황에 대한 학생의 태도가 변화하면서 학습 신경망이 확장되기 시작했습니다. 보고 듣는 공부가 아니라 배운 것을 자신의 것으로 만들기 위한 도전을 함으로써 결국 지후는 3학년 1학기까지 성적이 상승하는 우상향 그래프를 만들었습니다. 그리고 결국 학종으로 자신이 원하는 대학에 진학했습니다.

　부모의 감정은 자녀에게 쉽게 전달됩니다. 유전자의 영향이기도 하고, 유대 관계의 영향이기도 합니다. 부모가 불안을 느끼면 자녀는 더 큰 불안을 경험합니다. 공부는 이성적인 작용인데, 불안은 이러한 이성적 작용을 방해하고 결과적으로 성적 하락의 주요한 원인이 됩니다. 결국 우리가 부모로서 자녀에게 줄 수 있는 최고의 덕목은 '불안해하지 않는 것'입니다. 특히 자녀의 인생과 미래와 대학과 성적에 대한 불안은 일단 접어둡시다. 그래야만 정상적이고 합리적인 공부의 방향을 정할 수 있습니다.

　불안해하지 않는 부모는 자녀의 입장에서 든든한 안전망이 되어줍니다. 그러니 자녀에게 당당하게 말해주세요.

실패해도 괜찮아.

틀려도 괜찮아.

현직 교사로서 많은 학생을 살피면서 안타까울 때가 많습니다. 그중에서도 '학생의 학습 태도와 성적'이 일치하지 않을 때 가장 안타깝습니다. 분명히 열심히 하고 성적이 잘 나오는 것이 당연한 학생인데 그렇지 못해서 우는 모습을 볼 때는 학생만큼이나 힘이 듭니다. 이런 일이 생기는 원인은 다양한 학생들을 지도하면서 알게 되었습니다. 물론 일반화하기에는 다소 부족한 면이 있고, 실제 성적에는 더 다양한 요인들이 반영되지만, 대체로 유사한 이유에서 출발한다는 사실을 지금도 확인하고 있습니다. 가장 대표적인 사례로 예진이의 이야기를 해보겠습니다.

예진이는 성실 그 자체인 학생이었습니다. 바른 생활을 하고, 학교생활도 열심히 해 선생님들에게 충분한 인정과 지지를 받고 있었습니다. 예진이가 학교생활에서 가장 힘들어한 건 내신 성적이었습니다. 자기주도학습에도 지속적으로 참여했지만 안타깝게도 4등급 후반이었습니다. 4등급 후반이라는 건 전체 학생 중 40% 수준을 의미합니다. 학생의 성실함 등을 생각하면 이해할 수 없는 성적이었습니다. 공부도 열심히 하고, 수업 중 개념과 문제를 잘 풀고, 다른 학생들이 물어볼 정도의 수준이었기에 더욱 이해되지 않았습니다.

예진이와 상담을 하면서 내신 시험에 대한 불안이 엄청나게 크다는 사실을 알게 되었습니다. 그 원인은 부모님이었습니다. 서울 상위권 대학을 졸업한 예진이 부모님은 중학교에서 제법 공부를 했던 예진이에게 알게 모르게 상위권 대학 진학에 대한 '기대'를 표현했고, 그 기대에 부응해야 한다는 생각이 내신 시험에 대한 엄청난 압박으로 작용한 것입니다. 큰 부담감과 결과에 대한 불안이 시험을 망치는 원인이었음을 확인할 수 있었습니다.

고등학교 1학년을 그렇게 보낸 예진이는 자기는 아무리 해도 안 된다고 생각하는 '학습된 무기력'에 빠지고 말았습니다. 시험 결과로 자신을 증명할 수 없다고 생각해 다른 학교 활동에서 자신의 존재 이유를 찾기 시작했고, 부모와의 마찰과 대치동 학원을 오가는 시간이 누적되면서 수동적으로 공부하게 되었습니다.

2학년 1학기 4월 첫 상담에서 예진이는 신나는 표정으로 온통 즐거운 이야기를 하다가 내신 성적 이야기가 나오자 울기 시작했습니다. 자기 생각으로도 이해되지 않는 상황이었으니까요. 그후의 상담 과정에서 예진이가 가진 '불안'의 원인과 불안의 증폭 과정을 이해하게 되었고, 나름의 해결책으로 '자신을 돌아보기'를 제안했습니다. 불안의 원인과 증폭 과정은 자신을 제대로 돌아보지 못할 때 생기니까요. 그렇게 여름방학을 지내면서 자신을 둘러싼 불안 문제가 해소되자 예진이는 공부에 자신감이 생겼고, '의례형' 학생에서 '동조형' 학생으로 성장을 해 결국은 원하는 대학에 진학했습니다.

예진이가 대학에 입학한 뒤에 후배들을 위한 학습법 특강에 강사로 초대한 적이 있습니다. 예진이는 대학에서 공부의 즐거움을 느끼고 있다면서 2학년 2학기와 3학년 1학기 성적이 상승하게 된 이유를 이렇게 말했습니다.

"공부하면서 불안하지 않았어요."

자기안전감이 있어야 실패를 두려워하지 않는다

공부를 잘하는 학생들에게는 다양한 공통점이 있지만 저는 그중에서 자존감 self-esteem 을 중요하게 생각합니다. 자존감이 높은 학생은 성적이 높게 형성되고, 자존감이 낮은 학생은 성적이 낮게 형성되는 편입니다. 자존감이 낮은 학생은 열등감이 강한 학생과 자존심이 강한 학생으로 구분됩니다. 자존감에 대한 자세한 이야기는 다음 기회에 더 다뤄보기로 하고, 여기서는 자존감의 구성 요소인 자기조절감, 자기효능감, 자기안전감 중에서도 '자기안전감'에 대해 이야기하겠습니다.

자기안전감은 자신이 안전하다고 느낄 때 무엇이든 도전할 수 있고 난관을 헤쳐갈 수 있다고 믿는 힘을 말합니다. 무엇을 하든 안전하다고 생각하기 때문에 자신에 대한 강한 긍정감을 가질 수 있고, 두려움 없이 나아갈 수 있습니다. 그러니 자존감은 당연히 자기안전감에서 출발해야 합니다. 자신이 안전할 때 비로소 '도전'을 할 수 있기 때문입니다. 어떤 도전을 하고 실패를 하더라도 자신이 안전하기만 하면 언제든 새로운 도전을 할 수 있습니다.

그런데 요즘 학생들은 스스로를 '안전'하다고 느끼지 못하는 것 같습니다. 사회가 안전하지 못해서, 성적과 대학 혹은 미래가 불안해서 새로운 도전을 꺼립니다. 부모와 주변 사람들로부터 열렬한 인정과 지지를 받고 자란 덕분에 '실패'할 것 같은 일은 아예 '도전'하지 않으려고 합니다. 공부에서도 이런 현상이 나타납니다.

학생에게 안전감의 근원은 어쩔 수 없이 '부모'입니다. 공부는 새로운 것, 모르는 것을 배우는 도전 과정이라 실패를 경험할 수밖에 없습니다. 그러니 부모로서 안전감이라는 최고의 선물을 사랑하는 자녀에게 주셔야 합니다.

"괜찮아. 아무 일도 생기지 않아!"

이 말은 불안을 느끼고 방황하는 학생들에게 제가 가장 많이 해주는 말이기도 합니다. 진짜 괜찮다고, 아무 일도 생기지 않는다고, 그러니 더 큰 도전을 해도 된다고 말해줍니다. 이런 말을 부모가 해주면 효과가 더 클 것이라 확신합니다.

학생들은 공부할 때 이른바 '간 보기'를 합니다. 자신이 도전해서 잘할 수 있을지 간을 봅니다. 잘 못할 것 같으면 아예 도전을 하지 않으려 합니다. 도전에 실패했을 때 얻게 되는 질책, 낭패감, 주변의 따가운 시선 등이 너무나 부담스럽기 때문입니다. 공부에 도전해서 실패했을 때의 상황이 '불안'하기 때문에 도전 자체를 하지 않으려고 하는 것이죠. 그때 사용하는 단어가 '원래'입니다.

> 나는 원래 과학을 못해.
> 나는 원래 수학을 못해.
> 나는 원래 공부를 못했어.

'원래'는 자신의 불안을 숨기려는 말이기도 합니다. 자신이 안전하지 않다고 느끼는 학생들이 주로 사용합니다. 부모는 자녀가 쓰는 이런 단어들에 귀 기울여야 합니다. 그리고 불안의 정체는 무엇이며, 어디에서 불안이 시작되었는지를 고민해야 합니다. 자녀의 미래에 대해, 성적에 대해, 학교생활에 대해 부모의 불안이 클수록 우리 아이의 자기안전감은 줄어듭니다. 주위를 둘러보면 매체가 극도의 불안을 자극하고 사회적으로 더 많은 불안이 드러나고 있지만, 그럼에도 불구하고 부모가 흔들리지 않는 것이 중요합니다. 부모의 불안은 자녀에게 쉽게 '전달'된다는 사실을 잊지 말아야 합니다.

부모의 자녀에 대한 사랑은 해가 갈수록 '과잉'되고 있습니다. 내 아이는 최고로 키워야 하고, 남보다 앞서야 한다고 주장합니다. 그것을 위해서 '최고'를 선물하는 정성을 아끼지 않습니다. 그러다 보니 힘들고 어려운 일은 항상 부모 몫이 됩니다. 자녀의 '손에 물 한번 묻히지 않고', 자녀에게 "공부만 하면 된다"고 말합니다. 너무도 '불안'해서 마냥 보호하고 '애기'로 키우려고 합니다. 사랑의 '과잉'입니다. 그 영향으로, 혼자서는 어딘가로 이동하지도 못하고 혼자서 하는 무언가를 경험하지 못하는 학생들이 점점 늘어나고 있습니다.

반려동물의 문제 행동을 교정하는 TV 프로그램이 많습니다. 잘

살펴보면 문제 행동을 하는 반려동물들은 대체로 '과잉' 사랑을 받고 있습니다. 너무 사랑해서 '자신이 원하는 것을' 반려동물에게 해줍니다. 정작 반려동물은 원하지 않았는데도요. 그 '과잉'이 문제 행동으로 이어집니다. 단호하게 "안 돼"라고 말해야 할 상황에서 그 말을 하지 못해서 문제 행동이 길러집니다. 훈련사들이 훈련 방법을 알려주면 견주들은 '그렇게까지 해야' 한다는 사실에 울기도 합니다. 사랑하는 반려동물에게는 차마 할 수 없는 행동이라고도 반응합니다. 일정한 선이 없는 사랑은 부정적인 결과로 이어지기 마련입니다.

자녀 교육도 마찬가지입니다. 자녀의 자기안전감을 위해서는 부모가 확실한 선을 미리 만들어두는 것이 좋습니다. 울타리를 명확하게 제시하고, 그 속에서 마음껏 도전하도록 해주셔야 합니다. 실패를 인정하고, 그 실패를 통해 무언가를 배울 수 있도록, 그래서 아무렇지 않게 다시 도전할 수 있도록 지켜봐주셔야 합니다.

성장과 성공의 스토리는 생각보다 단순한 과정을 거쳐 완성됩니다. '배우고, 실패하고, 고치고, 성공하고'의 무한 반복입니다. 그 과정을 통해 우리 아이가 걷게 되었고, 혼자 밥을 먹게 되었고, 자전거도 혼자 탈 수 있게 되었습니다. 그러니 지금은 모든 불안을 접고 다시 도전할 수 있도록 응원해주세요. 그것이 지금 부모가 할 수 있는 유일한 자녀 사랑입니다.

마치 처음 혼자 걸었을 때를 보는 것처럼.

'무조건 선행'은 하지 마세요

대학은 사교육을 어떻게 볼까?

사교육에 대해 찬반 의견이 갈리지만, 저는 사교육 자체가 문제는 아니라고 생각합니다. 정확히는 '과잉 사교육'과 과잉 사교육을 유발하는 마케팅이 문제이지만, 21세기 자본주의 사회에서 과잉 마케팅을 하지 않는 영역이 과연 얼마나 될까요? 사교육에 대한 찬반 의견이 중요한 게 아니라, 사교육을 제대로 사용할 줄 아는 것이 무엇보다 중요합니다.

대학은 사교육에 대해서 어떻게 생각할까요?

최근까지 학종 입시에는 '자기소개서'를 제출해야 했습니다. 학생들의 자기소개서를 지도하다 보면 많은 학생이 자기소개서 첫 부분에 '사교육을 받지 않고 스스로 공부한~'이라고 썼습니다. 이러한 자기소개서를 본 대학 입학사정관과 교수 들은 어떤 생각을 했을까요? 우수하다고 생각했을까요, 평범하다고 생각했을까요?

정답을 알려드리면, 그들은 그 부분에 '관심이 없습니다'. 대학은 '우수한' 학생을 선발하는 것을 중요하게 여깁니다. 공교육만으로도 우수한 학생이 있을 수 있고, 사교육의 도움을 받아 우수해진 학생도 있습니다. 즉 공교육이든 사교육이든 우수성을 갖추기 위한 수단이자 과정일 뿐입니다. 사교육을 '악'으로 규정하고 공교육을 '선'으로 규정하는 것은 또 다른 흑백논리이자, 선악 구조를 통해 이익을 보려는 누군가의 논리일 뿐입니다. 핵심은 공교육을 충분히 활용하는 것을 전제로 사교육을 잘 활용하는 것입니다. 특히 고교학점제의 시작으로 펼쳐진 '질적 평가'에 대비하기 위해서는 공교육의 가치를 충분히 활용하는 것이 매우 중요합니다.

선생님, 선행 안 하면 우리 아이만 뒤처지잖아요

사교육의 정점은 '선행 학습'입니다. 선행 학습은 유행처럼 번지다 못해 부모와 학생 들을 괴롭히는 트렌드이자 과제가 되어가는 것 같습니다. 조금 냉정하게 이야기하면,

선행 학습은 필요합니다.

다만, 모든 학생에게 필요한 것은 아닙니다. 선행 학습이 필요한 학생이 있고, 선행 학습을 하면 안 되는 학생이 있습니다. 어떤 학생에게 선행 학습이 필요할까요? 바로 '현행'을 완전하게 해내는, 즉 충분한 학습을 통해 현재 학습에 대한 이해도가 높은 학생입니다. 현재 진행되는 학습을 완벽하게 해내야 보다 어려운 심화 개념으로 나아갈 수 있기 때문에 이런 학생들은 선행 학습이 필요합니다. 1% 정도의 학생들이 여기에 해당됩니다. 개인적인 기준은 '현재의 학습 내용을 틀리지 않는' 학생입니다.

이 외에 대부분의 학생은 선행 학습이 크게 의미가 없습니다. 왜냐하면 현재의 학습을 제대로 수행하지 못하고 있기 때문입니다. 현행 학습이 완벽하지 못한데 선행 학습을 한다는 것은 건축물의 하부를 모래로 쌓는 것과 같습니다. 쉽게 무너질 수밖에 없습니다.

그럼 왜 이렇게 선행 학습이 범람하고 있을까요? 여러 이유가 있습니다. 사회적으로 '상위 대학'을 지향하는 분위기인 데다, 부모들 사이에서 자녀를 상위 대학에 진학시키는 것이 '자랑'이 되고 '과시'가 되고 '훈장'이 되는 분위기라 다들 선행 학습에 몰입하는 것입니다. 남들이 하는 것을 내 아이만 안 하면 '불안'하기도 하고요.

그럼에도 가장 중요한 이유는 따로 있습니다. 고등학교에 올라간 자녀의 성적이 좋지 않으면 여기저기 '기웃기웃'하게 됩니다. 가장 많은 정보를 교류하게 되는 곳이 '학부모 모임'입니다. 부모들은 전교 1등을 하는 '엄친아'들이 어떤 학원에 다니고 어떤 교재를 사용하는지, 수학 선행을 어떻게 하고 있는지를 '그렇게' 궁금해합니다. 학원 정보를 얻게 되면 그 '엄친아'처럼 되길 원하는 마음을 가득 담아서 4등급 자녀를 그 학원에 보내 동일한 선행 학습을 시킵니다. 안타깝게도 이런 과정이 반복되면서 '무한 사교육'과 '무한 선행 학습'이 완성됩니다. 정작 아이는 선행 수업을 전혀 따라가지 못하고 '나는 공부에 재능이 없다'고 생각해 공부를 포기하고 있는데도 부모는 만족하는 안타까운 상황이 지속됩니다.

여기서 '인지 부조화cognitive dissonance'라는 심리 현상이 나타납니다. 인지 부조화란 자신의 태도와 행동이 일치되지 않아 발생하는 심리적 긴장 상태를 말합니다. 가장 잘 알려진 인지 부조화 해결 방법은 자기합리화입니다. 예시로 《탈무드》에 실린 동화 〈포도밭의 여우〉를 잠깐 볼까요?

포도밭에 들어간 여우가 포도를 먹기 위해 애쓰다가 결국 먹지 못하면 자신의 실패에 대한 심리적 긴장 상태가 유발되고, 이를 해결하기 위해 "저 포도는 신 포도라서 맛이 없을 거야. 안 먹길 잘했어"라는 말로 자기합리화를 하고 심리적 긴장을 해소합니다. 실제 포도가 신맛인지 아닌지는 알지 못하지만 그렇다고 생각하는 것으로 스트레스를 해결한다는 말입니다.

선행 학습과 관련된 인지 부조화도 동일한 궤적을 보입니다. 대부분의 부모는 자녀가 '매우 우수하다'고 생각합니다. 그런데 실제 자녀의 성적이 우수하지 못한 것을 확인하면 심리적 긴장 상태가 됩니다. 이때 자기합리화가 필요합니다. 그래야 긴장 상태를 해소할 수 있기 때문이죠. 그래서 부모는 자녀의 성적이 부진한 이유를 찾습니다. 이 부분을 잘 이해해야 합니다. 자녀의 성적이 부진한 진짜 이유를 찾는 것이 아니라, 자기합리화에 필요한 이유를 찾습니다. 왜냐하면 자녀가 우수하다는 생각은 바뀌지 않기 때문입니다. 그러니 우수하지 못한 이유를 '만들어야' 합니다. 가장 만들기 쉬운 이유는 '그 선생님이 못 가르치기 때문'이고, '그 학원이 이상하기 때문'이며, '과외 선생님이 실력이 없어서'입니다. 이렇게 자기합리화를 하면 마음에 평안이 찾아옵니다. 선생님과 학원을 바꾸면 '문제'가 해결될 거라고 믿습니다. 하지만 그렇게 해도 자녀의 성적은 변하지 않습니다. 그즈음에 전교 1등을 하는 '엄친딸'의 학원이 보이고, 선행 학습 교재가 눈에 들어옵니다. 자녀의 성적이 지지부진한 이유를 드디어 찾은 것입니다!

> '우수한 내 아들이 선행 학습을 하지 않아서 공부를 못하는 거였구나!'

'이것' 없이 선행하면 무조건 실패합니다

선행 학습을 하는 자녀의 모습을 보면 뿌듯합니다. 학원의 진도는 엄청나게 빠르게 진행되고, 문제도 나름 풀어내는 것처럼 보입니다. 그런데 고등학교에서 시험을 치면 5등급의 성적을 받습니다. 진도를 그렇게 '많이, 빠르게' 나갔는데도 말입니다. 그렇게 완벽한 '사상누각沙上樓閣'이 완성되고, 이 과정에서 자녀의 문제를 파악할 수 있는 절호의 기회를 놓치게 됩니다. 선행 학습의 굴레에 갇힐수록 더 큰 실패를 경험할 수밖에 없습니다. 선행 학습의 내용을 받아들일 수준이 되지 않는 아이에게 이해조차 안 되는 어려운 내용의 수업은 더 큰 좌절을 줄 뿐입니다.

승은이는 선행 학습의 악순환에 빠진 학생이었습니다. 학원비로 매달 꽤 큰 금액을 지불하고 있었지만 1학년 내신이 5등급이었습니다. 1학년 겨울방학에 유명 학원에서 진행되는 '윈터 스쿨'에 아주 큰 돈을 내고 참여했지만 2학년 1학기 내신 역시 5등급이었습니다. 우연한 기회에 승은이와 상담을 진행했습니다. 윈터 스쿨에서 2학년과 3학년 수학을 선행으로 학습했고(두 달 만에 2년 치 공부를 끝냈다는 말입니다!), 중학교 때부터 진행했던 선행 학습까지 생각하면 고2 수학을 네 번을 보고, 고3 수학을 세 번 본 셈입니다. 그렇게 몇 년간의 시간과 약 6,000만 원이라는 큰돈을 선행 학습에 쏟아부었지만 결과는 5등급이었습니다.

6,000만 원짜리 5등급!

상담을 통해 승은이는 스마트폰과 태블릿을 저에게 맡기고, 학원을 상당 부분 포기하고 자기주도학습 시간을 대폭 늘리기로 했습니다. 여름방학에는 성실하고 적극적으로 학습에 참여했습니다. 학원, 인강 등을 제외한 순수 공부 시간을 하루 6시간 이상 확보했습니다. 자기주도학습 시간이 늘어나면서 공부에 대한 자신감이 생겼고 스스로 공부하는 시간도 점점 늘어났습니다. 문제는 2학기 시작과 동시에 발생했습니다. 승은이의 부모님이 인지 부조화로 인한 자기합리화를 해결하지 못하고 다시 선행 학습을 시킨 것입니다. 다양한 이유가 있겠지만 부모의 '불안'이 가장 큰 이유였던 것 같습니다.

학원을 가면 실패한다고 말하는 것이 아닙니다. 모든 배움은 '학學'과 '습習', 즉 무언가를 배웠다면 자신의 것으로 익히는 과정이 필요합니다. 현대사회는 학學이 지배하지만, 사실 중요한 것은 습習입니다. 습은 익히는 과정이고 숙성의 과정이기 때문에 '시간'이 필요합니다. 그래서 학습의 기본 원리는 '1학 2습'입니다. 1시간의 배움이 있다면 자신의 것으로 만드는 2시간의 습이 필요합니다. 지식은 '망각'의 과정을 거치기 때문입니다. 배운 내용을 자신의 것으로 만들지 않는다면 배움은 크게 의미가 없으며, 고루 익히기 위해서는 '빨리, 많이'가 중요하지 않습니다. 강한 불만 사용하면 '까맣게 탈' 뿐입니다. 한마디로, 빠른 속도전은 크게 의미가 없습니다.

습의 과정은 '자기 주도적 학습'을 의미하기도 합니다. 즉 자신이 할 수 있음을 의미합니다. 자신이 설명할 수 있고, 자신이 직접 풀 수 있다는 말입니다. 결국 자발성이 없으면 익힐 수 없고, 익히지 않는 학생들에게 선행 학습은 아무런 의미가 없습니다.

승은이는 3학년 1학기를 5등급으로 마무리하고 입시에 실패했습니다. 가능성이 큰 학생이었음에도 불구하고 자신의 공부가 익을 수 있는 충분한 시간을 가지지 못했기 때문에 실패할 수밖에 없었습니다. 모든 실패에는 합당한 이유가 있습니다. 실패의 이유를 냉정하게 분석하지 못하면 실패를 반복하게 됩니다. 누구나 실패할 수 있고 실수는 당연한 것이지만, 같은 실패를 '반복'한다는 것은 완전히 다른 이야기입니다.

승은이와 같은 의례형 학생들은 학교 현장에서 자주 만납니다. 부모에 의해서 공부를 강요당하고, 공부해야 할 어떠한 이유를 찾지 못한 상태에서 열심히 학원에 다니는 이 학생들은 비슷한 선택을 하게 될 확률이 높습니다. 그리고 좋지 않은 성적, 반복적인 선행, 공부에 대한 낭패감, 다시 좋지 않은 성적…으로 이어지는 학습의 악순환을 반복하게 됩니다. 오랜 시간 학원에 다니면 성적이 오를 것이라는 막연한 생각이 오늘날의 학습과 교육을 망치고 있는 셈입니다.

초등학교 때부터 열심히 선행을 한 상당수 학생들의 실패 사례에도 불구하고 선행 신화는 계속됩니다. 여기에는 선행 학습으로 성공한 학생들만 광고에 등장하는 영향도 있습니다. 실제로 유명한 대치동의 '그' 학원을 다닌 학생들 중 성적이 오른 학생들의 비율은 아무도 알려주지 않습니다. '그' 학원은 수능 만점과 상위권 대학에 진학한 학생 수만 홍보에 활용합니다. 그 이유는 실제 성적 상승의 비율이 높지 않기 때문일 것입니다. 많은 재수생도 비슷한 이야기를 하고, 선행 학습과 재수까지 했음에도 실패하는 사례는 부지기수지만 그런 실패 사례는 전혀 알려지지 않을 뿐더러 대부분의 부모는 실패 사례에 관심이 없습니다.

선행 학습에 관해서는 제발 '팩트^{fact}'를 알기 위한 최소한의 노력을 해야 합니다. 다른 학생들보다 더 많이 알고 진도가 더 빠른 것은 크게 의미가 없습니다. 더 빠른 진도는 더 허약한 기반을 만들 뿐입니다. 듣는다고 알 것이라고 생각하면 반드시 실패합니다. 듣고 보는 것은 학습을 위한 가장 기본적인 과정일 뿐입니다. 우리 자녀에게 필요한 것은 남보다 빠른 진도가 아니라, 보다 깊게 사고할 줄 아는 사고방식입니다.

초등과 중등에서는 배우는 내용 자체가 쉽기 때문에 사고의 깊이가 크게 문제 되진 않습니다. 단순히 학원에서, 인강에서 더 많이 들은 학생이 더 잘합니다. 하지만 고등학교 공부는 다릅니다. 어느 정도 수준 있는 개념을 배우고 어려운 개념을 활용해야 하기 때문에 공식을 무작정 대입하는 빠른 계산보다 사고의 '깊이'가 훨씬 중요합니다. 하지만 사고의 깊이는 쉽게 만들어지지 않습니다.

좋은 대학을 진학한 제자들을 보면 대체로 아주 오랜 시간 동안 공부에 집착하며 고등학교 수준의 공부를 꾸준히 한 학생들입니다. '중학교 4학년'도 아니고, '초등학교 11학년'은 더더군다나 아닙니다. 그 학생들은 진짜 고등학교 공부를 했기에 입시에 성공한 것입니다. 중학교 공부와 고등학교 공부의 가장 큰 차이는 '자발성'입니다. 고등학교 공부는 쉬운 것을 배우지도 않고, 듣는 공부만으로 승부가 나지도 않습니다. 선행 학습을 한다고 해서 잘하게 되는 일도 없습니다. 그렇기에 더더욱 자발성이 중요합니다. 자신만의 논리로 이해하고 설명하고 말할 수 있을 때 자신의 지식이 되고, 그 지식이 켜켜이 쌓여 학습의 신경망이 형성됩니다. 결국 공부를 얼마나 많이 했느냐의 문제가 아니라, 자발성을 가지고 학습 신경망을 만들었는지가 관건입니다.

그럼에도 선행을 꼭 해야겠다면

학교에서는 다양한 방법을 동원해서 프로그램을 기획하고 진행합니다. 제가 근무하는 학교도 마찬가지로, 지식인의 서재, 지식인의 랩실, 지식의 향연, 10개 영역의 전공별 아카데미, 지식의 최전선 등 연간 진행되는 대학교수 특강이 40회 정도입니다. 2024년에는 지식인의 랩실 특강에서 노벨 생리의학상을 받은 팀 헌트 교수의 강연을 진행하기도 했습니다. 어떤 의미에서 엄청난 선행인 셈입니다. 다양한 프로그램의 지도를 받고 대학에 진학한 제자들이 대학 2, 3학년이 되어서 공통적으로 하는 말이 있습니다.

"고등학교 때 프로그램에서 선생님과 진행했던 것들이라 좀 쉬웠어요."

학생들은 프로그램을 통해 지식 선행을 하고, 사고의 과정을 통해 더 많은 지식을 만들기 위해 노력합니다. 그래서 학교는 지식의 최전선에 있는 연구자들을 초빙해서 그들의 이야기를 들려주는 것을 중요하게 생각합니다. 다만, 그들의 지식을 알기 위한 노력보다는 그 과정을 이해하기 위한 노력이 더 중요하기에 본질적으로 강조하는 것은 '더 많은 궁금증'입니다. 학생들에게 엄청난 기회를 주지만, 그 기회를 통해 더 많은 궁금증을 얻고 해당 분야의 지식에 대해 더 깊이 갈망하기를 바라는 것입니다. 제가 운영하고 있는 프로그램에 참여하는 학생들은 고교 생활에서 대체로 수준 높은 질문들을 만들어냅니다. 자신이 알지 못하는 세상에 대한 이야기를 듣고 그 탐구 과정을 이해하기 위해 많은 이야기를 나누기 때문입니다.

새로운 세상을 만나고 새로운 지식을 만나면 우리 뇌는 활발하게 움직입니다. 다양한 경험을 통해 뇌가 충분히 자극되어 더 넓은 사고를 하고 충분한 성장을 하는 것입니다. 그 모든 과정을 포함하는 단어가 상위권 대학이 선호하는 '지적 호기심'입니다. 지적 호기심은 단순한 호기심이 아니라, 새로운 것에 대한 이해를 전제로 한 호기심입니다. 이런 지적 호기심을 통해 학생은 엄청난 성장을 합니다. 그러니 선행 학습은 충분히 지적 호기심을 자극할 만한 요소입니다. 제대로 활용할 수 있다면 말입니다.

이렇게 질문하고 싶습니다.

선행 학습을 하면서 자녀는 더 궁금증을 가지게 되었나요?

이 질문에 "YES"라고 대답할 수 있다면 선행 학습은 충분히 의미 있는 결과를 만들 수 있습니다. 하지만 "NO"라는 대답이 나온다면 자녀를 의례형 학생으로 만들고 있는 겁니다.

틀리지 말라고
하지 마세요

아이들은 어쩌다 스마트폰에 중독됐을까

고등학교에 진학한 후 힘들어하는 학생들이 엄청 많습니다. 실제 학교 현장에서 매일 만나는 학생들은 자신의 '힘듦'에 대해 강하게 말하는 편입니다. '왜 이렇게 힘들까'라는 의문을 가지고 다양한 이야기를 나눠보니, 학교의 분위기에 따라 다르긴 하겠지만, 대체로 성적과 친구 문제가 가장 큰 변수입니다. 그중에서도 개인 상담을 하는 대부분의 학생은 성적으로 인한 고통을 많이 호소합니다.

상담을 진행할 때 저는 학생들에게 끊임없이 질문합니다. 왜 그런지, 왜 그렇게 생각하는지, 어떤 이유가 있는지 등을 묻습니다. 그러나 대부분의 학생은 두세 번째 질문부터 대답을 못 합니다. 그만큼 깊이 있는 질문을 스스로에게 던지고 고민을 해본 경우가 적기 때문입니다. 그렇기에, 정확하게 이야기하면, 자기 인생에 대해 매우 '추상적인' 답을 가지고 있습니다. 그러니 더 질문할 내용이 없습니다. 자신의 인생임에도 불구하고 구체적인 고민, 구체적인 이유를 생각하지 않습니다. 그런 생각을 할 여유도 없고, 그렇게 생각해야 한다고 알려준 사람도 없어서인 것 같습니다.

학생들의 생활을 지도하고 입시를 도우면서 제가 가장 강조하는 것은 '구체성'입니다. 자기 인생에 대한 구체성, 자기 공부에 대한 구체성, 공부의 이유에 대한 구체성 등입니다. 학생들이 제가 운영하는 프로그램을 따라오고 상담을 통해 얻고자 하는 것은 자신이 원하는 대학에 진학하는 것이지만, 지도를 하는 교사의 입장에서는 대학보다 '학생의 성장'이 훨씬 더 중요합니다. 좋은 대학, 상위권 대학, 학생이 원하는 대학은 성장의 결과에 불과하기 때문입니다.

학생들과 성적 이야기를 하다 보면 대체로 학생들은 소극적이고 방어적인 태도가 됩니다. 성적에 대한 부끄러움이 있기 때문일 것입니다. 자신의 성적을 부끄러워 한다는 것은 나름의 '실패감'이 있기 때문입니다. 능력의 부족, 학습량의 부족, 집중의 부족 등을 이유로 내세우지만, 근본적인 원인은 '죄책감'에 있는 것 같습니다.

학생들이 느끼는 죄책감의 근원은 무엇일까요? 아마도 스마트폰이나 SNS를 하며 공부에 집중하지 않고 '의도치' 않게 놀았던 시간에 대한 후회가 아닐까 싶습니다. 하지만 저는 보다 근원적인 문제를 지적하고 싶습니다. 왜 학생들은 스마트폰, SNS에 집중할까요? '재미가 있으니까'라고 대답을 하신다면 자녀에 대한 추상적인 지식을 가지고 있는 것입니다.

조금 더 과거로 돌아가면 선명한 답이 나옵니다. 자녀가 초등학교 시절, 상당수의 학생과 부모는 공부에 대한 싸움 아닌 싸움을 합니다. 예를 들어 숙제를 다 하면 게임을 하게 해준다거나, 두 시간 공부하면 한 시간 스마트폰을 할 수 있게 해준다는 식의 약속 아닌 약속을 합니다. 자녀의 입장에서 이 상황을 잘 생각해보면, 공부는 악惡(나쁜 것)이 되고 자신이 하고 싶은 게임 혹은 스마트폰은 선善이 됩니다. 자연스럽게 공부는 하기 싫은 것으로 인식이 됩니다. 이렇게 어릴 때부터 인식되니 클수록 더 공부에 집중하기 어렵게 됩니다. 이 문제는 성적 이야기와 밀접한 관련이 있으니, 두 이야기를 묶어서 이야기를 해보겠습니다.

초등학교, 중학교를 거치면서 공부를 좀 하는 학생들의 부모들은 '성적'에 민감해집니다. 몇 점을 받았는지, 몇 개를 틀렸는지, 몇 등을 했는지를 중요하게 생각해 '좋은 성적'은 칭찬하고 부모의 기준에서 '부족한 성적'은 혼내거나 공부를 더 하라고 잔소리를 합니다. 이때 하는 잔소리 중에서 최악의 멘트는 "네가 그럴 줄 알았다. 놀 때부터 알아봤다"입니다. 이 말은 절대 하지 맙시다!

부모의 성적에 대한 칭찬과 집착은 학생이 '성적'에만 집중하게 만들고, 100점짜리 시험지를 최고의 가치로 여기게 만듭니다. 여기서 문제가 생깁니다. 초등학교, 중학교 때까지는 100점이 가능하지만, 어려운 개념을 배우고 개념의 응용과 활용이 중심인 고등학교에서는 100점을 맞는다는 것이 엄청 어렵습니다. 100점이 최고의 가

치였던 학생들은 이 상황을 받아들이지 못합니다. 자신의 공부에서 최대 장애물이 생긴 상황이고, 이런 장애물을 이전에는 경험해본 적이 없으니 해결하기도 쉽지 않습니다. 그래서 결국 웁니다. 어떤 해결책도 없이 항상 같은 문제 제기와 같은 결과로 이어지게 됩니다.

성적 앞에서 좌절한 학생들은 자신이 상황을 바꿀 수 있는 무언가를 가지고 있다고 생각하지 못하고 쉽게 무기력에 빠집니다. 한번 무기력에 빠지면 극복하기가 매우 어렵습니다. 무기력에 빠진 학생들은 자신의 무기력을 잊게 해줄 무언가가 필요합니다. 그 수단이 스마트폰, 게임, SNS인 것입니다. 그러니

"스마트폰 좀 그만하고
공부 좀 해!"

라는 말이 허공에 떠돌기만 하는 이유와 상황에 대해 고민해야 합니다. 학생들이 공부하지 않고 스마트폰에 '중독'되는 이유의 상당 부분은 무기력에서 기인합니다. 그런데 부모들은 자녀의 그런 무기력과 고통에는 관심이 없고, 오로지 공부와 성적에만 신경을 씁니다. 그러니 제대로 된 의사소통이 될 수 없는 것입니다. 완벽한 평행선이 만들어지고, 서로의 말을 '외계어'로 인식하게 됩니다. 도저히 서로 이해할 수 없는 말만 하니까요.

노력만으로는 즐기는 사람을 이길 수 없다
공부는 모르는 것을 배우는 과정입니다.

앞서 강조했던 문장입니다. 모르는 것을 배우기 때문에 잘하기까지는 오랜 시간이 걸립니다. 특히 고등학교 공부처럼 어려운 것은 더 많은 시간이 필요합니다. 그래서 공부한 시간에 비례해서 성적이 나오지 않는다는 점도 이해해야 합니다.

저는 운동 중에서 배드민턴을 가장 좋아합니다. 배드민턴 실력을 향상시키기 위해 많은 시간을 투자했습니다. 강도 높은 레슨도 받았고, 숨이 턱까지 차는 고통도 경험했습니다. 여기서 배움의 본질이 나옵니다. 그렇게 힘들게 배드민턴을 배운 이유는 무엇일까요? 옆에서 아내가 배우라고 채근했거나 더 잘하기 위해서 노력하라고 말했다면 지금처럼 배드민턴을 좋아하거나 잘하지 못했을 것입니다. 그 힘든 과정을 스스로 자청했던 이유는 배드민턴을 배우는 과정이 '흥미'롭기 때문이었습니다. 재미가 있고 더 잘하고 싶으니까, 그 모든 고통을 버텼던 것입니다.

공부라고 다를까요? 다르지 않습니다. 공부해야 한다고 생각하는 학생과 공부가 흥미로운 학생의 차이는 단순하게 성적으로만 나타나지 않습니다. 공부를 잘하기 위해서는 적당한 공부량을 채우는 것으로 되지 않습니다. 한때 유행했던 성공을 위한 '1만 시간의 법칙'을 생각해봅시다. 누구나 1만 시간을 채우면 성공할 수 있을까요? 아닙니다. 우수성, 탁월함에 이르기 위한 시간은 사람마다 다를 수밖에 없습니다. 더 많은 시간이, 더 많은 강의가, 더 많은 학원 수업이 우수성을 만들어주는 것이 아닙니다. 단순하게 시간을 쌓는 것이라면 윈터 스쿨에서 시간을 가장 많이 쌓은 순으로 성적이 나와야 하는데 그렇지 않다는 것은 누구나 알고 있습니다.

성적이라는 결과만 보면 이 모든 노력의 과정이 인정되기가 어렵습니다. 어려운 것을 배우는 과정은 쉬운 것을 배우는 과정보다 훨씬 지난하기 때문에 쉽사리 결과가 나오지 않습니다. 내신 9등급의 학생이 5등급이 되는 것보다, 3등급의 학생이 1등급이 되는 것이 훨씬 어려운 이유입니다.

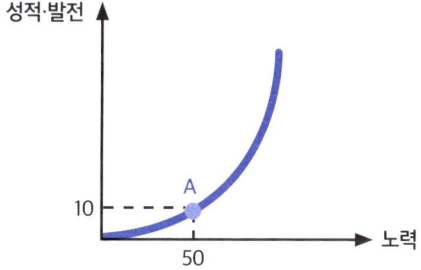

위의 그림은 앞서 살펴본 그래프입니다. 기억하시죠?

A점에서 학생들은 무슨 생각을 할까요? 배움의 과정에 있는 사람들은 엄청난 정체기를 맞기도 합니다. A점은 아무리 노력해도 뭔가가 바뀌지 않는 지점입니다. 매일 영어 단어를 외우고 수학 문제를 푸는데도 '이렇게 하는 것이 맞나'라는 생각이 드는 지점입니다. 매일의 삶이 쳇바퀴 같아서 계속 같은 자리만 돌고 있는 것 같고, 자신

만 정체되어 있다는 느낌을 피할 수가 없습니다. 이렇게 느끼는 것은 사실 당연한 일입니다. 왜냐하면 공부를 잘하고 무언가를 잘해내는 사람도 이와 같은 시기를 지나기 때문입니다. 핵심은 이 쳇바퀴와 같은 시기를 끝까지 버텨내느냐입니다.

하지만 아래의 그림에서 보는 것과 같이 본인이 아닌 교사의 입장에서 보면 아주 '미세하게' 나아가는 것이 보입니다.

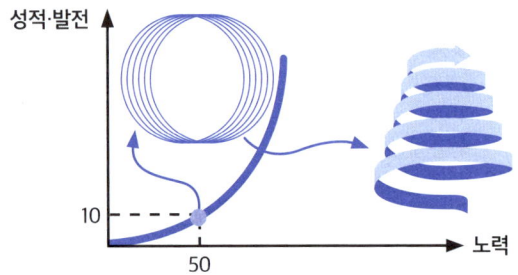

여기서 '미세하게'라고 말하는 이유는 공부를 하는 학생의 입장에서는 당장의 성과가 없기 때문입니다. 수학 풀이를 쌓고 영어 단어를 쌓아야만 성과가 나옵니다. 결국은 그 결과가 나올 때까지 무던히 버티는 학생들이 성과를 만들어내는 것입니다. 그러니 부모도 버틸 수 있어야 합니다. 당장 원하는 결과가 나오지 않는 상황이더라도 안절부절하지 말고 묵묵히 미세하게 나아가는 자녀의 뒤를 지켜볼 수 있어야 합니다.

내적 동기를 강화하는 자기효능감

자기주도학습에 대한 환상이 다들 있는 것 같습니다. 자기주도학습이 매우 중요하다는 사실은 모두 알고 있지만 "우리 아이는 자기주도학습을 못 할 것 같다"는 말도 많이 듣습니다. 이런 경우가 생기는 것은 자녀가 자기주도학습을 하기까지 기다려주지 않는 부모들이 있기 때문이기도 합니다. 절대적인 명제라고 생각해도 좋습니다.

공부하라는 말을 하는 순간, 공부는 절대 안 하게 됩니다.

자기주도학습은 말 그대로 학생이 주도적으로 하는 학습을 의미합니다. 그런 학생이 있을까 싶겠지만, 좋은 성적을 내는 학생들의 상당수가 이런 학생들입니다. 그럼 자기주도학습은 어떻게 가능할까요? 재능의 영역일까요? 당연히 아닙니다. 오랜 시간 학생들을 상담하고 그들의 성장에 대해 이야기를 나누면서 알게 된 사실 중 하나가 바로 자기주도학습의 비밀입니다. 자기주도학습은 학생 스스로 자기 자신에게 동기를 부여한다는 말입니다. 내적 동기 부여가 가능하기 때문에 누구보다 열심히 공부를 하게 됩니다.

여기서 질문! 도대체 어떻게 내적 동기를 부여할 수 있을까요? 저는 내적 동기 부여의 핵심을 두 가지로 생각합니다. 첫 번째는 자신이 해낼 수 있다는 강력한 '신뢰'입니다. 두 번째도 매우 중요한데, 스스로의 '성장'을 확인하는 것입니다. 성장을 확인하는 과정을 쌓으면 자신에 대한 강력한 신뢰가 형성되고, 이후에는 자기주도학습에 몰두하게 됩니다. 부정과 실패와 무기력의 악순환을 스스로 끊어낼 수 있게 되는 것입니다.

여기가 중요합니다. 앞서 언급한 '자기안전감'에 이어서 자존감의 두 번째 요소인 '자기효능감'이 등장하는 지점이기 때문입니다. 자기효능감은 특정 상황에서 자신이 구체적 행동으로 문제를 해결할 수 있다고 믿는 신념을 말합니다. 자신감과는 다르게, 구체적인 역량의 발휘를 통해 해낼 수 있다고 믿는 신념을 의미합니다. 내적 동기 유발의 가장 강력한 요인은 자신의 특정 행동이 변화와 성장, 진전을 이끌고 있다는 느낌이고, 이 느낌이 쌓이면 자신이 특정 목적을 달성할 수 있다는 '근거 있는 자신감'인 자기효능감이 커집니다.

자기효능감이 높은 사람은 대체로 도전적인 상황을 두려움으로 받아들이기보다는 '기회'로 받아들입니다. 중간고사와 기말고사를 자신의 노력을 확인할 수 있는 중요한 기회로 보고 시험을 기다립니다. 그리고 시험에 실패해도 크게 흔들리지 않고 오히려 더 많이 배울 수 있는 기회로 생각합니다. 시험에 대한 기대가 있기 때문에, 그리고 그 기대를 충족시킬 수 있는 열정적인 노력이 있었기 때문에 대체로 결과는 잘 나옵니다.

반면, 결과에 집착하는 부모를 둔 학생은 시험이 엄청난 두려움의 대상이 됩니다. 불안과 두려움을 가지고 공부를 하기에 제대로 머리에 남는 것이 없고, 시험 당일에는 극도의 불안에 시달립니다. 근래 내신 시험을 칠 때면 심신 안정을 위한 약을 먹는 학생들이 급격하게 늘어났는데, 시험 결과에 대한 불안 정도가 과하게 높다는 것을 단적으로 보여주는 아픈 장면입니다. 이런 학생들은 대체로 자기효능감이 낮고, 결과적으로 자존감이 낮을 가능성이 높습니다. 그러니 좋은 결과를 만들기는 매우 어렵습니다.

근거 있는 자신감으로서의 자기효능감을 연습한 사람들은 대체로 끈기가 있습니다. 어려운 상황이 닥치더라도 성공 경험, 성장 경험을 바탕으로 이겨낼 수 있다는 신념이 굳건하기 때문입니다. 결국 공부의 핵심은 학생의 자기효능감을 높이는 것입니다.

뇌과학이 알려주는 자기조절감의 비밀

자기효능감은 어떻게 높일 수 있을까요? 저는 자존감의 세 번째 요소인 '자기조절감 self-control'을 통해서 '연습'할 수 있다고 생각합니다. 그래서 상담할 때 자기조절감 연습을 활용합니다.

자신의 노력으로 무언가를 해낼 수 있다고 믿으려면 그 신념을 확정 지을 수 있는 근거가 있어야 합니다. 그 근거를 만들기 위한 연습 과정이 자기조절감입니다. 심리학자들은 자기조절감을 근육처럼 연습을 통해서 강화시킬 수 있다고 판단합니다. 자기조절감은 시간 조절, 감정 조절, 충동 조절과 같은 요소들로 구분되는데, 사춘기를 지나는 학생들에게는 시간, 이성 친구, 충동 등 많은 요소가 중요하지만 '감정 조절'이 무엇보다 중요합니다.

사춘기 혹은 감정 조절에 관해서 부모들이 이해해야 하는 부분이 있습니다. 인간의 뇌는 한꺼번에 발달하지 않는다는 점입니다. 뇌의 여러 부분들이 시차를 두고 발달합니다. 우리 뇌에서 변연계는 청소년기, 즉 사춘기에 완성됩니다. 변연계는 다양한 역할을 하지만 대체로 '감정의 뇌'로 지칭됩니다. 달리 말하면 변연계가 완성되는 시기의 청소년들은 감정적으로 예민할 수밖에 없는 상태라는 말입니다.

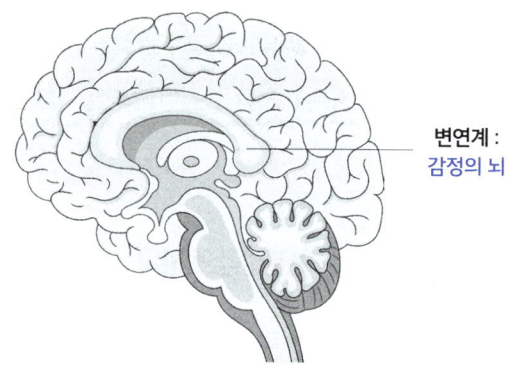

변연계 : 감정의 뇌

부모님들과 상담을 하다 보면 이런 말도 많이 듣습니다.

"제 아이는 화가 왜 그렇게 많은지 모르겠어요.
무슨 말만 하면 화를 내요."

그런데, 내 아이만 그럴까요? 아닙니다. 사춘기를 지나는 모든 학생의 가장 평범한 반응입니다. 지금 내 아들과 딸의 반응이 '정상'이라는 얘깁니다. 이 부분을 정확히 이해해야 감정 조절이 가능해집니다. 왜 자꾸 화를 내는지 모르겠다고 생각하면, 어떤 식으로 접근하든 실패할 수밖에 없습니다.

시간이 지나서 자녀가 청년이 되면 그렇게 많던 화가 없어지는 것처럼 보입니다. 그 이유도 뇌와 관련이 있습니다. 뇌에서 최상위 영역으로서 이성적인 부분을 담당하는 전두엽은 27세 즈음에 완성된다고 알려져 있습니다. 이 말은, 대체로 내 아이는 감정을 느끼는 변연계가 완성되는 시기부터 이성을 조절하는 전두엽이 완성되기까지의 10년 정도를 감정에 의해 민감하게 움직인다는 의미입니다. 그러니 이미 감정적인 자녀를 향해 공부하라고 감정(정확하게는 분노 혹은 화)을 담아서 이야기하는 순간 자녀의 감정 트리거가 작동하는 겁니다. 감정의 트리거가 당겨졌는데 이성의 영역인 공부가 잘될까요?

성적에 기반한 "공부해!"라는 말에는 감정이 실려 있습니다. 그러니 자녀가 자기주도학습을 하게 만들려면 "공부해!"라는 말을 하면 안 됩니다. 엄마가 시켜서 하는 공부는 자기주도학습이 될 수 없으며, 자녀를 그저 의례형 학생으로 만들 뿐입니다.

아이는 부모의 뒷모습을 보고 자란다

자녀의 감정 조절을 위해서 부모가 할 수 있는 것은 감정 조절, 충동 조절 등을 잘하는 모습을 보여주는 것입니다. 아이들은 '백지'와 같아서 부모나 교사가 무엇을 그리느냐에 따라 완전히 다른 모습으로 표현됩니다. 그것을 믿기 때문에 매년 전국을 돌아다니면서 강연을 소화하고 있습니다. 제가 하는 이야기를 듣고 한 명의 학생이라도 자신의 인생 그림을 멋지게 그리게 되길 소망하면서 말이죠.

현대사회를 살아가는 학생들에게 가장 필요한 것은 모델^{model}입니다. 닮고 싶은 사람, 삶의 방향이 되어줄 사람은 자존감 형성에 매우 중요한 요소이기 때문입니다. 그런 의미에서 부모는 자녀의 모델링^{modelling}(모델을 보고 닮게 만드는 일)의 주체가 되어야 합니다. 특히나 감정 조절은 부모가 보여줄 수 있는 최고의 모델링입니다. 학생들과 상담하면서 부모에 대해 물어보면 이런 말을 가장 많이 합니다.

> "엄마 아빠는 화가 왜 그렇게 많은지 모르겠어요.
> 어느 지점에서 무엇 때문에 화를 내는지를 알 수가 없어요."

자녀들은 부모의 화를 절대 이해할 수 없다고 생각합니다. 부모의 화는 그 순간에 시작된 것이 아니니까요. 저를 포함한 우리 부모들은 화를 아흔아홉 번 참고 백 번째에 표출합니다. 자녀를 사랑하기 때문에 참고 참고 참는 것이지요. 그러다가 한계에 도달하면 한꺼번에 화를 내게 됩니다. 자녀들은 부모가 아흔아홉 번이나 화를 참았다는 사실을 모르니 그저 아무것도 아닌 일에 갑자기 화를 낸다고 생각합니다.

이제는, 이러한 우리 방식이 틀렸다는 것을 인정해야 합니다. 그래야 해결 방법이 나옵니다. 부모가 감정 조절을 하는 모습을 보여주면 자녀는 감정을 '조절 가능한 것'이라고 인식합니다. 그러나 잘 참다가 백 번째에 화를 터트리는 부모의 모습만 본 자녀는 '분노는 그냥 터트리면 된다'고 인식합니다. 어떤 경우에도 손해를 봐서는 안 되고, 어떤 불공정도 참으면 안 된다는 감정적 인식을 가지게 됩니다. 이런 생각은 학교에서 사회에서 고스란히 행동으로 드러납니다.

그러니 우리의 분노를 그때그때 이야기해주고 감정을 조절하는 모습을 솔직하게 보여줍시다. 그때그때 화를 내라는 말이 아닙니다. 화가 나지만 조절할 수 있다는 것을 보여주어야 합니다. 이때 쓸 좋은 문장을 알려드릴게요.

> "엄마(아빠)는 지금 이런이런 이유로 화가 많이 났어.
> 화를 풀기 위해서 잠시 산책을 하고 올 테니 조금 후에
> 이야기하자."

화를 조절하는 것은 쉽지 않은 일이니 '연습'을 해야 합니다. 이 말을 연습할 때도 감정을 담지 말고 차분하게 말해야 합니다. 최고의 말투는 '내비게이션 말투'입니다. 길을 잘못 들었을 때 들려오는 내비게이션의 말투로 연습하면 감정을 충분히 조절할 수 있습니다. '화난 나'와 '나'는 다른 존재라고 인식하는 것도 중요합니다.

결과만 기대해서는 이 모든 것을 잘해낼 수 없습니다. 결과만 생각하면 연습 자체가 어렵습니다. 왜냐하면 감정 연습도 실패할 수 있고 그 실패에서 배워야 비로소 성공할 수 있는데, 어떤 실패도 용납하지 않고 화를 내지 않는 결과만 생각하면 그 과정을 받아들일 수 없기 때문입니다. 새해의 다짐이 매번 실패하는 것도 이유가 같습니다. 어떤 실패도 하지 않을 것처럼 다짐하기 때문에 항상 실패할 수

밖에 없는 것입니다.

'빨리'와 '완벽하게'는 공부의 최대 적입니다. 우리는 실패를 거듭합니다. 어려운 것을 배우니까요. 정말 열심히 공부했는데 결과가 나오지 않는다고 이야기하는 학생들 중 상당수는 공부할 때 쉬운 문제만 푸는 경향이 있습니다. 어려운 문제에 도전하지 않는 이유는 틀리면 안 되기 때문입니다. 결국 공부의 최대 적을 부모가 만들고 있는 셈입니다. 틀려도 됩니다. 아니, 더 많이 틀려야 합니다. 그러니 결과에 대한 평가는 최대한 뒤로 미루고, 실패했을 때 어떻게 일어날 수 있는지를 자녀와 함께 고민합시다.

자녀의 성적이 원하는 만큼 나오지 않았을 때 "성적은 그리 중요한 것이 아니야"라고 말하는 것도 결과에 대한 평가입니다. 자녀가 잘 못하는 일을 폄하하는 건 나쁜 태도입니다. 부모는 쉼 없이 진실을 말하고, 그 진실이 통용될 수 있는 분위기를 만들고, 실패를 딛고 성장할 수 있는 계획을 함께 세울 수 있어야 합니다. 실패하지 않는 쉬운 방법은 저는 모릅니다. 이 책에서도 그런 이야기를 할 수가 없습니다. 그런 길은 없으니까요.

공부에 대한 지나친 과보호가 존재하는 오늘날, 공부에 대한 본질을 말하는 것은 정말 쉽지 않습니다. 결과에 상관없이 더 많이 실패하라고 이야기하고, 남들보다 빨리 가는 것은 중요하지 않다는 생각이 조금은 어리석게 보일 수 있을 것입니다. 학원도 안 보내면 어쩌냐고, 큰일 난다는 이야기를 정말 많이 듣습니다. 본질에서 벗어난 이야기입니다. '공부 과보호'는 자녀를 망치는 길입니다.

2장

이것만은 꼭 하세요

가족 독서를
시작하세요

AI 시대, 독서의 의미가 달라졌다

부모가 자녀의 성공적인 삶을 위해 할 수 있는 일 중에서 가장 효과적인 것은 단언컨대 '독서'입니다. 사회 전반에 걸쳐 독서에 대한 환상이 지나친 분위기이긴 하지만, 그럼에도 독서의 중요성은 두말할 필요가 없을 정도입니다. 사실 인공지능(AI) 시대에 접어들면서 독서의 효용성에 의문을 가지는 의견이 있습니다. 하지만 저는 AI가 일반화될수록 독서가 중요하다고 확신합니다.

독서를 하는 이유는 부모 세대와 자녀 세대가 다릅니다. 부모 세대는 '지식의 습득'을 위해 독서를 했습니다. 더 많은 지식을 얻는 수단으로서 독서를 한 것입니다. 자녀 세대의 독서는 전혀 다릅니다. 원하는 지식을 얻고 궁금한 것을 해결하는 건 클릭 몇 번 하거나 AI

에게 질문하는 것으로 충분합니다. 즉 자녀 세대의 독서는 '사고의 과정과 확산 과정'으로 작용합니다.

어떤 책을 읽느냐보다 어떻게 읽는지가 더 중요해진 겁니다.

그럼 어떻게 읽어야 할까요? 대학 입시의 관점에서 볼 때 독서의 중요성은 대체로 '간접 경험'으로 표현이 됩니다. 공부해야 할 시기에 직접 체험하는 것은 현실적으로 불가능하니 꾸준한 독서를 통한 간접 경험의 중요성을 강조하는 것입니다. 그럼 대학은 왜 독서를 통한 간접 경험을 중요하게 생각할까요? 앞에서 한 이야기들에 답이 있습니다.

우리 자녀들은 챗지피티(ChatGPT)와 같은 AI가 발달한 세상을 살아가게 됩니다. 우리 사회가 어떻게 바뀔지는 예측하기 쉽지 않지만, AI가 할 수 없는 것에 집중하는 것이 인간의 경쟁력이 된다는 점은 확실합니다. 인간만이 할 수 있는 것을 해내기 위해서는 '사고력'이 발달한 인간이 되어야 합니다. 독서는 사고력 발달에 최적화된 활동이기 때문에 중요하게 여기는 것입니다.

2005년 출간된 《특이점이 온다》(레이 커즈와일)는 출간 즉시 엄청난 반향을 불러왔습니다. 책 출간 후 20년이 지나 AI의 발전을 목도하고 있는 이 시점에서 레이 커즈와일의 주장은 더욱 크게 와닿습니다. 특이점singularity은 기술이 인간을 초월하는 순간을 지칭하는 개념입니다. 현재의 이야기로 하면, AI가 인간의 사고를 넘어서는 순간이 특이점이지요. 우리 자녀들이 살아갈 세상은 특이점을 넘어선 세상일 가능성이 높습니다. 그런 세상을 살아갈 자녀들에게 가장 필요한 능력은 무엇일까요? 바로 '질문력'입니다.

그런 의미에서 '가족 독서'를 추천합니다. 독서는 질문력을 키울 수 있는 가장 좋은 방법이지만, 단순히 책을 읽는 것으로는 질문력이 생길 수 없습니다. 같은 책을 읽은 다른 사람과 책 내용에 대해 이야기하는 것이 중요합니다. 같은 책을 읽었지만 사람마다 생각이 다를 수 있다는 것을 알고, 다른 방향으로 인식하고 질문할 줄 아는 연습을 할 수 있는 좋은 기회이기 때문입니다.

뇌는 '새로운 것'을 접할 때 좀 더 활성화됩니다. 이것을 쉽게 확인할 수 있는 방법이 있습니다. 우리의 생활 반경 안에 있는 마트 혹은 백화점, 쇼핑몰을 생각해봅시다. 우리는 대체로 유사한 경로로 움직입니다. 그런 경로들은 우리에게 안정감을 줍니다. 거의 매일 다니는 길이기에 불편함이 별로 없죠. 하지만 우리가 익숙하게 다니던 길을 벗어나 새로운 길을 가려고 하면 뇌는 매우 불편해합니다. 이전에 보이지 않던 주변 정보들을 해석해야 하기 때문입니다. 이처럼 우리 뇌가 작동하는 방식을 이해하면 같은 일도 전혀 다르게 해석하고 분석하는 것이 가능해집니다.

독서는 '새로운 세상'을 만나는 경험입니다. 소설을 읽으면 새로운 삶을 간접적으로 경험하게 되고, 과학책을 읽으면 다른 시각으로 세상을 만나는 경험을 할 수 있습니다. 새로운 세상에 들어선 '여행자'는 호기심이 많아지고 새로운 것에 궁금증을 가지게 됩니다. 호기심을 해결하기 위해 노력하다 보면 자연스레 '지적 호기심'이 생기고, 지적 호기심을 쌓으면 '지적 성취'를 이룰 수 있습니다. 그래서 대학이 간접 경험을 중요하게 여기고, 다양한 독서 과정을 통해 지적 성취를 '이룬' 학생의 우수성을 인정해주는 것입니다.

그러면 도대체 '어떻게' 읽어야 하나요?

가족 독서의 기본 규칙과 금지어

간접 체험을 극대화하는 독서 방법은 '가족 독서'입니다. 가족이 일정한 시간에 같은 책을 읽고, 그 내용에 대해 이야기를 나누는 독서 형태입니다. 가족이 더 많은 대화를 하려면 가능한 같은 책을 읽는 것이 좋습니다. 책을 읽는 시간은 반드시 정해져 있어야 합니다. 일주일에 두 번이면 좋지만, 서로 많이 바쁘면 일주일에 한 번도 괜찮습니다. 그 시간에는 다른 약속보다 가족 독서를 최우선으로 여기면 자녀에게는 중요한 삶의 선이 하나 만들어지는 겁니다. 지켜야 할 선이 있다는 것을 아는 것이 진짜 중요한 교육입니다.

가족 독서를 강조하는 이유는 부모와 함께 읽는 과정도 중요하지만 더 많은 것을 얻을 수 있기 때문입니다. 가족 독서는 '다양한 시선'을 바탕으로 한 독서 방법입니다. 같은 책을 읽었지만 생각, 시선, 사고의 방향이 사람마다 다르고 해석 역시 다를 수 있다는 점을 알게 되고 다양한 생각을 포용할 수 있게 된다면 더 많은 간접 경험을 하게 되는 것입니다. 더 많은 간접 경험은 더 많은 지적 자극을 의미합니다. 우리 뇌는 간접 경험을 이해하기 위해 더 많은 사고를 하게 될 테니까요.

다만, 가족 독서에는 반드시 지켜야 할 규칙이 있습니다. 부모들은 대체로 자녀에게 무언가를 '가르치는 것'을 목표로 합니다. 모든 상황에서요. 하지만 가족 독서를 가르침의 시간으로 여기면 실패하게 됩니다. 가족 독서의 기본 전제는 '평등'입니다. 모든 가족 구성원이 서로를 존중하고 인정하는 분위기에서 진행되어야 합니다. 그러려면 가르치려고 하는 행동과 언어, 분위기는 지양해야 합니다. 평등에서 출발하지 않으면 자녀에게 그 시간은 또 다른 고통의 시간이 될 뿐입니다.

저는 가족 독서를 할 때 금지어를 정합니다. '성적', '미래', '대학'과 같은 단어들이 금지어입니다. 잘 생각해보면, 자녀와의 대화에서 어떤 이야기로 시작하든 결론은 자녀의 성적, 미래, 대학 이야기로 마무리가 됐을 가능성이 높습니다. "공부 열심히 해라" 식으로 대화가 마무리되면 자녀는 부모의 말을 제대로 듣지 않습니다. '녹음기'를 틀어둔 것과 다름이 없으니까요.

최근에 지인 경환이가 자녀와 대화하던 중에 자신의 심각성을 알게 되었다면서 상담 요청을 했습니다. 아들과 2024년 계엄 사태와 관련된 이야기를 한참 나누었다는데, 마지막 말은 다음과 같았다고 합니다.

"그래서 아들, 이번 계엄 사태와 관련해서 네가 배워야 할 것이 하나 있어. 어떤 교훈일 것 같아?"
"알아. 공부 열심히 하라고? 알겠어."

이 부분만 보더라도 지금까지 경환이 부부와 자녀 사이에 어떤 대화들이 오갔는지를 단적으로 알 수 있지요? 아마 여러분의 가정에서도 위와 같은 대화가 이뤄지고 있을지 모르겠네요. 부모 입장에서 청소년기의 공부는 너무 중요하니까 자꾸 강조해서 말하는 것이겠지만, 자녀 입장에서는 매번 같은 이야기를 들어야 하니 끔찍할 겁니다. 그러니 대화가 지속되지 않는 것입니다.

가족 독서를 통해 대화의 주제와 방향을 바꿔봅시다. 진심으로 자녀의 미래를 걱정하고 그 걱정을 제대로 풀기를 원한다면 다양한 대화 주제와 방향이 있어야 합니다. 부모가 자녀에게 더 많은 간접 경험을 제공하고 자녀가 부모의 이야기를 듣는다면 우리는 보다 더 많은 것을 해낼 수 있을 테니까요. "아들과는 대화가 안 돼", "딸과는 말이 안 통해"라고 말하면 냉정하게 말해서 누가 손해일까요? 당연히 부모가 손해입니다. 우리가 자녀의 삶을 더 사랑하기 때문이죠.

가족 독서를 강조하는 또 다른 이유는 더 많은 대화가 필요하기 때문입니다. 사랑하는 사이라면 서로에 대해 더 많이 알기 위해 더 많이 대화하는 것이 당연합니다. 이 당연한 일이 공부 때문에, 성적 때문에, 대학 때문에 뒤로 밀려서는 안 됩니다. 더 많이 대화하고, 더 넓은 세상을 보여주세요. 학원이 자녀의 삶에서 1순위인 건 엄청 슬폰 이야기입니다. 가족의 모든 생활이 학원 스케줄에 맞춰지는 것은 주객이 뒤바뀐 것이며, 자녀를 위한 최선이 학원 '라이딩'이라고 생각하는 것은 매우 비참한 일입니다. 그렇게 키운 자녀는 부모의 그런 지원을 고마워하지 않습니다. 그건 자녀를 향한 일방적인 '짝사랑'에 불과합니다. 가족 독서는 더 많은 대화를 유도하는 수단이 될 수 있습니다. 자녀와의 대화 수준이 높아질수록 부모는 자신의 성공 경험을 더 많이 간접 경험으로 전달할 수 있게 됩니다.

자녀와의 대화가 형식적인 수준에 머물러 있다면 가족 독서의 중요성을 더 깊이 되새겨야 합니다.

"밥 먹었니?"
"학원 숙제는 했어?"
"오늘 학교는 어땠니?"

이 정도 수준은 대화라고 할 수 없습니다. 매우 형식적인 관계에서 할 수 있는 문답일 뿐이죠. 사랑하는 사람과는 이런 형식적인 대화를 하지 않습니다. 한 가지 묻겠습니다.

자녀와 한자리에서 어느 정도 시간까지 대화할 수 있나요?

어느 정도 가능할까요? 30분, 아니면 1시간? 화를 내지 않고 대화하는 시간을 측정해보세요. 그 시간은 곧 애정의 정도라고 생각해도 무방합니다.

    EBSi 강사 활동을 20년 가까이 해오면서 알게 된 PD들과 그 자녀들이 제법 됩니다. 입시 강사로 활동을 하고 있으니 이런저런 도움을 주기도 합니다. 얼마 전 친하게 지내는 한 PD에게 물었습니다.

"아, 맞다. 딸이 중2라고 하지 않았어요? 한번 데려와요. 상담 한번 해봅시다."
"그러면 좋겠는데, 딸이랑 대화를 안 한 지가 2년이
넘었어요."

    대화를 하지 않으면 자녀를 도울 방법이 없습니다. 사춘기 자녀의 뇌에서는 엄청난 '공사'가 진행되고 있습니다. 그것만으로도 충분히 힘든 나날을 보내고 있는 아이들은 누군가의 도움이 절실합니다. 그런데 가장 큰 도우미인 부모가 자녀 눈치를 보느라 대화를 건네지 못한다면 사춘기 자녀는 어디에서 도움을 받아야 할까요? 말도 안 되는 정보가 넘쳐나는 각종 SNS, 쇼츠, 유튜브에서 도움을 받게 됩니다. 그리고는 잘못된 줄도 모르고 잘못된 행동을 하기 시작합니다. 공부는 포기하게 되죠. 공부는 엄청 힘든 선택이기 때문에 다른 것들에 비해서 쉽게 포기가 됩니다. 그 힘든 것을 해내게 만들려면 부모가 자녀와 더 많이 대화해야 합니다.

    대화를 시작하기가 힘들다는 건 너무 잘 압니다. 지금까지 지내왔던 시간이 발목을 잡을 거예요. 하지만 과감하게 시도해야 합니다.

도전하고, 또 도전하는 모습을 보여야 해요. 한두 번 해보고 안 된다고 포기하면 자녀도 공부를 쉽게 포기할 겁니다. 부모가 먼저 대화를 시도하는 건 조금 어려울 뿐이지 반드시 성공합니다. 왜냐하면 자녀는 누군가가 자신을 이 지옥에서 건져주고 도와주기를 간절히 원하고 있기 때문입니다.

서울대 합격생들의 독서 목록으로 톺아본 추천 책

가족 독서를 할 때 읽을 첫 책은 자녀가 고르도록 하는 것이 좋습니다. 자녀가 선택한 책을 가족이 함께 읽고 이야기를 나누는 과정에서 자녀의 자기효능감이 성장합니다. 어려운 책이 아니어도 되고, 무언가를 가르치기 위한 책일 필요는 더더군다나 없습니다. 그동안 읽었던 책 중에서 가장 인상 깊었던 책을 골라서 자녀와 함께 읽어보셔도 됩니다. 그런 책은 부모의 생각과 삶의 방향이 녹아져 있을 테니, 자녀와 더 많은 이야기를 할 수 있을 것입니다.

한 가지 더 부탁을 하자면, 책을 빨리 읽는 것에 관심을 가지지 마세요. 저는 한 권의 책으로 최소 4주 이상 가족 독서를 진행합니다. 네 챕터로 구성된 책이라면 한 주에 한 챕터씩 읽고 정해진 시간에 이야기를 나누는 것입니다. 분량에 욕심내지 말고, 한 권을 빨리 끝내려고 하지 말고, 엄청난 결과를 만들 것이라는 기대도 말고, 그저 자녀와 충분한 이야기를 나누기 위한 '소재'로 생각해주세요. 가족 독서를 시작하려는 부모님들께 추천하고 싶은 책은 《자존감 수업》(윤홍균)입니다. 이 책은 총 일곱 챕터로 구성되어 있으니 7주 동안 함께 읽는다고 생각하고 진행하면 됩니다. 한마디로 '7주 가족 관계 회복 프로젝트'입니다.

가족 독서에 대해 이야기하면 도대체 어떤 책을 읽어야 하는지를 궁금해하시는데, 정말 아무 책이어도 상관없습니다. 왜냐하면 가족 독서의 목적은 '더 많은 대화'이기 때문입니다.

2023학년도 서울대 합격생 9명의 인생 독서 목록

공과대학 화학생물공학부	사범대학 국어교육과	약학대학 약학계열
지구를 위한다는 착각	삶의 끝에서	마법의 탄환
탁월한 사유의 시선	철학 입문	생물과 무생물 사이
침묵의 봄	교사의 독서	암 치료의 혁신, 면역항암제가 온다
에너지 혁명 2030	자유론	바이오의약품 시대가 온다
이해하기 쉬운 생화학	배려와 도덕교육	암 치료의 혁신, 면역항암제가 온다
침묵의 봄	나라말이 사라진 날	우리 몸이 세계라면

출처 : 서울대 웹진 아로리

위의 독서 목록을 유심히 살펴보면 아주 독특한 점을 발견할 수 있습니다.

공통된 책이 거의 없습니다.

어떤 의미인지 이해하셨나요? 서울대 합격생들의 독서 목록을 보면 자신의 궁금증 혹은 자신의 성장에 의미 있는 책들임을 확인할 수 있습니다. 있어 보이는 도서가 아니고, 유명한 도서는 더더군다나 아닙니다. 남들이 많이 찾는 책이 아니라, 자신의 질문에 대한 답을 찾아가기 위한 독서를 보여주고 있습니다. 서울대가 밝힌 바에 따르면, 지원한 학생들 중 오로지 1명만 읽은 책이 전체 지원자들이 제출한 책 중 70% 정도나 됩니다. 남들이 읽지 않은 책, 자신에게만 의미 있는 책을 통해 성장한 학생들인 것입니다. 다른 사람들이 읽지 않는 책은 어떤 책일까요? 당연히 어려운 책일 테고 지루한 책일 겁니다. 하지만 자신의 궁금증이 거기에 닿아 있고 자신의 지적 호기심을 풀어낼 수 있다면 즐겁게 읽을 수 있게 됩니다. 이것을 서울대가 제시하는 선발 기준으로 설명하면 다음과 같습니다.

고교 생활에서 의미 있는 학습 경험은 무엇인가?

결국 제 대답은 '가족 독서에서 추천 도서는 없다'입니다. 어떤 책이어도 상관없습니다. 가족이 같이 읽고 더 많은 질문을 만들 수 있으면 좋은 책입니다. 가족 독서를 진행하며 '일주일 동안 읽은 책에서 질문을 5개씩 뽑아서 발표하기'를 해보세요. 각자의 질문에 대한 답을 다른 가족들에게 들어보는 과정을 통해 우리는 새로운 세상을 만나고, 더 크게 성장할 수 있습니다.

친하게 지내는 동료 종석이는 제 기준에서 독특한 취향을 가지고 있습니다. 같은 운동화만 신습니다. 그 운동화가 제일 편하다며, 같은 운동화를 3개씩 준비해둔다고 합니다. 같은 식당만 가고, 같은 길로만 다닙니다. 새로운 카페에 방문하거나 새로운 분위기의 옷을 시도하지 않습니다. 그런 종석이는 저를 매우 신기해합니다. 항상 새로운 시도를 하고, 새로운 프로그램을 만들고, 새로운 신발을 시도하고, 새로운 식당을 찾는다며 어떻게 그럴 수 있느냐고 묻습니다. 새로운 것을 시도하는 것에 대한 스트레스를 어떻게 감당하느냐며 신기해합니다. 이 책을 읽는 여러분도 종석이 혹은 저에게 공감할 것이라 생각합니다.

　모든 사람에게 변화는 스트레스입니다. 변화가 없는 삶은 인간의 본성과 유사해 보입니다. 그러니 새로운 시도를 '굳이' 왜 하느냐고 생각할 수 있습니다. 의문을 가지고 질문하는 것이 낯설 수 있습니다. 하지만 모든 성장은 '변화'를 통해 이루어집니다. 즉 변화하지 않으면 성장은 없습니다. 지금 신는 신발이 가장 편한 신발이라고 생각해 더 좋은 신발 찾기에 도전하지 않으면 더 좋은 신발은 찾을 수 없습니다. 우리가 독서를 하는 이유도 다르지 않습니다. 더 크게 성장하기 위해서는 변화라는 불편함을 감수해야 하고, 그 변화를 위해서는 반드시 '질문'을 해야 합니다.

　독서를 통한 질문은 제가 학교에서 진행하는 프로그램의 핵심입니다. 모든 프로그램에서 독서와 질문은 빠지지 않습니다. 팀별로 10명의 학생이 모여서 같은 책을 읽고 학생당 질문을 10개씩 제출해 총 100개의 질문으로 토론하는 형태입니다. 이 과정에서 성장이 이뤄집니다. 가족 독서의 연장으로 친구들과 '함께' 읽기를 하는 것입니다. 가족과 함께 읽고, 친구와 함께 읽고, 읽은 내용을 토대로 '선생님과 함께 읽기'를 합니다. 그 과정에서 더 깊이 이해하고, 더 많은 내용을 자신의 것으로 만들면서 성장하게 됩니다. 왜냐하면 독서도 '아는 만큼 보이기' 때문입니다. 학교 프로그램에서 가능하면 해당 분야의 최고 권위자를 초청하기 위해 노력하는 이유도 다르지 않습니다. 더 많이 아는 사람에게 더 많이 보이는 것에 대한 이야기를 듣는 것이 중요하고, 더 깊이 있는 질문을 만들고 답을 찾아가는 것이 가장 빠른 성장이라고 믿기 때문입니다.

독서보다 대화가 우선인 부모를 위한 팁

가족 독서에 대한 이야기를 마무리하면서 팁을 하나 더 드리려고 합니다. 사실 가족 독서는 실천하기가 아주 어려운 일입니다. 지속적으로 실천하는 가족이 많아야 3% 정도입니다. 이번에 드리는 팁은 시도조차 하지 못하는 부모들을 위한 것이기도 하고, 가족 독서를 더 의미 있게 만들기 위해 고민하는 부모들을 위한 것이기도 합니다.

자녀와 공감대가 형성되지 않은 상태에서 무턱대고 가족 독서를 시작하는 것은 무리입니다. 그래서 사춘기에 들어선 아들이나 딸과 가족 독서를 할 때는 라포rapport 형성이 우선되어야 합니다. 그래야 가족 독서를 하자는 말이 통할 테니까요. 라포는 '마음과 마음의 다리를 잇다'라는 뜻을 가진 프랑스어입니다. 자녀와 라포가 형성되어 있으면 더 잘 들리고 더 의미 있게 받아들여집니다.

라포 형성에는 스킨십이 효과적입니다. 자녀가 아주 어렸을 때 부모는 자녀와의 잦은 스킨십을 통해 사랑을 '전달'했습니다. 자녀가 성장하면서, 정확하게는 관계가 소원해지면서 자연스레 스킨십은 줄어들었고 그로 인해 부모의 사랑을 전달할 통로가 막히게 된 것입니다. 마음과 마음을 연결하기 위해서는 스킨십이 중요하다는 점을 꼭 기억하고, '자녀와 손을 잡고 산책하기'를 도전하시길 바랍니다. 다만, 무턱대고 손을 잡자고 하면 당연히 안 되겠죠?

라포 형성에 좋은 또 다른 방법은 '여행'입니다. 집이라는 익숙한 공간보다는 새로운 장소와 환경에서 시작하는 것이 좋습니다. 우리 뇌는 특정 감정을 공간과 연결시키기도 하기 때문에 새롭게 라포를 형성하는 데는 새로운 환경, 새로운 공간으로의 여행이 많은 도움이 됩니다. 즐겁게 여행을 하되 저녁 시간에는 꼭 '가족 모의고사'를 진행해주세요. 가족 모의고사 시험지는 인터넷에서 검색하면 쉽게 찾을 수 있습니다. 검색창에 '가족 모의고사'라고 입력하면 다양한 가족 모의고사 시험지가 나옵니다. 종류는 중요하지 않으니 적당한 것을 골라 주문하면 됩니다. 그러면 놀랍게도 실제 모의고사 용지로 된 봉투가 옵니다. OMR 카드도 대부분 들어 있어서 정말 모의고사 치는 느낌으로 가족에 대한 이야기를 서로 즐겁게 할 수 있습니다.

대체로 1교시부터 4교시까지 시험지가 있는데 하루에 다 하지 말고 4주에 걸쳐서 하는 것을 추천합니다. 가족 모의고사의 목적은 '더 많은 대화'입니다. 그러니 4주에 걸쳐 모의고사를 치고 모의고사에 대한 답을 서로 나누며 서서히 라포를 형성하면 됩니다. 그 과정에서 부모는 자녀를 얼마나 사랑하는지를 알게 되고, 자녀는 자신이 얼마나 많은 사랑을 받고 있는지 깨닫게 될 것입니다. 단언하는데, 가족 모의고사는 라포를 형성하는 가장 빠른 방법입니다.

깊고 넓게 읽은 아이가 세상을 주체적으로 해석한다

가족 독서를 강조하는 이유는 독서가 새로운 세상을 만나는 통로인 점도 있지만, 자녀에게 '내 말이 통하도록' 만들기 위한 과정이기 때문입니다. 즉 가족 독서는 '더 나은 대화를 위한 수단'입니다. 가족 간에 대화가 단절되는 가장 큰 이유는 '공통 관심사'가 없기 때문입니다. 자녀의 성장 주기와 부모의 삶의 주기가 달라서 공통 주제를 찾고 그것에 대해 이야기를 나누는 것은 어려운 일입니다. 하지만 나보다 더 많이 배우고 더 많은 것을 경험한 어른과의 대화는 자녀의 성장에 절대적인 영향을 미치기 마련이라, 부모의 경험과 성장에 대해 이야기해주면 자녀는 다양한 간접 경험을 할 수 있고 이를 통해 더 나은 방향으로 성장할 수 있습니다. 더 많이 더 다양한 소재로 이야기하는 것이 더 많은 '지적 자극'을 주기 때문입니다.

다만, 가족 독서에서 '라떼는(나 때는) 말이야~'라는 말은 절대 하지 말아야 합니다. 대화의 핵심은 '교훈 전달'이 아닙니다. 교훈을 전달하면 자녀가 더 나은 방향으로 성장하고 발전할 것이라 기대하는 것은 부모들의 가장 큰 착각이자 집착입니다.

진정한 대화는 자녀를 나와 동등한 인격체로 인정할 때 시작됩니다.

자녀가 아직 부족하고 연약하고 제대로 된 판단을 하지 못하는 것은 사실이지만, 그럼에도 불구하고 한 인격체로서 자신만의 사고 체계를 만들 수 있고 자신만의 세계를 가지고 있습니다. 그러니 그 세계에서 인정될 수 있는 말을 하는 것이 중요합니다. '교훈'은 절대로 자녀의 세계에서 인정될 수 있는 이야기가 아닙니다. 무언가를 가르치기 위한 '의도'를 가진 대화는 자녀가 거부하기 마련입니다. 이것이 부모와 자녀의 대화가 단절되는 가장 큰 이유입니다.

자녀와의 대화에서 가장 중요한 것은 경험의 전달입니다. 경험을 전달하면서 부모의 감정이 전달될 수 있다면 더 좋습니다. 자녀는 부모의 삶과 감정을 간접적으로 경험하고, 그 경험에 대한 자신만의 '해석'을 통해 성장합니다. 자녀가 어릴 때 어떤 책을 읽었고, 어떤 장소를 봤고, 어떤 체험을 했고… 이런 것은 크게 중요하지 않습니다. 중요한 것은 경험 자체가 아니라, 경험에 대한 해석이기 때문입니다. 여러 번 외국에 다녀온 경험이 있는 학생들과 이야기를 나누다 보면 그 경험이 대체로 의미 있는 경험이 되지 못하고 자신이 본 것을 제대로 기억하지 못합니다. 당연한 이야기입니다. 자녀의 입장에서는, 자신이 원해서 한 경험이 아니기 때문입니다. 그런 경험과 여행이 중요하다고 생각하는 부모에 의해 혹은 사회적 환경에 의해 강요된 경험이기에 자신의 삶에서 의미 있는 경험이 되지 못합니다.

모든 것은 환경에 의해서 결정되는 것이 아니라, 그 환경에 대한 자신만의 해석에 의해서 결정됩니다. 그러니 자녀가 더 많은 재료를 가지고 더 의미 있는 '해석'을 할 수 있는 기회를 줍시다.

대학도 같은 기준으로 평가합니다. 대학들이 제시하는 평가 요소에서 늘 제시되는 내용이 있습니다.

고교 생활 중 의미 있는 학습 경험

고교 생활이든 학습 경험이든 대학이 보고자 하는 것은 개별 학생에게 '의미 있는' 경험입니다. 의미 있는 경험은 그 경험에 대한 개인의 해석을 토대로 합니다. 결국 대학은 다양한 간접 경험과 직접적인 학습 경험을 통해 개별 학생들이 어떤 성장을 했는지를 확인하기를 원합니다. 남들과 같은 경험을 하더라도 다르게 해석할 수 있고, 다른 사람들에게는 일반적인 경험이 자신에게는 더 특별한 경험이 되기도 합니다. 아는 만큼 보이기 때문입니다. 부모를 통해 다양한 간접 경험을 많이 한 학생은 더 많은 것을 알 수 있게 되고, 더 많은 것을 이해할 수 있게 되고, 고교 생활에서 자신이 경험한 사실을 더 다양하게 해석할 수 있게 됩니다.

제가 운영하는 교내 프로그램들은 학생들에게 다양한 간접 경험을 제공하는 것을 목표로 하고 있습니다. 인문학 캠프, 공간 캠프, 연합 캠프 등 다양한 캠프가 있는데 이 캠프들에 참여하는 학생들은 '같은 경험'을 하지만 캠프의 결과로 나타나는 변화와 성장의 형태는 모두 다릅니다. 고교 연합 캠프에 참여한 성진이는 캠프를 통해 자신의 진로 방향을 정하고 성장한 대표적인 학생입니다. 내신 성적이 3등급 정도였지만 캠프 활동을 통해 그동안 추상적으로 생각하고 있던 진로를 구체적으로 확정한 뒤 탁월하게 성적을 올리고 자신이 원하는 SKY 대학에 모두 합격했습니다. 여기서 놀라운 점은, 성진이는 이공계열 학생이었고 성진이가 참여한 캠프는 '고교 연합 인문학 캠프'라는 점입니다. 성진이는 고교 생활 중 가장 의미 있는 학습 경험으로 인문학 캠프를 꼽았습니다.

이제는 자녀와의 독서, 대화의 방향이 어느 정도 잡혔을 것 같습니다. 사실 엄청 어려운 일입니다. 그래서 '도전'해야 합니다. 자녀의 삶을 성장시키고 완성으로 나아가게 만들기 위해서는 부모도 충분히 '성장'하고 도전해야 합니다. 저도 부모로서 교사로서 여전히 성장 중입니다. 더 많이 고민하고, 더 많이 애쓰고, 더 많이 도전합니다. 이런 애씀을 통해 '나이 듦에 대한 기대', '지금보다 더 성숙한 모습에 대한 기대'가 생기고 있습니다. 그런 기대가 생기니 삶이 더 행복합니다. 교사로서의 삶이 행복하니 그 수업을 듣는 학생들도 프로그램에 참여하는 학생들도 저의 행복에 전염됩니다.

부모가 행복하면 자녀에게 그 행복이 흘러갑니다.

공부의 본질을 이해하세요

진짜 공부와 가짜 공부

사교육에 대해 이야기할 때면 매우 조심스럽습니다. 우리나라에서 사교육은 하나의 산업으로 자리 잡았고, 시장 규모가 커져 있는 상황입니다. 사교육의 문제는 오늘날의 문제만은 아닙니다. 자녀가 자신보다 나은 삶을 살기를 원하는 부모가 존재하는 한 사교육은 언제든 존재할 수밖에 없습니다. 특히나 유교권 사회에서는 이런 현상이 더 치열하게 나타나는 것 같습니다. 조선 시대의 사교육도 그러했고, 1990년에 개봉한 영화 〈죽은 시인의 사회Dead Poets Society〉가 아직도 회자되는 이유도 그러합니다. 영화 속 키팅 선생님이 외친 '카르페 디엠carpe diem(지금 이 순간 삶에 충실하라)'이 여전히 우리에게 많은 고민을 던지는 이유이기도 할 것입니다.

제가 생각하는 사교육은 '잘 사용해야 하는 것'입니다. 그러려면 '진짜 공부와 가짜 공부'를 구분해야 합니다. 우리 사회는 교육, 정확하게는 '입시'에 지나치게 몰입되어 있어서 진짜 공부와 가짜 공부가 혼재되어 있습니다. 진짜 공부는 '자발성'을 전제로 한 자기주도학습을 말합니다. 오해하지 마세요. '엄마 주도 학습'을 말하는 것이 아닙니다. 학생이 자신의 '필요'에 따라 주체적으로 공부를 해야 합니다. 이런 진짜 공부를 위해서는 부모가 제대로 된 공부 방향을 잡아주어야 합니다.

반면, 가짜 공부는 미디어의 발달과 맞물려 있습니다. 지금 자녀 세대는 배움의 기회가 넘쳐납니다. 특히 어린 자녀들은 스마트폰과 '함께 자라' 왔습니다. 그래서 밥 먹을 때도 놀 때도 '보는' 것에 익숙하다 못해 그것에서 벗어나지 못하는 삶을 살고 있습니다. 그러다 보니 공부도 자꾸 '봅'니다. 보는 것은 이해가 쉽습니다. 하지만 머리에 오래 남지 않고 쉽게 잊힙니다. 그러니 이러한 가짜 공부는 시간 투자에도 불구하고 항상 실패하게 됩니다.

오늘날 가장 문제가 되는 가짜 공부는 자주 봐서 익숙한 것을 충분히 이해했다고 믿는 것입니다. 심리학 개념 중 '유창성 착각illusion of fluency'과 맞닿아 있습니다. 영상으로 본 아이돌의 춤을 쉽게 따라 할 수 있다고 생각한다든지, TV에서 요리사가 요리하는 모습을 보고 자신도 그 요리를 쉽게 만들 수 있을 것으로 생각하는 것이 대표적인 예입니다. 즉 전문적이거나 숙련된 행동을 보고 그 행동을 자신도 쉽게 따라 할 수 있다고 착각하는 인지적 현상이 유창성 착각입니다.

오늘날 우리 자녀들의 학습에서 가장 많이 나타나는 현상입니다.

유명 강사의 강의를 들은 학생들은 자신이 그 강사의 수업을 '완전히' 이해했다고 생각합니다. 강사들은 엄청 어려운 개념과 문제도 '유창'하고 쉽게 풀어내기 때문에 그 강의를 '듣고 보는' 자신도 그것을 '잘'할 것이라고 여깁니다. 심각한 유창성 착각에 빠지는 겁니다. 그리고 자신이 '공부를 열심히' 했다고 믿고, 시험이 끝나고 성적을 받고 나서는 "나는 열심히 했는데 성적이 안 나온다"라고 호소합니다. 실제로는 공부를 한 것이 아니라 '공부 구경'을 한 것인데도 말입니다. 우리 사회에는 이런 가짜 공부가 광범위하게 퍼져 있으며, 부모와 학생 들은 성적을 올려줄 것으로 기대되는 더 비싼 가짜 공부를 찾아다닙니다.

다년간 학생과 부모와의 상담을 통해 알게 된 오늘날 입시 문제의 관건은 안타깝게도 '학원'입니다. 자녀 교육의 우선 순위에서 1순위는 이미 학원이 차지하고 있습니다. 학원은 빠지면 안 되는 무엇이 되어 있고, 학원 과제는 모든 공부에서 최우선이 되고 있습니다. 학교에서 중요한 특강을 기획하고 진행할 때도 학원에 가는 학생들이 적은 요일로 잡아야 하니 답답하기만 합니다. 학교도 학생도 학원의 눈치를 봐야 하는 처지입니다. 우리나라 최고의 교수를 초빙해서 강의를 진행해도 학원 때문에 빠져야 하고, 캠프를 통해 지적 역량을 강화해야 할 상황에서도 학원을 빠지는 것 때문에 고민을 합니다. 새로운 세상을 만나기 위한 독서의 중요성을 강조하고, 독서를 통한 성장에 대해 한참 강의한 후에 돌아오는 반응은 학원 시간이 부족하기 때문에 독서할 시간이 없다는 말입니다.

  2024년에 만난 연우도 그런 학생이었습니다. 개인적으로는 연우의 일이 아주 충격적이어서 지금도 기억이 생생합니다. 2024년은 무려 노벨 생리의학상을 받은 팀 헌트 교수의 특강을 개최할 만큼 학교 프로그램이 정점을 찍은 해였습니다. 고등학교에서 노벨상 수상자의 특강을 열다니…. 연우는 그 프로그램에 참석하던 학생이었습니다. 그런데 특강 당일 아침에 프로그램에 참여할 수 없다는 통보를 해왔습니다. 이유는 '학원 보충' 때문이었습니다.

  중간고사, 기말고사를 앞둔 시기에는 이런 일이 자주 있긴 합니다. 학생들은 학원 수업과 보강에 모든 시간과 에너지를 쏟아붓습니다. 시험문제 출제는 학교 선생님이 하는데, 출제자의 의도 따위에는 관심도 없고 오로지 학원 강사의 이야기에 신경을 곤두세웁니다. 무언가가 단단히 잘못된 것이지요. 특히 시험 직전은 무엇보다 '진짜 공부'가 필요한 시점이라 더 많은 문제를 '자신이 직접 풀어야' 하는데, 문제가 어렵다 싶으면 '즉각' 질문을 하고 다른 사람의 도움을 받아서 문제를 풉니다. 틀린 문제, 어려운 문제를 해결하기 위한 '답답함'을 버티는 과정이 진짜 공부 과정임에도 불구하고 대부분의 학생은 그 답답함을 버티는 것을 '비효율적'이라고 생각합니다.

진짜 공부는 그 '답답함'을 버티는 것에서 출발합니다.

  공부는 모르는 것을 알아가는 과정이고 실패를 거칠 수밖에 없습니다. 그러니 진짜 공부라면 당연히 실패 과정이 있어야 합니다. 그러나 가짜 공부는 실패 과정이 생략되고 실패 없는 성공을 강조합니다. 그러니 더더욱 가짜에 끌릴 수밖에 없습니다.

근래 고3들은 이 문제가 더 심각해 보입니다. 9월 모의평가 이후의 고3 교실에서는 아주 놀라운 장면들이 펼쳐집니다. 수능이 60여 일 남은 시점에서 인강을 열심히 보고 있습니다. 뭐가 문제냐고요? 수능이 60여 일 남은 기간에는 이른바 '양치기'를 시작해야 할 때입니다. 더 많은 문제를 풀고, 오류를 수정하고, 실수를 줄이는 연습을 해야 하는 시기인데, 놀랍게도 학생들은 여전히 가짜 공부를 하고 있습니다. 강의 이름도 무려 'Final'입니다. 마지막의 마지막까지 가짜 공부를 하도록 만들고 있는 것입니다. 그렇다면 수능 성적이 잘 나오는 학생들은 이 시기에 무엇을 할까요? 당연히 더 많은 문제를 풉니다. 막판 마무리로 여전히 진짜 공부를 선택합니다.

사교육을 해서 성적이 올랐다고 말씀하시는 분들도 분명 있습니다. 그래서 사교육의 학습 효과를 측정한 다양한 실험들 중 하나를 소개하려 합니다.

이 실험은 다양한 변수가 모두 조정된 상태에서 두 집단으로 나눠서 진행되었습니다. A그룹은 수업을 잘한다고 평가받는 인강으로 학습을 했습니다. '1타 강사'라고 불리는 강사의 강의로, 학생들은 이 강의에 대해 이해가 쉽고 만족스럽다고 평가했습니다. 반면, B그룹은 설명과 수업 스킬이 다소 부족하다고 평가받는 강사의 강의로 학습을 했습니다. 학생들은 이 강의에 대해 대체로 이해가 어렵고 만족도도 낮다고 평가했습니다. 두 그룹의 시험 성적은 어땠을까요? A그룹이라고 생각하실 것 같은데요. 이해가 쉽고 강의에 대한 만족도도 높았으니까요. 하지만, 놀랍게도 대부분의 실험에서 두 그룹의 성적 차이는 거의 없었습니다.

왜 이런 결과가 나올까요? 그 이유는 단순합니다. 강의를 잘하는 강사의 강의를 듣는다고 해서 모든 학생이 성적이 오른다는 건 불가능한 이야기입니다. 견학을 가고, 캠프를 하고, 독서를 하는 모든 학생이 같은 수준으로 깨달음을 얻는다는 것 역시 성립하지 않습니다. 학창 시절에 수학여행 갔을 때를 생각해보면, 친구들과 즐겁게 '놀았던' 기억만 선명하게 남습니다. 무언가를 보고 설명을 열심히 듣는 척했지만 그 내용이 하나도 머리에 남지 않은 이유는 거기에 집중하지 않았기 때문입니다. 결국 공부는 집중하는 학생들이 잘하게 되어 있습니다. 공부는 강사가 하는 것이 아니라 학생이 하는 것이니까요.

이 단순한 원리를 외면하면 무턱대고 사교육에 전력을 쏟게 됩니다. 성적이 안 나오면 더 비싸고 더 용하다는 학원을 찾는데, 그럴수록 더 큰 실패를 하게 된다는 점을 이해했으면 합니다. 학원 공부로 성공한 사례가 없다는 말이 아닙니다. 다만, 무조건 성공할 수 있다는 생각으로 그곳에 가면 실패하게 된다는 말입니다.

자녀를 학원에 열심히 보내는 현실의 이면에는 부모 자신의 어린 시절에 대한 보상심리가 있을 수 있고, 남들 다 보내는 학원을 보내지 않으면 뒤처질까 봐 걱정하는 마음도 있을 것이고, 더 정확하게는

'학원에 보내면 공부라도 하겠지'라는 막연한 생각이 있을 겁니다. 잔소리를 해도 눈앞에서는 절대 공부를 안 하니 '학원에서 뭐라도 들으면 공부가 되겠지'라는 생각으로 이 문제를 해결하려는 마음이 클 겁니다. 그러나 이런 마음으로 사교육에 큰돈을 쓰면 원하는 성과를 얻지 못합니다. 제가 만난 서울 학생들을 기준으로 이야기하자면, 대체로 수학 한 과목에 최소 5천만 원 이상을 씁니다. 이건 심각한 문제입니다. 학원에서 열심히 의례형 학생으로 지내고 있는데, 사교육은 끝없이 늘어납니다. 학생은 학생대로 공부를 할 수가 없고, 부모는 부모대로 학원비 부담이 커져만 갑니다.

'학원에 가면 조금이라도 공부를 하고, 뭐라도 듣고 남는 게 있겠지.'

이건 정말 단순한 생각인데, 그 이면을 조금 더 파헤쳐 보면 마음 아픈 결론이 나옵니다. 공부는 해야 하는데 매일 스마트폰만 쳐다보는 자녀를 보니 화가 치미는 부모는 매일 화를 낼 수 없으니 '학원'이라는 적당한 타협을 하게 됩니다. 학원에 가서도 열심히 하지 않을 것을 알지만 '학원에 가서 열심히 하겠지'라고 애써 스스로를 속입니다. 그렇게라도 하지 않으면 계속 싸워야 하고, 자녀를 이길 수 없어 극한의 스트레스만 남게 된다는 점을 알기 때문에 애써 자신을 속여야만 하죠. 그렇게 자녀를 '학원에 방치'하는 것입니다.

앞에서도 얘기했지만, 중학교 공부까지는 학원에서 더 많이 들고 더 많은 문제를 풀면 어느 정도 통합니다. 어려운 것을 배우지 않으니까요. 하지만 고등학교 공부는 전혀 다릅니다. 중학생 때의 공부 습관과 공부량을 바꾸지 않으면 선행 여부와 상관없이 중학교 때의 성적을 받지 못합니다. '자기 공부'가 아닌 남의 공부를 따라 하고 사고력을 키우지 못했기 때문입니다. 반면, 중학교 때 공부를 잘하지 못했던 학생이 고등학교에서 빛을 발하는 경우가 제법 생깁니다. 그냥 단순하게 공부한 학생들이 아니라 실질적인 사고력을 키운 학생들이 고등학교에서는 엄청 빠르게 성장합니다.

상위권 학생과 일반 학생의 공부법은 어떻게 다를까

그런 의미에서 우리는 자녀의 사교육을 점검해야 합니다. 그러려면 학습에 대해 이해해야 합니다. 학(學)과 습(習)에 대해서는 이미 앞에서 얘기했으니, 이 내용을 실제 데이터로 정리해보겠습니다.

우리나라 고등학생의 경우 공부 시간이 크게 차이 나는 편이 아닙니다. 대부분 학원을 다니기 때문에 '전체 공부' 시간은 상위권 대학을 진학한 학생과 중하위권 대학을 진학한 학생의 차이가 크지 않습니다. 그러면 상위권 대학을 진학한 학생과 일반 학생들은 도대체 성적 차이가 왜 나는 걸까요? 이 질문에 답하기 위한 다양한 분석들이 있었고, 대체로 결론은 비슷합니다. 다음 그래프가 그 '비밀'을 보여줍니다.

차이점이 보이시나요? 가장 큰 차이점은 '혼자' 공부한 시간입니

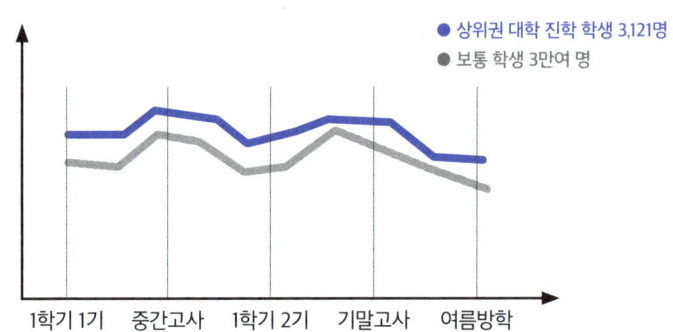

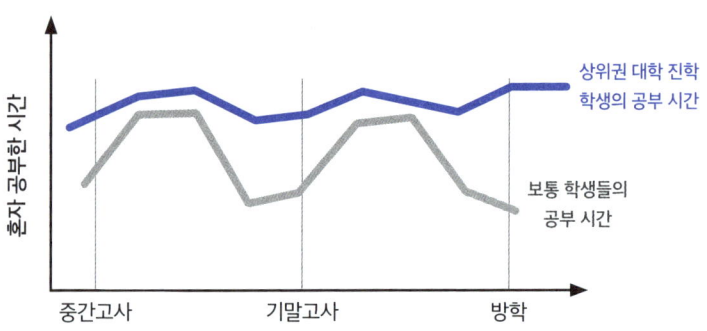

다. 상위권 대학에 진학한 학생들은 대체로 습(習)의 시간을 확보하고 있습니다. 보고 들은 공부 내용을 자신의 것으로 만드는 시간이 '반드시' 있다는 말입니다. 반면, 보통 학생들은 내신 시험 기간에만 반짝 혼자 공부하고, 나머지 시간은 '다른 사람의 공부를 보고 듣는 것'으로 채우면서 스스로 공부한다고 착각하고 있습니다. 특히 수능이 불과 두 달여 남은 시점에 인강을 보는 고3 학생들이 그렇습니다. 이런 습관은 낮은 성적을 유지하는 가장 주요한 요인으로 작용합니다. 진짜 공부는 포기하고, 다른 사람 공부를 열심히 구경하는 가짜 공부를 하면서 성적이 오르길 기대하고, 수능을 잘 보길 기대합니다.

다른 사람의 공부로는 절대 수능을 잘 볼 수 없습니다!

습책의 중요성은 아무리 강조해도 지나침이 없습니다. 갈수록 그 중요성은 더해질 것입니다.

그래프를 분석하면 또 다른 부분이 보입니다. 상위권 대학에 진학한 학생들의 공부 패턴은 지속적이고 일관되어 있다는 점입니다. 그 학생들도 학교생활을 하면서 다양한 어려움과 즐거움을 겪지만, 그럼에도 불구하고 '혼자 공부하는 시간'을 우선으로 생각하고 반드시 지키려고 노력합니다. 습책을 습관으로 만들고 패턴화한 것입니다. 반대로, 보통 학생들은 '혼자 공부하는 시간'의 변동이 매우 심합니다. 안타깝게도 뇌가 학습을 제대로 인지하지 못하는 패턴을 만들어가기 때문에 자신이 원하는 결과를 만들지 못하는 것입니다.

다른 측면에서 '혼자 공부하는 시간'의 중요성을 살펴봅시다. 우리 뇌는 기본적으로 '망각'이라는 기능이 있습니다. '장기 기억'과 '단기 기억', '입출력'에 대한 이야기를 같이 하면 좋겠지만, 여기서는 망각에 집중하도록 할게요. 뇌에서 망각이 진행되는 과정을 구체적으로 보여준 것이 '에빙 하우스의 망각곡선'입니다.

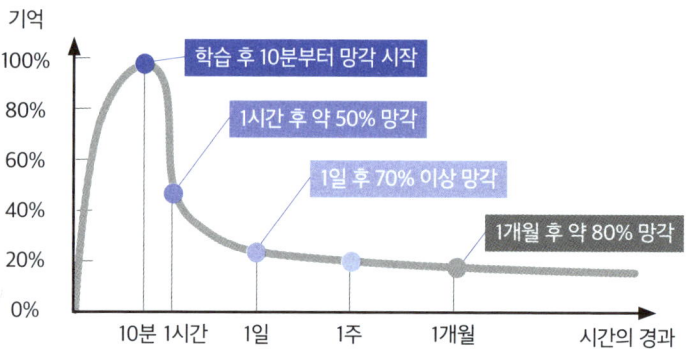

　여러 논란이 있긴 하지만, 망각곡선에 의하면 우리 뇌는 매우 빠른 속도로 망각을 선택합니다(망각이 발생하는 이유에 대해서는 뒷부분에서 따로 이야기하겠습니다). 우리 뇌에서 망각이 이렇게 일어난다면 학습을 위해 가장 좋은 방법은 망각이 일어나는 시점에서 '반복 학습'을 하는 것이 됩니다. 즉 복습이 중요하다는 의미입니다. 다른 의미로, 망각곡선은 배운 내용을 자신의 것으로 만드는 습(習)의 중요성을 강조하는 그래프인 셈입니다. 앞서 언급한 '혼자 공부하는 시간'의 중요성이 다시 부각되는 셈이죠.

　저는 학(學)과 습(習)의 비율을 1 대 2 정도로 봅니다. 어려운 내용일수록 습(習)의 비율이 더 늘어나는 것이 당연하지만, 대체로 학(學)보다 2배 정도 시간을 더 투자하도록 권하는 편입니다. 이런 공부 패턴을 전제로 하루 12시간을 공부한다고 보면, 배우는 시간(학교 수업, 학원 수업, 인강 등)이 4시간이면 혼자 공부하는 시간은 8시간이 되어야 합

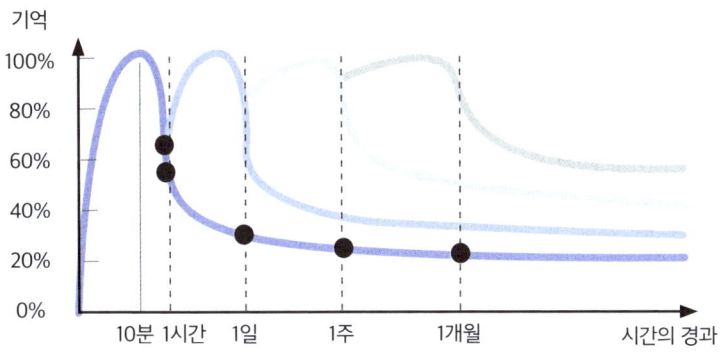

반복 학습 시의 망각곡선

니다. 하지만 현실적으로 학생들이 이렇게 공부하는 것이 쉽지는 않을 것입니다. 다만, 방학을 기준으로 고등학교에서는 하루 12시간 정도 공부해야 자신이 원하는 대학에 진학할 수 있습니다.

공부가 '상대평가'를 전제하기 때문에 공부 시간은 지역마다 다릅니다. 좋은 대학을 가기 위한 경쟁이 치열한 지역에서는 공부 시간이 더 길고, 그렇지 못한 지역에서는 상대적으로 적은 시간 공부해도 좋은 내신을 받을 수 있습니다. 그 지역에 사교육이 있느냐 없느냐의 문제라기보다 '좋은 대학'이라는 목표가 제시되고 있는 지역인가 아닌가에 따라 공부 시간에 차이가 생기는 겁니다. 인터넷이 발달하고 인강이 잘되어 있는 나라에서 학원이 없어서 대학을 못 간다는 건 말이 안 되는 일입니다.

제가 무척이나 존경하는《라틴어 수업》의 저자 한동일 교수의 표현처럼 '7 to 11'의 공부가 필요합니다. 상위권 대학에 진학한다는 것은 고등학생이 자신의 역량을 최대한 발휘한다는 말이고, 학생이 자신의 역량을 발휘하기 위해서는 다양한 공부에 매진하는 시간이 많아야 합니다. 독서량도 많아야 하고, 더 많은 경험을 통한 해석도 필요합니다. 그러기 위해서는 시간을 아껴서 자신의 역량을 개발해야 합니다. 대학은 본질적으로 역량이 뛰어난 학생을 선발하기 때문입니다.

공부의 본질은 바뀌지 않는다

2028학년도 입시 제도에 변동이 생기고 그것과 관련해 불안을 자극하는 이야기들이 괴담 수준으로 떠돌고 있지만, 대학의 학생 선발 기준은 본질적으로 크게 바뀌지 않습니다. 대학은 여전히 자기주도학습을 강조하고 지적 호기심의 가치를 중요하게 평가하면서, 다양한 경험을 통해 자신만의 지적 성취를 만들어가는 학생을 선발하고 있습니다.

공부는 결국 얼마나 '집중'하느냐에 달려 있습니다. 이 본질을 외면하면 자녀의 학습은 실패할 수밖에 없습니다. 문제의 원인에 대한 정확한 처방이 없으면 잠시 증상이 완화될 수는 있지만 문제의 원인은 사라지지 않고 계속 반복될 뿐입니다. 그러니 무엇이 자녀의 공부 집중을 방해하는지 깊이 고민해야 합니다. 그것이 문제 해결의 실마리가 될 것입니다.

사교육은 '증상'의 문제일 뿐입니다. 병을 치료하는 방법으로는 해열제, 진통제 등으로 증상을 완화하는 '대증 요법'이 있고, 원인을 해결하는 '원인 요법'이 있습니다. 대증 요법은 약으로 증상을 다스릴 수 있지만 본질적인 병의 원인은 없애지 못하고 약에 대한 내성만 키우는 결과를 낳게 됩니다. 결국 원인을 치료하지 않으면 증상은 계속 반복될 수밖에 없습니다. 교육에 관한 한 우리 사회는 지나치게 대증 요법에 집착하고 있습니다. 당장의 성적에 집착하고, 보다 빨리 점수를 올리는 것에만 관심을 가집니다. 그렇기에 증상을 전문적으로 해결하는 학원에 보내게 됩니다. 자녀의 학습에서 생긴 근본적인 문제에는 크게 관심이 없습니다. 더 빨리, 더 많은 증상을 해결하기만을 바랍니다. 그러니 고등학교에 들어갈 즈음이면 온갖 사교육에 내성이 생겨 이 학원을 가고 저 학원을 가도 의례형 학생으로 행동할 수 있게 됩니다.

고1 학생들 중에는 어마어마한 선행을 하고 온 학생들이 많습니다. 고1 수학을 학원에서 몇 바퀴를 돌렸고, 고2 수학은 두 번 정도 끝냈고, 지난 겨울방학에 미적분을 한 번 떼고 왔다는 학생들이 많습니다. 그런데 놀랍게도 그 학생들의 내신 성적은 낮은 편입니다. 사교육의 굴레에 빠져서 진도 빼기에 급급한 공부를 했다면 확실한 대증 요법을 하고 온 셈입니다. 대증 요법은 지금 당장 보이는 성적에 '조금'의 변화를 줄 수는 있습니다. 기침약은 기침이 잦아들게 할 수는 있지만, 반복적으로 발생하는 기침의 원인을 해결하지는 못합니다.

하지만 공부의 본질은 그것이 아닙니다. 그렇게 선행을 열심히 하고 온 학생들이 공통적으로 하는 행동이 있습니다. 학원에서 열심히 공부를 했기 때문에 시간만 나면 '놉니다'. 어떻게든 자신이 놀 수 있는 시간을 만듭니다. 손에서 스마트폰이 떠나질 않습니다. 자신이 해야 할 공부는 학원에서 끝냈으니 학원 밖에서는 더 이상 공부할 이유가 없다고 생각합니다. 그래서 집에 도착하면 새벽까지 열심히 스마트폰을 하고, 학교에서는 열심히 잠을 잡니다. 그리고 허무한 성적을 받고 이렇게 말합니다.

"저는 공부에 재능이 없나 봐요."

어디서부터 잘못된 것일까요? 상위권 대학을 가는 학생들은 공부 집중도가 높습니다. 대학이 그런 학생들을 선호하기 때문입니다. 그렇다면 내 자녀도 상위권 대학에 진학하기 위해서는 공부에 대한 집중도가 높아야겠죠. 그러나 상당수 학생에게 공부는 '하기 싫은 것', 유튜브는 '하고 싶은 것'입니다. 그러니 공부는 적당히 하는 '척' 하고, 스마트폰으로 하는 모든 일은 '집중'해서 합니다. 이렇듯 우리 아이들은 자신이 가진 한정된 자원인 집중력을 오로지 '노는 일'에 사용하기에 공부에 사용할 집중력은 남아 있지 않게 됩니다.

자녀가 제대로 공부하고 있는지를 확인하는 방법이 있습니다. 아이폰의 '스크린 타임'과 갤럭시의 '디지털 웰빙 및 자녀 보호 기능'을 확인하는 것입니다. 물론 자녀는 부모에게 절대 이 부분을 보여주지 않으려고 할 것입니다. 저는 입시 교사라는 타이틀을 가지고 있는 덕분에 지도하는 모든 학생의 스마트폰 사용 시간을 확인합니다. 결과는 놀랍습니다. 스마트폰을 거의 하루 종일 사용합니다. 그러면서 '공부 재능'을 운운하는 건 안타까운 일입니다. 그래서 더욱 공부의 본질에 대해 강조합니다.

상위권 대학에 진학하는 학생들은 대체로 공부에 대한 저항감이 약합니다. 공부는 당연히 해야 할 일이라고 생각하기 때문에 특별히 싫다거나 저항하지 않습니다. 습관이고 루틴이라 공부의 일관성, 지속성이 생깁니다. 이들처럼 공부는 '그냥' 해야 합니다. 공부를 할 때 엄청난 결심을 하고 선택해야 한다면 실패할 수밖에 없습니다. 매번 엄청난 결심을 하는 것은 누구에게든 쉽지 않은 일입니다. 살을 빼는 것도 금연을 하는 것도 같은 원리입니다. 모든 위대한 스포츠 선수는 '그냥' 연습을 합니다. 그게 자신의 삶이고 습관이고 루틴이라고 인정하기 때문입니다. 공부의 본질도 동일합니다.

우리가 자녀 교육에 성공하기 위해서는 결국 이 문제에 직면해야 합니다. 회피하고 미루면 절대 해결할 수 없습니다. 재수를 한다고 이 문제가 해결되지 않습니다. 상당수의 재수생이 다시 쓴맛을 보게 된다는 점은 이미 언급한 바와 같습니다.

공교육이 만능이라고 이야기하는 것이 아닙니다. 자녀의 학습 약점을 보완하기 위해 가장 필요한 것은 사교육으로 성공할 수 있다는 믿음이 아니라, 자기주도학습을 가능케 하는 동기 부여와 설득에 있다는 점을 꼭 기억했으면 합니다. 그리고 이 점을 꼭 고민해야 합니다. 성적을 올리는 것이 지상 최대의 목표가 되면 실패는 불을 보듯 뻔한 일이 됩니다. 성적은 고민을 잘 해결한 부산물일 뿐이니까요.

먼저 공부하는 부모가 되세요

부모가 성장해야 아이가 크게 자란다

저는 평소에 부모의 역할에 대해 고민을 많이 합니다. 더불어 교사의 역할에 대한 고민도 많이 하죠. 강연에서 부모들을 만나면 항상 하는 말이 있습니다.

부모 vs. 학부모

눈치를 채셨는지 모르겠지만, 앞에서 저는 '학부모'라는 단어를 가능하면 사용하지 않았습니다. 왜냐하면 부모의 역할과 학부모의 역할이 다르니 부모-학부모라는 단어도 다른 의미로 사용되어야 한다고 생각하기 때문입니다. 부모에서 시작해서 학부모가 되는 것이 일반적인 일이지만, 제대로 어떤 역할을 수행하느냐에 따라서 조금 다르게 사용될 수밖에 없습니다.

앞서 사용한 '중학교 4학년', '초등학교 10학년'이라는 단어를 다시 생각해봅시다. 저는 이 단어들을, 고등학교 1학년임에도 불구하고 여전히 중학생처럼 혹은 초등학생처럼 행동하고 공부하는 학생들을 지칭할 때 사용합니다. 마찬가지로 자녀가 중학생인데 '학부모'의 역할을 못 하고 여전히 '부모'로만 행동하면 자녀가 제대로 성장하기 어렵습니다. 자녀가 중학생이 되고 고등학생이 되면 그에 맞춰 학부모로 성장해야 하는데, 우리 사회에서는 많은 부모가 여전히 부모로 행동합니다. 그러면 자녀의 학습은 실패할 수밖에 없습니다.

부모의 역할은 참으로 다양하지만, 굳이 꼽자면 '양육'이 주역할입니다. 양육養育의 사전적 의미는 '아이를 보살펴서 자라게 함'입니다. 전제는 당연히 '아이'입니다. 양養은 음식을 주거나 보호의 의미가 있고, 육育의 본래 의미는 낳고 기르는 것입니다. 양육을 의미하는 영어 단어 nurture의 라틴어 어원은 nutrire인데 '영양을 공급하다, 젖을 먹이다'는 의미입니다. 즉 통상적으로 '양육하다'는 생물학적·물리적 성장을 지원한다는 의미가 강조되는 단어입니다(이런 개념 구분은 제가 부모 교육을 할 때 사용하는 것이지 학술적으로 의미 있는 것은 아닙니다).

반면, '학부모'라는 단어는 부모의 주역할인 양육보다는 그 외의 것에 중점을 둘 때 사용합니다. 자녀가 청소년기에 들어서면 부모의 역할 중 양육 부분이 축소되는 것이 정상입니다. 청소년기는 부모로부터 분리되어 '하나의 독립된 인격체'로 성장하는 과정이기 때문입니다. 자녀에 대한 애착이 강한 우리 사회에서 청소년기의 자녀는 부모에게 낯선 존재가 될 수밖에 없습니다. 상호 강했던 애착 상황에서 일방적인 애착으로 변화되는 시점이기 때문입니다.

이 과정을 꼭 인정해야 합니다.

성장하고 발전하는 학생들은 독립성이 강하다는 공통점이 있습니다. 부모가 만들어준 틀 안에서 온실 속의 화초로 커가는 아이는 새로운 시도를 힘들어할 뿐만 아니라 새로운 시도와 도전에 인색해집니다. 중고등학교, 특히 '모르는 것을 배워야 하는' 고등학교의 공부는 새로운 시도이자 도전입니다. 그러니 자녀가 청소년기에 접어들면 부모로부터 분리되는 것을 낯설어하지 말고 당연하게 받아들여야 합니다.

학부모란 '배우는 사람'의 부모

부모에서 학부모로 넘어가는 과정에서 우리는 학부모가 '배우는 사람'의 부모이며, 자녀가 모르는 것을 잘 받아들이고 배운 것을 자신의 것으로 만드는 과정을 잘 소화할 수 있도록 '돕는' 것이 주된 역할이라는 점을 인식해야 합니다. 저는 이러한 학부모의 역할을 '코칭 coaching'으로 규정합니다.

청소년기 혹은 사춘기 자녀에 대해서는 양육의 비중을 줄이고 학부모의 역할인 코칭의 비중을 높여야 합니다. 코칭은 다양한 방면에서 사용되는 용어이지만, 자녀의 성장을 지원한다는 의미에서 몇 가지로 의미를 한정 지을 수 있습니다.

코칭의 사전적 의미는 '시합에서 좋은 결과를 내는 것을 목표로 선수들을 발굴하거나 선발하고, 선수와 팀을 훈련시키며 팀을 이끄는 총체적인 행위'입니다. 이를 전제로 자녀 교육 분야에서 요즘 많이 사용되는 단어가 '코칭 맘'입니다. 코칭 맘은 '자녀가 자기 주도성을 가지고 스스로 공부하고 행복한 삶을 능동적으로 추구할 수 있도록 가르치고 도와주는 엄마'를 의미합니다. 학부모로서 코칭의 역할을 잘하고자 한다면 앞서 언급한 바와 같이 '돕는' 역할이라는 점을 꼭 기억해주세요. 양육을 잘한 부모로서 좋은 학부모가 되기 위해서는 주연의 자리를 자녀에게 내어주고 돕는 자리인 조연의 자리로 내려가야 합니다. 서운하게 들릴 수 있겠지만, 아이의 인생에서 부모는 주연인 자녀를 빛나게 하는 조연이어야 합니다. 그게 바로 코칭의 핵심입니다.

아이의 인생에서 부모는 조연임을 인정하고 시작합시다.

다양한 코칭 이론이 존재하고, 더 나은 코칭 맘이 되기 위한 시도들이 존재하는 상황에서 모든 것을 다 갖춘 완벽한 학부모가 되는 것은 결코 쉽지 않은 일입니다. 다만, 모든 일이 그러하듯 상식적인 수준에서 우리는 충분히 좋은 부모가 될 수 있고 더 좋은 학부모가 될 수 있습니다. 우수한 선수 뒤에는 우수한 코치가 있다는 사실을 기억하고, 자녀의 성공적인 입시를 위한 멋진 코치가 되겠다는 마음으로 도전을 해보세요. 당연히 한번에 되지 않습니다. 좋은 코치가 되기 위한 노력이 필요하며, 어떻게 하면 자녀가 능력을 최대한 발휘하여 목표를 이루도록 도울 수 있는지를 공부해야 합니다.

저는 배드민턴을 좋아해서 시간이 날 때마다 배드민턴을 칩니다. 운동은 보는 것보다 직접 하는 것을 좋아하는 편인데, 우연히 2023년에 항저우 아시안 게임에서 안세영 선수와 천위페이 선수의 준결승전을 의미 있게 보고 두 선수의 역대 전적을 찾아보았습니다. 2022년까지 안세영 선수는 천위페이에게 1승 8패의 전적을 기록하고 있었고, 항저우 아시안 게임이 진행되던 2023년에는 7승 2패를 기록했습니다. 이런 역대 전적이 가능했던 이유를 찾아보니, 안세영 선수는 경기 분석 등을 토대로 자신의 약점이 지구력과 근력임을 확인하고 이를 보완하기 위해 일주일에 두 번 레슬링 훈련에 참여하여 지옥 훈련을 받았다는 사실을 확인할 수 있었습니다. 여기서 눈여겨 봐야 할 부분은 '자신의 약점을 확인'하고, 약점을 보완하기 위해 그 힘든 훈련을 흔쾌히 진행했다는 점입니다.

우리도 안세영 선수와 비슷한 과정을 거쳐야 합니다. 자녀의 약점을 정확하게 확인하고, 그 약점을 보완하려면 어떤 것이 필요한지를 고민할 수 있어야 합니다. 이것이 진정한 코칭의 시작입니다. 제대로 된 코칭은 설득이 가능합니다. 학부모로서 코칭을 한다는 건 자녀가 불편함을 감수하면서 어떤 행동을 하도록 해야 한다는 말입니다. 즉 자녀가 불편한 행동을 받아들이게 하는 것까지 포함합니다.

"우리 아이는 수학이 부족해."

이러한 코칭은 수준 낮은 코칭입니다. 누구나 할 수 있는 것이라면 굳이 코칭이라는 이름을 붙일 필요가 없습니다. 제대로 코칭하려면 수학 실력이 왜 부족한지를 고민하고 해결해야 합니다. '수학 문제를 덜 풀어서' 혹은 '학원을 덜 다녀서'와 같은 대답은 코칭이라고 볼 수 없습니다. 학원을 더 다니게 하거나 수학 문제를 더 풀게 하겠다면 자녀가 이에 대해 수긍하고 그로 인한 불편함을 감내하게 해야 합니다. 그저 부모가 시켜서 학원을 다니는 것은 자녀를 의례형 학생으로 만드는 것에 그칠 뿐입니다.

내 아이를 위한 코칭의 기술 6가지

제대로 된 코칭은 크게 6가지 요소로 구성됩니다.

수평성	협력성	지속성
전문성	동기 부여	문제 해결

이 모든 요소를 다 갖출 수는 없다고 생각합니다. 제가 생각하기

에 자녀 코칭에 중요한 순서대로 이야기를 해보겠습니다.

수평성, 협력성

자녀 코칭에서 가장 중요한 것은 '수평성'입니다. 앞서 언급한 바와 같이 독립된 인격체로 성장 중인 자녀를 인정하고 존중해주어야 합니다. 수평성이 전제될 때 아이들도 자기 자신을 '존중'하게 됩니다. 특히 유교 문화권에서는 부모와 자녀의 관계를 종속적으로 설정하는 경향이 있는데, 좋은 학부모가 되기 위해서는 반드시 수평성이 전제되어야 합니다. '친구 같은 부모'가 되라는 이야기가 아닙니다. 어른으로서 아이를 하나의 인격체로 존중해주는 모습을 보여야 한다는 말입니다. 그러려면 '옆 집 아이 대하듯' 하시면 됩니다. 우리는 옆 집 사는 그 나이 또래의 아이들은 존중하면서 '내 아이'는 막 대하는 습관을 고쳐야 합니다. 수평성은 충분한 연습이 필요합니다.

수평성을 중요하게 여기는 이유는 청소년 자존감의 근원인 '존중받은 경험'을 제공하기 때문입니다. 그러니 수평성을 유지하며 자녀에게 다가가야 합니다. 그래야 말이 통하고, 자녀와 협력할 수 있습니다. 공부를 잘하는 것도, 성공하는 인생을 사는 것도 부모와 자녀 간의 협력이 강할 때 가능성이 높아집니다. 자녀가 부모를 '나를 돕는 존재'로 인식하게 해야 합니다. 잔소리하는 사람으로 인식하면 우리의 코칭은 겉돌 수밖에 없습니다.

자녀와의 지난 대화들을 돌이켜봅시다. 어떤 이야기를 주로 했나요? 어떤 이야기로 대화를 시작하더라도 결론은 항상 비슷했을 것으로 추측됩니다.

"열심히 공부해라."

이렇게 되면 코칭은 실패할 수밖에 없습니다. 자녀에게 수평성을 전제로 이야기를 해야 하는 이유는 자녀가 부모를 '협력자'로 인식하고 자신의 능력을 최대한 발휘할 수 있도록 돕기 위함입니다.

지속성

코칭은 짧은 기간 동안만 필요한 것이 아닙니다. 자녀의 청소년기 내내 지속되어야 합니다. 생물학적으로 청소년기는 10년 정도의 시간으로 규정되는데, 그 긴 시간 동안 우리는 꾸준히 코칭이라는 역할을 감당해야 합니다. 그러니 지속성이 매우 중요합니다. 운동 코치가 매번 코칭 스타일을 바꾸면 선수는 적응하기 힘들 수밖에 없습니다. 그렇기에 자녀가 부모의 코칭을 믿고 따를 수 있으려면 명확한 '기준'을 가진 지속성이 중요합니다.

그런데 우리나라의 교육 현실에서는 지속성을 갖는 것이 쉽지 않습니다. 옆집 엄마와 이야기만 해도 흔들리고, 자녀의 성적표를 보면 더 흔들립니다. 성적을 올려준다는 온갖 정보들이 정제되지 않은 채 전달될 땐 자녀 교육을 이렇게 해도 되는 건가 싶어 불안이 증폭됩니다. 자꾸 흔들리고 불안한 코칭이라면 자녀에게 도움이 되지 않습니다. 같이 흔들려서 안정감은 찾아볼 수 없게 될 것이고, 결국 입시를 망치게 될 것입니다. 그러니 '기준'이 흔들리지 않도록 지속성을 가지고 코칭에 임했으면 합니다. 그 기준은 집집마다 다를 수 있지만, 여러분의 코칭이 의미 있는 방법을 써야 합니다. '나는 모르니까 학원에서 다 알아서 해주세요'는 실패할 수밖에 없습니다. 코칭이라고 부르기도 민망합니다.

전문성, 동기 부여

코칭을 하겠다고 마음먹었다면 반드시 '공부'를 해야 합니다. 전문성이 없으면 제대로 된 코칭을 할 수 없습니다. 이상한 방향으로 연습을 시키거나 돕는다면 자녀는 그 코칭 때문에 실패하게 됩니다. 안타깝게도 그런 학생들을 거의 매일 만납니다. 지금 해야 할 것에 집중하지 않고 다른 것을 하는 학생들에게 왜 그렇게 하느냐고 물어보면 항상 같은 대답이 돌아옵니다.

"엄마가 시켰어요."
"아빠가 이렇게 하라고 했어요."

그 부모들을 만나서 물어보면 "학원에서 그렇게 하라고 했다. 다들 그렇게 한다"고 말합니다. 그러니 실패할 수밖에 없습니다. 다른 사람이 시키는 대로 하면 약점을 극복하고 성취의 메달을 목에 걸수 없습니다. 자녀의 교육과 삶의 방향을 제대로 설정하려면 부모도 진짜 공부를 해야 합니다. 공부하는 부모가 진짜 학부모가 되고, 멋진 코치가 됩니다.

그러면 학부모는 어떤 공부를 해야 하는 걸까요? 설명회를 다니면서 항상 느끼는 불편함 중의 하나는 대학 입시 설명회 자리에 부모만 온다는 사실입니다. 대부분 토요일 오전이나 평일 저녁에 설명회를 하는데 학생들이 없습니다. 그래서 "자녀는 어디에 있는지" 물어보면 마음 아픈 대답이 나옵니다. 평일 저녁에는 학원에 있고, 토요일 오전에는 자고 있답니다. 무언가가 잘못되고 있습니다.

학부모가 해야 할 공부의 방향은 목표에 따라 다르겠지만, 일단 좋은 대학에 보내고 싶다는 목표를 세웠다면 가장 먼저 '보내고 싶은 대학'에 대한 공부를 해야 합니다. 학원 설명회, 유튜브에 온갖 정보가 난무하지만, 선발의 주체는 대학입니다. 그러니 대학의 이야기에 귀를 닫지 말고, 대학이 요구하는 것을 공부해야 합니다. '이렇게 하면 성공한다', '저렇게 하면 성공한다'는 풍문에 귀를 귀울이지 마세요. 그런 사례는 그 주인공에게나 해당되는 이야기일 뿐 내 아이에게 해당되는 이야기가 아닙니다. 똑같은 방법을 적용해도 성공 가능성이 적습니다. 학습법은 사람마다 다른데 만점 학습법을 그대로 따라 하니 실패하는 것입니다.

그렇다고 엄청난 공부를 하라는 의미가 아닙니다. 경제생활을 해야 하는 상황에서 자녀의 입시에 모든 에너지를 쓸 수는 없으니까요.

중요한 건 자녀의 교육과 삶의 방향성에 대한 공부입니다. 방향성이 잡히면 자연스럽게 자녀에게 공부에 대한 동기 부여를 할 수 있게 됩니다. "공부해!"라는 말은 절대 동기 부여가 될 수 없으며, 오히려 전쟁을 선언하는 단어에 가깝습니다.

학부모로서 코칭하려면 어떻게 자녀에게 동기를 부여할 수 있는지를 고민하고 동기 부여 방법에 대해서도 공부해야 합니다. 코치가 선수들에게 '열심히 뛰고 열심히 연습하면 된다'고 말하는 건 정말 나쁜 코칭입니다. 그러니 제대로 된 동기 부여 방법을 찾아야 합니다. 경험상 가장 좋은 동기 부여는 학부모의 경험입니다. 가장 현실감 있고, 의미 있는 스토리텔링이기 때문입니다.

동기 부여를 위해 어떻게 말할지는 연습이 필요합니다. 자녀의 미래와 교육을 위해 어떤 말을 어떻게 쓸 것인지에 대한 고민이 깊을수록 자녀는 부모가 자신을 존중하고 있다고 느끼고 의미 있게 코칭을 받아들일 것입니다. 코칭^{coaching}은 티칭^{teaching}과는 완전히 다른 개념이므로 코칭을 하고자 한다면 코칭의 언어를 써야 합니다. 방법이 달라야 한다는 의미입니다. 놀랍게도 시험 결과가 안 좋은 학생들은 항상 시험 결과가 안 좋을 수밖에 없는 방법으로 공부를 합니다. 그 방법이 틀렸다고 이야기를 해줘도 고치려고 하지 않습니다. 반면, 놀라운 결과를 보이는 학생들은 성적이 좋게 나올 수밖에 없는 방법으로 공부를 합니다. 즉 방법이 달라야 하므로 그 방법에 대해 고민해야 합니다.

문제 해결

코칭의 마지막 요소는 '문제 해결'입니다. 앞에서 언급한 수평성-협력성, 지속성, 전문성-동기 부여에 대해 이해하고 나면 자녀가 가진 약점이 선명하게 보일 겁니다. 저도 학생들과 상담하고 컨설팅하는 과정에서 이 단계를 밟는데 수평성-협력성, 지속성, 전문성-동기 부여는 거의 항상 준비된 상태라서 개인 상담을 할 때는 '문제 해결'에 초점을 두고 학생이 가진 약점이 무엇인지, 어떤 방법을 써야 유연하게 해결할 수 있는지를 고민합니다.

문제 해결을 위해서는 학생이 가진 약점에 대한 '집요한' 관찰과 정교한 분석이 필수입니다. 단순하고 추상적으로 접근하면 실패합니다. 뜬구름 잡는 멘트와 뻔한 이야기는 통하지 않습니다. 그동안 발견하지 못하고 알지 못했던 자신의 약점을 찾아 해결 방법과 길을 제시해주어야 자녀가 충분히 공감하고 동의하고 문제 해결을 위한 도전을 시작합니다. 앞서 언급한 '공부 못하는 학생은 없습니다'는 이 코칭을 기반으로 이야기를 한 것입니다.

이전까지 자녀에게는 "그냥 열심히 하면 된다"가 최고의 충고였을 겁니다. 아무도 이들에게 공부하는 방법, 공부할 때의 약점, 공부를 위해 필요한 것을 설명해주거나 알려주지 않았습니다. 갈 길이 보이지 않는데 어떻게 걸을 수 있을까요? 학부모의 코칭은 그 가능성, 방향, 길을 보여주는 최고의 방법입니다.

저는 시를 엄청 좋아합니다. 많은 시 중에서도 교사로서 코치로서 무척이나 애정하는 시는 김춘수 시인의 〈꽃〉입니다. 교사로서 코칭 전문가로서 벽에 막힐 때, '왜 이렇게까지 해야 할까'라는 자괴감이 들 때 항상 되뇌는 시입니다. 그중에서도 가장 아끼는 시구는 '내가 그의 이름을 불러주었을 때'입니다. 이것은 교사가 누릴 수 있는 최고의 역할이자, 코치가 자부심을 가질 수 있는 최고의 순간이며, 학부모가 사랑을 표현할 수 있는 최선의 방법이라고 생각합니다. 저는 이 시구를 이렇게 해석합니다.

내가 그 학생의 '가능성'에 집중할 때

이렇게 할 때 그 학생은 깨어납니다. 그리고 자신의 가능성을 터트리며 눈부시게 빛나는 학생이 됩니다. 때로 누구도 생각하지 못했던, 코치의 기대를 가뿐히 뛰어넘는 역량을 스스로 증명합니다. 다만, 부모가 자녀의 성장 가능성에 집중하고 그 가능성을 개화할 수 있는 길을 보여주고 문제 해결 방법을 제시해야 가능성이 폭발합니다. 다른 어느 누구의 이야기가 아닙니다. 바로 지금 여러분의 눈앞에 있는 자녀의 무한한 가능성과 '구체적'인 길에 대한 이야기입니다.

나의 코칭이 우리 아이의 문제를 해결할 수 있도록!

3장
이것을 크게 키워주세요

고3까지 달려가는 힘:
지적 호기심, 자기주도력, 탐구력

2028 대입, 정성평가 시대가 온다

2028학년도 대입 개편안에 대한 불안과 두려움이 여전하지만, 앞서 언급한 바와 같이 대학에서 선발하고자 하는 학생 유형은 기본적으로 우수한 학생입니다. 교육 과정이 바뀌고 선발 방식이 변하더라도 '우수성'이라는 기준은 크게 변하지 않습니다. 다만, 시대의 흐름에 따라 필요한 인재의 수준은 달라질 수 있습니다. 즉 선발 제도의 변화에 불안해할 필요 없이 시대가 원하는 인재상에 대한 질문을 던지고 그에 합당한 역량을 키우며 입시를 준비하면 됩니다.

2028학년도 대입 개편안의 대상이 되는 학생들은 '2022 개정 교육과정'의 적용을 받는 학생들입니다. 2022 개정 교육과정에서는 핵심 역량을 다음과 같이 제시합니다.

창의적 사고 역량	심미적 감성 역량	지식 정보처리 역량
자기관리 역량	협력적 소통 역량	공동체 역량

추상적이지만, 어디선가 들어본 것 같은 개념이죠? 여기서 질문을 던지는 것이 중요합니다.

왜 추상적인 개념들을 저렇게 나열하는 걸까?

답을 드리자면, 창의적 사고 역량은 사람마다 다양한 방식으로 나타날 수밖에 없습니다. 그러니 창의적 사고 역량이 있다는 것을 구체적으로 증명하는 것은 학생 혹은 수험생의 몫입니다. 어떤 방식으로 증명할 것인지부터 역량 측정이 시작되는 셈입니다.

특히 2028학년도 대입 전형에서는 창의성을 포함해 다양한 역량을 확인하기 위한 '정성평가'의 비중이 크게 늘어납니다. 현재까지 발표된 서울 상위권 대학들의 2028학년도 대입 개편안을 보면 대체로 정성평가의 비중을 늘리고 있습니다. 정량평가인 학생부교과 전형에 '정성평가'를 도입하고, 수능 점수 위주의 정시 전형에도 학생부 등의 도입을 검토하는 대학들이 많아지고 있습니다.

결국 2028학년도 대입 체제에서는 '정량평가 + 정성평가'의 형태가 많을 것입니다. 더불어 서울의 주요 대학들은 정시 전형의 비중을 줄이려고 노력할 것입니다. 실제로 정시 비율의 변화도 나타나고 있습니다. 2025년 초, 교육부는 '고교 교육 기여 대학 지원 사업'

을 자율공모했고, '서울대, 한양대, 동국대'가 선정되어 정시 비율을 30% 수준으로 낮추었습니다. 앞으로 이런 종류의 지원 사업이 늘어나면 서울의 16개 대학에 강제되고 있는 '정시 비율 40% 이상'의 룰도 곧 없어질 것으로 전망할 수 있습니다.

    AI 시대를 살아가는 21세기에 객관식으로만 학생을 평가하는 것이 교육적으로 어떤 의미가 있는지에 대한 논의는 제외하더라도, 학생들이 가진 다양한 역량 중에서 유독 객관식 역량만 측정하겠다는 것은 '글로벌 스탠더드'에 맞지 않는 형태이긴 합니다.

    그런 의미에서 2028학년도 대입 체제는 많은 문제점에도 불구하고 '정성평가의 확대', 즉 '질적 평가' 확대의 출발점에 서게 됩니다. 어떤 방식으로 평가가 이뤄지느냐는 다양한 논의가 있겠지만, 당장은 '면접 강화'라는 형태로 정성평가를 할 것으로 예상됩니다. 2028학년도 대입 체제의 핵심이 정성평가라면 어떤 준비를 해야 할까요? 정성평가, 즉 '질적 평가'의 핵심은 '개별성'에 있습니다. 개별적인 역량을 구체적으로 확인하는 작업이 있을 것이며, 그 작업은 면접을 중심으로 이뤄질 것입니다.

    서울대는 2028학년도의 면접 강화 방침을 'SNU역량평가면접'으로 규정하고 '창의적 문제 해결', '융합적 과제 수행', '분석적 주제 토론' 중 하나의 형태로 제시할 계획을 발표했습니다. 다만, 기존의 면접 문제와는 달리 '정답이 없는 면접'이 될 가능성이 높습니다. 학생이 가진 다양한 역량을 종합적으로 판단할 수 있는 문제와 탐침 질문을 한다는 것이 서울대의 계획입니다. 서울대의 이러한 움직임을 다른 대학들도 받아들이게 될 것으로 판단합니다.

결국 정성평가, 질적 평가에 대비하기 위해서는 앞서 언급한 '학생의 실질적인 성장'이 고교 과정에서 이뤄져야 합니다. 단순하게 문제를 잘 풀고 빨리 푸는 능력이 아니라, 깊이 있게 사고할 줄 아는 학생으로 성장해야 한다는 말입니다. 이를 가능하게 하는 건 지적 호기심밖에 없습니다.

배움과 성장의 원동력, 지적 호기심

호기심의 사전적 의미는 '새롭고 신기한 것을 좋아하거나 모르는 것을 알고 싶어 하는 마음'입니다. 그런데 대학이 사용하는 '호기심'의 개념은 사전적인 의미와 일치하지는 않는 것 같습니다.

호기심에서 '기奇'는 기이하다는 의미입니다. '새롭고, 신기하고, 기이한 것을 좋아하는'의 의미가 내포되어 있습니다. 그렇다 보니 대학 입시에서도 유사한 의미로 쓰일 거라는 생각들을 하시는 것 같습니다. 그러나 대학이 사용하는 호기심은 대체로 '지적 호기심'입니다. 정확하게는 영어 단어 curiosity에 가깝습니다. curiosity는 라틴어 curiósĭtas에서 유래한 단어로 '주의 깊게 관찰하고 탐구하려는 성향'을 뜻합니다. 즉 대학이 생각하는 호기심, 즉 지적 호기심은 단순하게 새로운 것을 좋아하거나 미지의 것에 대해 알려고 하는 마음 이상으로, 자신의 주의력을 총동원해서 특정 분야를 깊이 탐구하려는 자세를 말합니다. 그런 지적 호기심을 가진 학생들이 대학 공부를 자기 주도적으로 해나갈 수 있다고 생각하기 때문입니다. 결국 단순한 호기심이 아니라 '공부하는' 호기심이어야 하고, 그 호기심을 해결하기 위해 더 많은 공부를 해야 한다는 의미입니다.

호기심에 대해 이야기하다 보면 부모들은 자녀가 '어릴 때'의 이야기를 많이 합니다. 어릴 때 책을 좋아했고, 어릴 때 질문이 많았고, 어릴 때 공부를 잘했고… 그럴 수 있습니다. 하지만 중요한 건 '현재'입니다. 과거의 성향이 현재의 공부를 결정하지 못한다는 사실을 인정해야 합니다. 대부분의 입시 실패는 '잘못된 정보'에서 시작됩니다. 과거의 자녀를 생각하고 있다면 다가올 모든 입시에서 실패하게 됩니다. 그러니 지금의 우리는 이 질문으로 귀결되어야 합니다.

지금, 자녀가 궁금해하는 것은 무엇인가요?

호기심은 인간의 본능에 가까운 마음이자 욕구이기 때문에 노력을 통해서 '강화'할 수 있습니다. 자녀의 호기심을 키워주려면 무엇을 어떻게 해야 할까요? 이에 대한 답을 얻으려면 우선 호기심의 작동 원리를 이해해야 합니다.

호기심은 새로운 것을 접할 때 왕성하게 작용하기에 다양한 새로운 경험이 호기심 발달에 매우 중요합니다. 새로운 경험은 우리 뇌가 정보를 분석하기 위해 활발히 움직이는 계기가 되기 때문입니다. 박물관 등을 전전하라는 말이 아닙니다. 무턱대고 많은 곳으로 데려가고 많은 것을 보여주려고 하는 시도는 큰 의미가 없습니다. 왜냐하면 대부분의 경험은 쉽게 '망각'되기 때문입니다. 학생들에게 어릴 때 여행 갔던 경험을 물어보면 잘 기억하지 못합니다. 어떤 나라를 다녀왔는지도 모르고 그저 '외국에 다녀왔어요' 정도로 기억합니다. 경험이 모든 것을 말해주지 않습니다. 다시 한번 강조합니다. 호기심은 단순히 새롭고 신기하고 기이한 것을 본다고 생기는 것이 아닙니다. 이미 여러 인터넷 매체를 통해서 자극적인 정보를 받고 기이한 것을 보는 자녀에게 다양한 경험이 성공의 열쇠라고 말할 수는 없습니다.

반복해 말하지만, 대학에서 사용하는 '지적 호기심'이라는 단어는 단순한 호기심을 넘어 자신이 호기심을 가지는 영역에 대한 공부를 전제로 한 개념입니다. 지적 호기심이 있으면 놀랍게도 깊이가 깊어지고 수준이 높아진 다음 단계의 질문으로 자연스럽게 넘어갑니다. 호기심은 단순히 하나의 사실을 아는 것에서 끝날 수 있지만, 지적 호기심은 보다 수준 높은 질문으로 연결됩니다. 그래서 대학들이 지적 호기심을 중요하게 생각하고 증명되길 원하는 것입니다.

자신이 관심을 가지고 있는 분야에 대해서는 궁금한 점이 생길 수밖에 없습니다(대부분의 위대함은 이 질문에서 시작됩니다). 그 궁금증을 해결하려고 '공부'를 하다 보면 더 신기한 것들이 보이고, 그 신기함을 해결하려고 더 공부를 하면 더더욱 놀라운 사실을 알게 됩니다. 어떤 질문을 던지느냐도 중요하고, 그 질문을 어떻게 해결해가는지도 매우 중요합니다. 단순하게 검색을 통해서 아는 건 의미가 없습니다. 그건 누구나 할 수 있는 것이니까요. 중요한 것은 질문을 통해서 '어느 정도의 사고'가 이뤄지는가입니다. 더 나은 질문은 반복되는 지적 호기심으로 인해 확장된 사고에서 나오기 때문입니다.

탁월한 생각이나 아이디어는 어떻게 나오느냐는 질문에 탁월함을 증명했던 모든 사람이 공통적으로 하는 말이 있습니다.

"항상 그것만 생각합니다."

뉴턴이 그러했고, 리처드 파인만이 그러했습니다. 놀랍게도 그들은 자신이 관심을 가진 분야에 대해 지속적으로 생각하고 끝없이 질문을 던지며 답을 궁구하는 과정에서 '유레카'를 외쳤습니다. 어느 날 뚝딱하고 만들어진 성과가 아닙니다. 질문과 오답을 숱하게 반복한 후에 이룬 '유레카'입니다. 파인만은 이렇게 말합니다.

"물리는 나의 취미입니다.
그것은 나의 일이자 오락이기도 하죠.
나는 항상 물리에 대해 생각합니다."

그러나 우리가 살아가는 이 시대는 전혀 그렇지 않습니다. 다양한 지식이 넘쳐나고, 검색하면 '곧' 답이 나옵니다. 검색창이 넘어가는 데 3초 이상 기다리지 않는 학생들에게 '10분의 사고', '1시간의 사유'를 요구하는 것이 쉽지 않습니다. 1시간의 사유를 위해서는 더 많은 질문이 있어야 하고, 더 많은 질문을 위해서는 알고자 하는 호기심이 있어야 하는데, 지금의 청소년들에게는 그것이 정말 쉽지 않습니다. 고개를 돌리면 재밌는 일이 너무 많으니까요. 그런 의미에서 '질문할 줄 아는 학생'이 매우 중요합니다.

지적 호기심의 출발점은 '모른다', '새로운 세상에 대해 알고 싶다'는 마음입니다. 그래서 지적 호기심이 있는 학생들은 새로운 세상을 향해 '도전'을 합니다. 자신이 잘 알지 못하는 것에 대해 알기 위한 노력을 게을리 하지 않습니다. 학부모로서 자녀의 지적 호기심을 길러주고 싶다면 자녀의 현재 상황을 '공유'하는 것이 우선입니다.

"지적 호기심이 중요해.
그러니까 지적 호기심을 가져야 해."

부모가 이렇게 말한다고 지적 호기심을 가질 자녀는 없습니다! 지적 호기심을 기르는 가장 자연스러운 방법은 앞서 언급한 '가족 독서'입니다. 지적 호기심은 새로운 세상을 볼 때 생깁니다. 즉 새로운 세상, 새로운 관점을 보여주고 이야기하는 기회가 있어야 합니다. 같은 책을 읽고 자신의 생각과 다른 의견을 나누다 보면 새로운 관점이 형성되고, 새로운 책을 읽는 것은 새로운 세상을 만나는 귀한 경험이 됩니다.

아이들의 호기심은 대체로 어린 시절을 거치면서 사라집니다. 시험에 나오지 않는다는 이유로, 엉뚱하다며 얕잡아보는 시선 때문에 아이들은 질문의 문을 닫고 수동적인 공부에 익숙해져 갑니다. 자기주도학습을 '혼자서 열심히 시험 공부를 하는 것'으로 규정지으면 학생들이 가지고 있는 놀라운 능력들이 묻혀버리게 됩니다. 자기주도학습의 본질은 '질문하는 것'입니다. 자신이 궁금한 분야에 대한 호기심을 가지고 질문하며 주도적으로 공부하는 것입니다.

성장은 질문에 대한 답을 찾아갈 때 일어난다

서울 주요 대학들의 학종 평가 요소에는 대부분 '지적 호기심'이 들어갑니다. 여기서 오해하면 안 되는 지점은, 지적 호기심을 가진 학생을 선발하는 것이 아니라는 점입니다. 지적 호기심을 가진 학생은 그 지적 호기심을 해결하기 위한 과정을 거치게 됩니다. 서울의 주요 대학은 그 과정을 '지적 성취'라는 단어로 표현합니다. 지적 성취는 다양한 영역에서 다양한 방법으로 구현됩니다. 그중 가장 대표적인 것이 '학업 역량'입니다.

주요 대학에서 중요하게 평가하는 '학업 역량'을 대학은 대체로 '대학 교육을 충실히 이수하는 데 필요한 수학修學 능력'으로 규정합니다. 고등학교의 내신 성적 등으로 규정하는 것이 아니라, 학생 개개인이 대학 교육을 충실히 이해할 만큼 자기주도학습 역량을 갖췄는지를 평가한다는 의미입니다.

이 부분을 조금 더 자세하게 살펴봅시다. 서울 사립 5개 대학(건국대, 경희대, 연세대, 중앙대, 한국외대)이 발행한 〈학생부종합전형 공통평가요소 및 평가항목〉을 보면 학업 역량을 크게 3가지로 평가합니다. 학업 성취도, 학업 태도, 탐구력이 그것입니다. 다른 요소들은 차

치하고, '탐구력'이라는 단어를 생각해봅시다.

　탐구력은 멋진 코칭을 바라는 학부모들에게 가장 중요한 단어입니다. 대학은 탐구력을 '지적 호기심을 바탕으로 사물과 현상에 대해 탐구하고 문제를 해결하려는 노력'으로 규정합니다. 그리고 탐구력을 측정하기 위한 평가의 세부 내용으로 공개한 기준이 아래 문장입니다.

교내 활동에서 학문에 대한 열의와 지적 관심이 드러나고 있는가?

　앞서 언급한 내용과 연결이 되나요? 게임, 아이돌, 유튜브, 이성관계 등 학생들이 관심 있어 하는 분야에서 호기심을 가진 것을 찾을 수 있는 질문을 던질 수 있어야 합니다. 저도 이 부분을 해결하기 위해 누군지도 모르는 아이돌 이름을 외우고, 좋아하지도 않는 게임을 졸업생들의 도움을 받아 해봅니다. 그들이 사는 세상에서 질문을 끄집어내야 하기 때문입니다. 그 질문에 대한 답을 찾아가는 과정에서 성장이 이뤄지기만 하면 되니까요.

　학년 초가 되면 바쁜 시간을 쪼개서 1학년들을 대상으로 독서를 위한 방과후 학교 활동을 진행합니다. 앞서 설명한 가족 독서의 학교 버전으로, 질문들을 나누고 그 질문들을 확장하는 과정을 반복합니다. 처음에는 최소한의 대화가 가능한 교양 수준의 책을 같이 읽습니다. 같은 책을 읽지만, 전혀 다른 개인 탐구가 진행됩니다. 어떤 학생은 자본주의의 모순에 대해, 어떤 학생은 공학 기술에 대한 깊은 호기심으로 질문을 합니다. 각자 자신의 궁금증을 안고 탐구를 하고, 발표를 하고, 질문을 받고, 다시 탐구하는 선순환이 시작됩니다. 이 방과후 학교 활동에는 절대적인 기본 명제가 있습니다.

모든 질문은 선善하다.

좋은 질문을 하기 위해 애써 포장할 필요도 없으니 원색적이고 본질적인 질문들이 난무합니다. 교사는 답을 제시하는 사람이 아니고 의견을 제시하는 사람입니다. 정답은 없고, 질문을 통해 각자 정답을 찾아가는 시스템입니다.

희수는 이 프로그램에 참여해서 고려대에 진학한 학생입니다. 아래 도표는 희수가 궁금증을 해결한 과정을 정리한 것입니다.

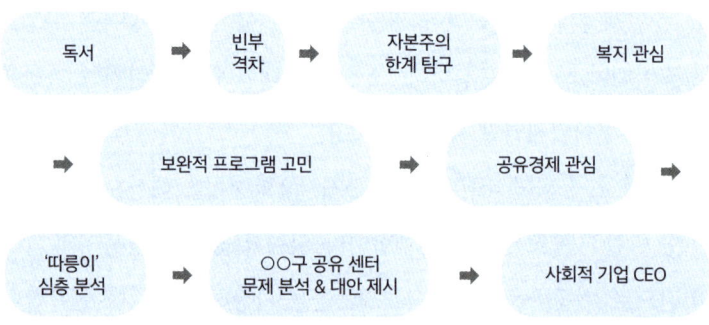

희수의 3년 고교 생활이 너무 단순하게 정리되긴 했지만, 희수가 가진 궁금증을 해결해가는 과정을 잘 보여주고 있습니다. 희수는 '빈

부 격차'에 대해 다방면으로 호기심을 확장해갔는데 그 방향성이 확연하게 보입니다. 저는 고교 생활을 톱니바퀴와 같다고 생각합니다. 학생들은 저마다 톱니를 만들고 톱니바퀴를 맞춰서 고등학교를 졸업합니다. 선순환을 만드는 학생도 있고, 악순환을 만드는 학생도 있습니다.

제 경험에 근거한다면, 성공하는 학생들은 대체로 고등학교에서의 톱니바퀴를 '지적 호기심'에서 시작하는 것 같습니다. 자신의 지적 호기심을 자·동·진(자율활동, 동아리활동, 진로활동)을 통해서 보여주고, 교내 활동의 경험을 축적해서 지적인 확산을 만들어냅니다. 지적 확산은 당연히 새로운 지적 호기심이 됩니다.

| 지적 호기심 | 자·동·진 교내 활동 | 경험의 축적 | 지적 확산 |

대학이 제시하는 항목을 분석해보면 무엇이 중요한지 알 수 있습니다. 이제는 없어지긴 했지만, 이전에는 학생부종합 전형을 지원할 때 '자기소개서'를 쓰도록 했습니다. 자기소개서의 항목 중에 상당히 의미 있는 항목이 있었습니다.

고등학교 재학 기간 중 본인이 의미를 두고 노력했던 교내 활동을

통해…

저는 자기소개서를 통해 많은 학생을 원하는 대학에 진학시켰는데, 위 항목을 가장 중요하게 여겼습니다. 위 항목에서도 가장 중요한 부분은 '본인이 의미를 두고'입니다. 다양한 경험과 활동이 있지만 '자신에게' 의미 있는 활동이 가장 중요하다는 뜻입니다. 사람은 자신에게 의미 있는 활동과 경험을 중심으로 자신의 세계를 만들기 때문입니다. 이 부분은 대학도 '항상' 이야기하는 내용입니다.

의미 있는 학습 경험은 무엇이었는가?

이 문장은 서울대에서 학업 역량을 측정하는 문장 중 하나입니다. 대학이 굳이 학생들에게 의미 있는 학습 경험을 묻는 이유는 무엇일까요? 활동이나 경험이 아니라, 그 활동과 경험에 개인적인 의미를 부여했을 때 지적 자극이 생기고 성장이 이뤄지기 때문입니다. 결국 많은 경험 중에서 개인적으로 '의미를 둔' 학습 경험이 지적 호기심인 셈입니다. 그러니 많은 활동보다 그 활동에 어떤 의미를 부여할 것인지가 더 중요합니다. 가족 독서를 예로 들면, 어떤 책을 읽었는지보다 그 책에 대한 '더 많은 이야기'에 더 중요한 의미를 부여한다는 말입니다.

대학이 말하는 '의미 있는 학습 경험'은 자기 주도적 학습 역량과 관계가 있습니다. 다른 사람이 요구한 대로 공부하는 것이 아니라, 자신에게 의미 있는 것을 깊게 공부함으로써 자신을 증명한 학생들이 대학으로부터 우수성을 평가받습니다. 다양한 지표가 있지만, 자신에게 의미 있는 학습 경험을 누적한 학생들에게서 쉽게 찾을 수 있는 덕목은 '자기 주도성'입니다.

지금 내 아이를 궁금해하는 부모가 될 것

지적 호기심과 관련해서 부모들은 이런 의문을 가집니다.

"어떻게 해야 질문할 줄 아는 학생으로 자랄까요?"
"어떻게 해야 지적 호기심을 가진 학생이 될까요?"

이것은 자녀의 지적 성장과 성숙을 위해서도 중요한 의문입니다. 단순하게 생각해봅시다.

질문은 어느 경우에 하나요?

우리는 대체로 무언가를 알고 싶을 때 질문을 합니다. 길을 모를 때, 사용법을 모를 때, 방법을 모를 때 등의 경우가 대표적입니다. 이 모든 질문에는 전제가 있습니다. 그것은 '나에게 지금 그것이 필요할 때'입니다. 그러니 자녀에게 "궁금해하는 것이 중요하니까 질문을 해봐"와 같이 말하는 것은 아무 의미가 없습니다. 자녀의 '관심'이 향하는 것이 있어야 궁금해하고, 그것을 알려고 질문을 하게 되니까요.

여기서 학부모로서 코칭이 필요합니다. 부모의 관심사가 아니라 자녀가 관심 있어 하는 것이 무엇인지를 파악해야 합니다. 그리고 이야기를 항상 그것에서 시작해야 합니다. 아이들은 전혀 관심이 없는 이야기에는 참여하지 않거든요.

모든 질문은 '관심'에서 출발합니다.

그것이 지금 필요한 일이든 그냥 알고 싶은 일이든 '관심'이 있어야 하고, 그것에 집중해야 호기심이 더 깊어집니다. 다시 강조하는데, 그 관심은 부모의 관심사여서는 안 됩니다. 자녀의 관심사여야 합니다. 그렇게 하려면 부모가 자녀의 관심사에 '관심'을 가져야 합니다.

자녀를 질문할 줄 아는 학생으로 키우는 가장 중요한 방법은 앞서 언급했듯 '가족 독서'입니다. 이때 반드시 독서의 형태를 고집할 필요는 없습니다. '공유한 경험'에 대해 다양하게 해석하는 것으로도 언제든 질문하고 호기심 가지기를 연습할 수 있습니다. 모든 일은 연습이 필요하고, 더 많은 연습을 통해서 성장하게 됩니다. 그러니 처음부터 가족 독서일 필요는 없고, 쇼핑·영화·연극·산책 등의 경험으로 시작하면 됩니다. 중요한 것은 공유한 경험에 대한 '다른 해석'을 이야기하는 것입니다. 같은 경험에 대해 서로 다른 관점으로 이야기하는 것은 자녀에게 '새로운 경험'으로 느껴집니다. 그렇게 지적 자극이 되고, 왜 그런 해석을 하는지에 대한 궁금증으로 자연스럽게 이어집니다.

문제는 자녀와의 이런 '건전한 대화'가 가능한가입니다. 대체로 부모들은 사춘기 자녀와 '건전한 대화'는 고사하고 대화를 길게 하는 것도 쉽지 않아 합니다. '사랑하는' 자녀인데 얼굴만 봐도 화가 난다면 무언가가 잘못된 것입니다. 물론 부모 눈에 제대로 하는 것 하나 없는 사춘기 자녀의 행동은 당연히 화의 원인이 될 수밖에 없습니다. 하지만 그런 행동을 '교정'하고 싶어 하는 주체는 부모입니다. 자녀에게 보다 나은 행동, 보다 나은 대학, 보다 나은 성공, 보다 나은 삶을 원한다면 부모가 해야 할 일을 냉정하게 분석하는 것이 무엇보다 중요합니다.

부모와 자녀의 대화가 '평행선'을 달리는 이유는 각자 자신의 입장에만 집중하기 때문입니다. 마치 부모는 핀란드어를 사용하고, 자녀는 스페인어를 사용하는 것과 같습니다. 두 사람이 대화를 하려면 결국 보디랭귀지body language를 하거나, 둘 중 한 사람이 상대방의 언어까지 배워야 합니다. 그렇다면,

누가 상대방의 언어를 배워야 할까요?

답을 아시겠나요? 정답은 부모 혹은 자녀가 아닙니다. '더 사랑하는 사람'입니다. 부모와 자녀는 어쩔 수 없는 내리사랑의 관계이고, 부모가 자녀를 '더' 사랑합니다. 즉 부모가 자녀의 언어를 배우는 것이 당연하다는 말입니다.

부모가 자녀의 언어를 배우면 지적 호기심을 이끌어내는 과정은

생각보다 쉽게 이뤄집니다. 같이 PC방에 가고, 같은 게임을 하고, 같이 콘서트장에서 뛰면서 자녀의 언어와 세상을 이해하기 시작하면 서서히 자녀에게 지적 호기심으로 향하는 문이 열립니다.

**함께 즐긴 게임에서, 영화에서, 콘서트에서
부모가 만난 새로운 세상에 대한 궁금증을 물어보면 됩니다.**

그 질문이 마냥 즐기고만 사는 자녀의 삶에 큰 파문을 일으키기 시작할 것입니다. 다만, 조심해야 할 것이 있습니다. 자녀의 나이를 생각해보세요. 현재 자녀는 나이만큼의 경험을 가지고 자신의 삶을 세팅해둔 상태입니다. 자연스럽게 습관을 형성하고 사고 패턴을 만들어두었다는 의미입니다. 그렇기에 부모의 한 번의 질문, 한 번의 파문이 자녀의 삶을 바꾸지는 못합니다. 현실은 '그 이후로 행복하게 살았습니다'와 같은 《백설 공주》 동화가 아닙니다. 자녀가 살아온 시간만큼, 습관과 사고방식을 만들었던 시간만큼의 노력이 필요합니다.

학생들은 공부를 한 번 해보고 "안 된다"고 이야기를 많이 합니다. 자신은 공부에 재능이 없다는 이야기를 그렇게 많이 합니다. 그동안 공부를 안 하고 살아왔던 시간과 습관은 생각하지 않습니다. "지금 시도해보고 안 되면 끝"이라고 말합니다. 그리고 바로 '이·생·망'을 꺼내 들고는 더 이상 어떤 도전도 하지 않겠다고 선언을 하죠. 그렇게 하는 이유는 너무 간단합니다. 그런 선택이 '가장 편하기'

때문입니다.

한 번에 되지 않습니다. 한 번에 된다면 전국의 학생들이 모두 공부를 잘하겠죠. 쉬운 일이 아닙니다. 자녀의 삶을 위해서 부모가 스스로를 바꿔야 하기 때문입니다. 많이 실패하게 될 것이고, 더 많이 화가 날 테고, 더 많이 힘들 수 있습니다. 더 잦은 갈등이 나타날 수 있고, 관계가 더 안 좋아질 수 있습니다. 하지만 이런 시도를 통해 분명히 발전하게 될 것이고, 더 멋진 결과를 보게 될 것입니다.

그러니 우리, 열심히 자녀가 사는 세상을 배워봅시다.

실패를 성공으로 만드는 힘: 도전 정신

실패를 다루는 능력이 미래 경쟁력이 된다

우리나라 최고의 인재들이 모이는 카이스트(한국과학기술원)에 '실패 연구소'가 있습니다. 주요 활동 내용을 보면, '실패 주간'이 있고, '실패 에세이 공모전'을 하고, '실패한 연구 자랑'을 하고, '실패 사용법' 특강을 합니다. 최고 수준의 수재들이 모이는 곳에서 '실패'를 연구한다는 점이 다소 의아하지만, 이 연구소는 '실패를 통한 성장'을 목표로 다양한 연구를 하고 있습니다. 성공은 과감한 도전에 의해서만 이룰 수 있고, 과감한 도전은 실패에 대한 두려움이 없을 때 가능합니다. 이것이 카이스트에서 실패를 화두로 던지는 이유이기도 할 것입니다.

우리 사회는 지나치게 '실패에 민감'합니다. 완벽주의적 성향이 사회 전체에 과하게 덧입혀진 결과인데, 사회 전반의 완벽주의적 성향은 오랜 시간 지속되어온 '과도한 경쟁'에서 출발하는 것 같습니다. 그렇다 보니 고등학생들에게도 '실패할 자유'가 없습니다. 아니, 오히려 입시 경쟁을 치러야 하는 고등학생이라서 '실패할 자유'가 더 없어야 한다고 이야기를 많이 합니다.

21세기 대한민국에 살면서 우리가 익숙하게 생각하고 말하는 것 중의 하나는 '성과주의'입니다. 과정보다는 결과에 더 집착하고, 결과 중심으로 평가합니다. 하지만 교육, 특히 자녀 교육에서는 이 결과 지향 성향이 문제가 됩니다. 왜냐하면 '공부'는 '모르는 것'을 배우는 과정이기 때문입니다. 단번에 잘한다는 것은 쉽지 않은 일이며, 쉬운 것을 배우면 조금만 공부해도 잘할 수 있겠지만 자녀가 자라서 어려운 것을 배우기 시작하면 이전보다 공부 결과가 좋지 않을 수 있고 공부 속도가 빨라질 수도 없습니다. 그런데 자꾸 '결과로서의 성적'에 대해서만 말하면 아이들은 공부를 더 멀리할 뿐입니다.

학생들은 어릴 때부터 시험이라는 '결과에 대한 칭찬'을 듣고 자랍니다. 유치원, 초등학교를 거치면서 그것은 '당연한' 일이 됩니다. 남들보다 잘해서 상을 받으면 '무한 칭찬'을 하고, 상을 받지 못하면 "괜찮다. 다음에 받으면 된다"고 말합니다. 상은 받아야 하는 것이고 그 상을 받기 위한 과정은 칭찬의 대상이 되지 못한 채 어린 시절을 보내면서 결과 중심의 사고방식이 형성됩니다.

그러나 공부는 갈수록 어려워지고 고등학교에서의 공부량이 증가하면서 문제가 발생합니다. 학년이 올라갈수록 공부량과 공부 시간이 산술급수적으로 늘어나는데, 어릴 때부터 '듣고 보는' 방식의 공부를 열심히 해온 터라 공부를 잘해내기가 쉽지 않습니다. 이런 상황이 되면 학생들은 어느 순간부터 자신이 잘해낼 것 같지 않으면 아예 시작하지 않으려는 모습을 보입니다. 수학 문제를 풀어도 자신이 잘할 수 있는 문제만 풀고, 어려운 문제는 해설지를 보고 이해하거나 학원 강사에게 질문해서 이해하고 넘어갑니다. 자신이 직접 풀지 않지요. 그리고는 '내가 공부를 안 해서 그렇지, 공부하면 금방 잘할 수 있어'라고 자신을 위로합니다.

공부를 한다는 것은 모르는 것에 '도전'한다는 말입니다. 자신이 모른다는 것을 인지하고, 무지의 상태를 해결하기 위해 이전까지 하지 않던 것에 새롭게 도전해야 합니다. 그래야 몰랐던 것을 알게 됩니다. 도전을 통해 '보다 잘할 수 있는 방법'을 아는 것이 공부의 핵심입니다. 또한 어려운 것을 배운다는 것은 더 많이 실패한다는 것을 의미하며, 엄청난 '용기'가 필요한 일입니다. 그러니 어려운 것을 배우는 자녀가 공부에 집중할 수 있도록, 실패하더라도 "괜찮다"라고 말할 수 있어야 합니다.

최근 학생들을 만나면서, 이전 학생들과는 많이 다르다는 점을 느낍니다. 요즘 학생들은 '실패'에 더 민감하고 자신은 실패하면 안 된다고 생각하는 편입니다. 그래서 실패할 것 같은 일엔 도전하지 않습니다. 구체적으로 말하면, 공부 '간을 보는 학생들'이 엄청 늘어나고 있습니다. "나는 수학을 못해"라고 말하는 학생들을 유심히 살펴보면, 실제로는 수학을 못하는 것이 아니라 수학 공부에 도전했다가 결과가 나쁘게 나오면 어쩌나 하는 두려움 때문에 시작을 하지 않습니다. 쉬운 문제, 자신이 풀 수 있는 문제만 풀고 나머지는 쉽게 포기합니다. 도전해서 실패했을 때의 낭패감을 견딜 수 없기 때문인 것 같습니다. 그런데 매번 쉬운 문제, 자신이 해결할 수 있는 문제만 푸니 아무리 공부해도 좋은 성적이 나오지 않습니다. 그러면 자신은 수학에 재능이 없고 공부에 재능이 없다고 말하면서 '수포자', '공포자'를 선언합니다. 그렇게 포기하는 것이 도전해서 실패하는 것보다 덜 위험하다고 생각합니다.

이런 과정들이 반복되면 시험에 대한 과도한 불안이 생기기 시작합니다. 결과에 대한 두려움 때문에 시험을 준비하는 모든 과정을 망치는데, 놀랍게도 이 실패는 '반복'됩니다. 반복된 실패는 사람을 더욱 주눅들게 합니다. 이른바 '실패의 악순환'이 지속됩니다.

왜 이렇게 될까에 대한 고민은 사회적으로 제도적으로 설명을 해야 하는 부분이라 여기선 넘어가지만, 가장 중요한 이유만 말하겠습니다. 그 이유는 '결과'만 보기 때문입니다. 틀려도 괜찮고, 더 많이 도전해서 더 많은 실패를 해도 괜찮다고 이야기를 해주는 사람이 없기 때문입니다. 그러니 일단은 이렇게 말합시다.

틀려도 괜찮아. 아무 일도 생기지 않아.

저는 실패에 대한 철학이 있는 편이라서, 학교 프로그램을 운영할 때 학생들이 더 많은 실패를 경험하도록 지도합니다. 더 많이 도전해보고, 말이 안 되는 것들도 실제 해보고 그 과정에서 '배운 것'에 집중하도록 만듭니다. 학생이기 때문에 실패하는 건 당연하고, 실패를 통해 무엇을 배웠는지가 중요하다고 강조합니다. 그 배움이 학생을 '성장'시킵니다. 성장은 '변화'를 통해 이루어지고, 변화는 새로운 것을 시도할 때 나타납니다.

이런 분위기는 대학도 충분히 감지하고 고민하고 있습니다. 서울대의 학업 역량 체크리스트 중 하나가 다음의 문장입니다.

노력을 통해 성장한 모습은 어떠한가?

실패의 의미에 대해 생각하고 나면 성공만 나열한 학생부가 왜 좋은 평가를 받지 못하는지가 명확히 보입니다. 지적 호기심을 가진 학생이 '의미 있는 학습 경험'을 가지고 해당 분야에 대해 깊이 있는 이해를 하는 과정에서는 반드시 실패를 통한 성장이 있기 마련입니다. 학생마다 그 성장의 방향과 모습은 다 다르게 나타납니다.

저는 학생들과 함께 다양한 도전과 시도를 하고, 많은 실패를 경험합니다. 제주도로 수학여행을 갈 때 11개 학급이 담임 반에서 프레젠테이션과 투표 등의 과정을 거쳐 1개 학급이 단독으로 수학여행을 가고, 특강 강사를 섭외하기 위해 겨울방학 한 달 동안 새벽에 걷기 프로젝트를 진행하기도 했습니다. 그래서 졸업생들은, 지금까지 한 번도 해본 적 없는 일들을 고등학교 때 많이 해봤다고 말합니다. 이런 경험을 하다 보면 학생들에 대해서 더 많이 알게 됩니다. 150명의 학생들을 데리고 드럼통에 숯불을 피워 바비큐를 하면서 학생들이 얼마나 귀하게 자랐는지를 알게 되고, 모든 것을 부모가 해주고 오로지 공부만 하고 있다는 사실을 알게 됩니다.

학교에서 진행하는 '지식인의 서재'라는 프로그램은 우리 사회의 최고 지식인들을 초빙해서 강의를 듣는 프로그램입니다. 이 프로그램을 진행하기 위해 기획팀 학생들과 함께 섭외 작전을 세우고 섭외가 완료될 때까지 수없이 도전을 합니다. 사실 엄청 유명한 분들을 섭외하는 과정이기 때문에 당연히 성공보다 실패가 더 많습니다. 강사 섭외에 실패할 때마다 기획팀 학생들이 엄청 힘들어합니다. 힘들어하는 배경에 깔린 생각을 들어볼 기회가 있었는데, 놀라웠습니다.

"제가 섭외를 하면 성공할 거라고 생각했어요."

놀라운 이야기죠. 유명한 교수와 강사 들은 학교뿐만 아니라 다양한 조직으로부터 무수히 강의 요청을 받습니다. 그 요청을 모두 수용하는 것은 어떤 강사도 불가능합니다. 그러니 섭외를 위한 노력을 시작할 때 항상 해주는 말이 "성공보다 실패의 확률이 몇 배는 더 높다"입니다. 그럼에도 학생들은 자신이 섭외를 하면 성공할 것이라는 막연한 기대를 합니다. 지금도 여전히요.

여담이지만, 우리 학교에서는 매우 놀라운 이력을 가진 분들을 많이 초빙했습니다. TV에서 자주 보이는 교수님들은 거의 대부분 초빙되어 오셨습니다. 2024년도에는 노벨 생리의학상을 받으신 팀 헌트 교수님의 강의도 진행했고, 올해도 노벨상을 받은 교수님을 초빙하기 위한 시도를 하고 있습니다. 이 모든 성공은 실패 끝에 얻은 것입니다. 앞으로도 실패를 하게 될 테지만, 그 실패를 통해 학생들은 성장할 것입니다.

이런 도전을 하는 이유는 앞서 언급한 바와 같이 처음 하는 일들을 통해 지적 자극을 만들려는 시도이기도 하지만, 도전해도 되고 실패해도 된다는 점을 학생들에게 강력하게 말하고 싶기 때문입니다. 학생이기 때문에 괜찮고, 교사이지만 여전히 인생 1회차이기 때문에 실수해도 된다고, 중요한 것은 같은 실수를 반복하지 않으려는 노력이라는 점을 무척이나 강조합니다.

'같은 실수'를 '반복'하지 않는 것은 너무나도 중요합니다. 실패를 통해서 조금씩 성장을 하다 보면 어느새 같은 실수를 반복하지 않게 됩니다. 자연스럽게 '실패의 악순환'의 고리를 끊어내게 됩니다.

모든 성공은 반드시 실패를 전제로 합니다.

걸음마를 처음 배울 때도, 자전거를 처음 배울 때도, 구구단을 처음 배울 때도….

우리의 '지금'은 실패의 순간들을 이겨낸 결과물입니다. 그러니 자녀가 지금의 실패에 '머물지' 않도록 하는 것이 중요합니다. 그러기 위해서는 실패가 아무것도 아니라는 점을 인식시켜야 합니다. 더 빨리, 더 많이 실패를 경험하는 것도 중요합니다. 실패를 그냥 실패로 받아들일 줄 알아야 합니다. 모르는 것을 배우면서 실수하지 않거나 실패하지 않는다는 것은 불가능한 일입니다. 지적 호기심을 가진 학생은 '새로운 것'을 알려고 노력하고, 그 노력이 곧 '도전'이 됩니다. 그러니 부모가 자녀에게 해주어야 할 일은 "공부해!"가 아니라, 자녀가 모르는 것을 알기 위해 도전할 수 있는 분위기를 만들어주는 것입니다.

완벽한 때는 없다

자녀를 도전을 즐기는 학생으로 만들기 위해서는 '연습'을 거쳐야 합니다. 성격과 성향을 MBTI 결과로 "I이기 때문에~", "E니까~"라고 규정짓기에는 우리 아이들은 가능성이 많은 존재입니다. 그러니 '성향'을 바꾸기 위한 '연습'을 해야 합니다. 그러면 어떻게 연습해야 할까요?

고등학생 수준에서의 도전 정신은 타고난 것이 아닙니다. 학생들과 상담을 하다 보면 자신은 도전 정신이 없고 집중력이 없어서 공부를 못한다는 이야기를 많이 합니다. 그러나 제 상담 경험상 도전 정신이 없거나 집중력이 없는 학생은 없습니다. 집중력도 도전 정신도 연습을 통해서 얼마든지 만들어집니다. 자신은 집중력이 없다고 '주장'하는 학생들의 생활을 살펴보면 게임을 하거나 유튜브를 볼 때 최고의 집중력을 보여줍니다. 그럼 그 학생은 집중력이 있는 걸까요, 없는 걸까요? 당연히 뛰어난 집중력을 가지고 있는 겁니다. 공부할 때 그 집중력을 사용하기 싫은 것뿐입니다. 그러니 공부할 때 집중하도록 연습을 해야 합니다. 다만, 집중 연습은 학생 자신이 원할 때만 가능합니다.

도전 정신도 연습이 필요합니다. 다만, 도전을 위해서는 '용기'가 필요합니다. 많은 학생이 사회 분위기를 따라가느라 '실패하지 않을 방법'을 찾는 데 많은 시간을 보냅니다. 실패하지 않기 위해서 계획을 세우고, 실수를 완벽하게 막을 수 있는 계획을 만들기 전에는 '절대 움직이지' 않습니다. 성장을 위한 어떠한 도전도 시도하지 않습니다.

요즘 학생들은 도전을 위한 모든 준비가 완벽할 때 도전을 시작합니다.

모든 조건이 완벽하게 갖춰진 상태에서 도전하겠다는 말은 결국 도전을 하지 않겠다는 말이기도 합니다. 결국 대부분의 고등학생은 새로운 도전을 시도하지 않습니다. 공부를 위한 도전, 보다 나은 대학에 진학하기 위한 도전, 성장을 위한 도전은 '아직' 조건이 갖춰지지 않았기 때문에 시작하지 않습니다. 그리고 대부분의 경우 그 조건은 갖춰지지 않습니다. 도전을 위한 조건은 핑계일 뿐입니다.

도전을 멈출 이유는 항상 존재합니다. 살을 빼기 위한 도전, 건강한 삶을 위한 운동 도전, 보다 나은 대학에 진학하기 위한 공부 도전 등을 멈출 수밖에 없는 '이유'가 항상 존재합니다. 마침 그 상황이 생겨서, 놀랍게도 그 사람이 방해를 해서, 때마침 그 사건이 생겨서 도전을 자꾸 멈추게 되고, 자녀의 공부도 멈추게 됩니다. 도전을 멈출 수밖에 없는 이유는 '항상' 있기 때문입니다. 그 사람만 없었다면, 그 사건만 없었다면 하고 후회하면 이미 늦습니다.

그런 의미에서 도전은 삶의 태도와 관련이 깊습니다. 자녀의 도전 정신을 키우기 위해서는 부모의 삶의 태도를 돌아볼 필요가 있습니다. 학교에서 친하게 지내는 후배 교사의 이야기를 앞에서 했었습니다. 안정을 선호해서 항상 같은 것을 먹고, 항상 같은 신발을 신고, 항상 비슷한 옷을 입는다는…. 기억나시죠? 그 선생님의 첫째 아들은 올해 고2입니다. 전년도에 자녀 교육과 관련된 이야기를 하면서 그 선생님이 가장 많이 한 이야기는 아들이 새로운 학년을 시작하고 새로운 학원을 가는 것을 너무 힘들어한다는 내용이었습니다. 새로운 것에 대한 스트레스와 민감도가 높은데 왜 그런지 모르겠다고 하소연을 했습니다. 그 선생님의 행동 패턴을 아는 저에게는 아들의 그런 행동이 너무도 당연해 보였습니다. 물론 자녀가 부모의 성향을 100% 닮는 것은 아니지만, 첫째 자녀의 싱크로율은 매우 높은 편입니다. '낯선 것', '새로운 것'에 대한 스트레스와 민감도가 높다면 공부를 잘하는 것은 힘들 수밖에 없습니다. 공부는 자신이 알지 못하는 것을 알아가는 과정이고, 새로운 것을 찾고 도전하는 과정이기 때문입니다.

공부에도 항상성이 있다

　도전 의식에 대한 또 다른 이야기를 해봅시다. 부모들의 생각과 기대와 달리 학생들은 현재 상태를 '균형' 상태로 인지합니다. 사실 학생들이 균형을 원한다기보다 통상적인 이유가 있어 보입니다. 저는 그 원인을 '항상성^{homeostasis}'에서 찾는 편입니다. 항상성이란 개체 혹은 세포가 일정한 상태를 유지하려는 성질을 의미합니다. 체온이 대표적입니다. 오랜 시간 상담하며 지켜본 학생들에게서도 항상성을 발견하곤 하는데, 대체로 학습 패턴에서 나타납니다. 대부분의 학생은 앞서 언급한 바와 같이 '항상 공부한 만큼 공부하려' 합니다. 즉 공부량에도 항상성이 존재하는 셈입니다.

　학생들은 공부와 놀이에도, 동영상 시청과 인강 시청에도, 내신 성적과 수다 떨기(운동하기)에도 균형점이 있는 것으로 보입니다. 왜 이런 일들이 반복될까요? 새해의 결심이 무너지고, 새 학년과 새 학기의 결심이 좌절되는 이유는 항상성을 유지하려는 성질 때문이 아닐까요? 결국 몸이 기억하고 다시 돌아가려는 일종의 '요요$^{yo\text{-}yo}$ 현상'인 셈입니다. 이것은 습관의 요요이기도 합니다.

　다이어트를 예시로 생각하면 항상성이 명확히 드러납니다. 다이어트 후에 요요가 발생하는 주된 이유는 '생활 습관의 근본적 교정' 없이 단기간에 먹는 양과 활동량을 조절했기 때문입니다. 체중은 생활 습관의 변화가 누적될 때 변화합니다. 하지만 살이 쪘다는 '현상'에만 집중하면 살을 빼야겠다는 생각이 우선되어 당장 효과가 나타나는 '굶는' 방법을 선택하게 됩니다. 앞서 언급한 바와 같은 '대증 요법'입니다. 근본적인 문제는 해결하지 않은 채 당면한 문제에만 집중한 결과, 체중 유지는 실패하고 다시금 원래 상태로 돌아가는 경험을 하게 됩니다.

공부도 마찬가지입니다. 낮은 성적이라는 현상에 집중하면 성적을 높여준다는 '광고'에 혹할 수밖에 없습니다. 특히 부모들에게 이러한 광고는 치명적입니다. 성적에 크게 관심이 없다가도 자녀의 성적이 나쁘다고 인식하는 순간 온 세상의 모든 광고가 '공부 광고'처럼 보이거든요. 그러나 증상 완화에 효과가 있을 것으로 보이는 대증 요법의 결과는 요요 현상일 수밖에 없습니다. 성적의 요요 현상 때문에 괴로워하는 부모와 학생을 자주 봅니다.

다이어트에서 요요 현상이 발생하지 않게 하는 가장 중요한 지점은 식사 패턴을 일정하게 바꾸는 것입니다. 무조건 굶거나 적게 먹는 것이 아니라, 식사 패턴 자체를 바꿔야 합니다. 마음이 급해서 대증 요법을 반복적으로 사용하면 요요 현상은 더 쉽게 생깁니다. 공부도 마찬가지입니다. 당장 성적을 올릴 수 있는 대증 요법은 당연히 필요하지만, 대증 요법만으로는 성적을 유지하지 못합니다. 얼마 지나지 않아 다시 이전의 성적으로 돌아가게 되고, 고등학교에 진학하면 성적이 더 떨어집니다. 그러니 생활 패턴을 바꿔서 우리 몸이 새로운 균형에 적응할 때까지 '동일한 패턴을 반복'해야 합니다.

동일한 공부 패턴을 3주간 반복하게 해봅시다.

우리 몸이 새로운 패턴에 적응하는 데는 3주 정도의 시간이 걸린다는 연구 결과가 있습니다. 이것과 관련해서는 다양한 이론과 실험, 연구가 존재하지만 3주 정도면 일단 몸이 적응을 시작하는 것으로 생각합니다. 그러나 적응을 시작했다고 끝나는 것이 아닙니다. 보다 강력한 패턴을 만들기 위해서는 시간이 더 필요하지만, 동일한 공부 패턴을 3주간 반복할 때 우리 몸이 그 패턴을 새로운 균형점으로 인지하게 된다는 점은 명확해 보입니다.

새로운 균형점을 만든다는 말은 기존의 균형점을 깬다는 말입니다. 거의 모든 경우에 기존의 균형점은 편안하고 안정적이며 만족감이 높습니다. 물론 가끔 불편하지만, 그 불편함이 균형을 깰 만큼 크지 않기 때문에 모든 학생이 그 균형점에 머물려고 합니다. 즉 기존의 균형점은 '편합니다'. 공부를 한다는 것은 그 편안함을 의도적으로 깨서 불균형을 만든다는 말입니다. 불균형은 당연히 불편하고 불안하며 만족감이 낮습니다. 그렇기 때문에 성적을 올리기 위해 공부 패턴을 바꾸는 것은 항상 스트레스를 유발합니다.

마치 원심력Centrifugal force과 구심력centripetal force의 관계와 같습니다. 구심력이 작용하면 삶은 매우 편안하고 쾌적합니다. 일정한 궤도를 지속적으로 반복하면 되기 때문입니다. 그러나 공부를 한다는 건 구심력보다 원심력이 더 강력하다는 뜻입니다. 균형을 유지하려는 힘보다 균형을 깨려는 힘이 더 강력할 때 균형은 깨지고 새로운 균형을 만들어갈 수 있습니다.

실패도 도전도 용기가 필요하다

중요한 건 원심력이 실재하는 힘이 아니라 가상의 힘이라는 점입니다. 균형을 깨기 위해서는 우리의 일상적 패턴을 깨는 '가상의 힘'이 필요하고, 그 힘은 '도전하는 용기'가 있는 사람만이 가질 수 있습니다. 즉 성적을 더 올리기 위해서는 '새로운 도전'을 기꺼이 하고 이전에 하지 않던 행동을 3주간 지속할 수 있는 용기가 있어야 합니다. 그 용기는 균형점을 깨는 용기이기도 하고, 온갖 불안과 불편함을 유지하는 용기이기도 합니다.

그래서 학부모이길 원하는 모든 부모에게 항상 말씀드립니다. 이러한 용기는 누군가가 강요한다고 생기지 않는다는 점을요. 지금까지 켜켜이 쌓은 삶의 결과물이 현재의 성적이라는 점을 생각해야 합니다. 오랜 시간 동안 만들어진 자신만의 '공부 구심력'은 단시간에, 그것도 다른 사람의 강요에 의해서 변화되지 않습니다. 그 많은 사교육에도 불구하고 원하는 결과가 나오지 않는 이유는 여전히 학생들은 자신만의 '공부 구심력'에 머물러 있기 때문입니다. 균형을 깨는 용기를 발휘하지 않는 학생에게 과제와 학원, 과외와 인강은 공부 구심력을 더 강화하는 수단에 불과합니다.

공부를 못하는 자녀, 수학을 못하는 학생, 새로운 것을 시도하지 않는 사람은 그저 기존에 하던 대로 행동하는 것이 편할 뿐입니다. 공부를 못하거나 수학을 못하는 것, 새로운 것에 거부감을 가지는 것은 태어나면서 정해진 것이 아닙니다. 물론 유전적인 소인이 없지는 않지만, 고교 학습에서 유전을 이야기하는 것은 적당하지 않습니다.

새로운 패턴은 충분한 연습을 통해 얼마든지 만들어질 수 있는 영역입니다. 그러니 지금 자녀와 함께 새로운 도전을 시도하고 그 시도를 반복해야 합니다. 불편한 것 투성이겠지만, 그 불편함을 통해 우리는 새로운 것을 볼 수 있습니다.

새로운 것에 도전한다는 것은 기존의 것에 의문을 제기한다는 말이기도 합니다. challenge(도전)는 라틴어 calumniari에서 유래한 단어입니다. calumniari는 다양한 의미 변화가 있긴 하지만, 대체로 '고소하다' 혹은 '공식적으로 의문을 제기하다'의 의미를 담고 있습니다. 기존의 균형에 의문을 제기하고 새로운 균형을 찾기 위한 과정이라는 의미를 내포한 셈입니다. 새로운 장소로의 여행, 새로운 분야에 대한 독서, 새로운 장소의 탐색, 새로운 방법 찾기와 같은 시도를 자녀와 함께 하면서 많은 이야기를 나누다 보면 도전의 가치를 깨달을 것입니다. 그리고 불편함을 버티는 것이 삶에서 당연하다고 인지되면 보다 쉽게 도전을 선택할 수 있게 될 것입니다. 그래서 도전의 결과로 겪게 되는 모든 실패에 의미를 부여하는 것이 중요합니다. 이 부분에 대해서는 선명한 답이 이미 있습니다. 넬슨 만델라의 말로 대신합니다.

**나의 성공으로 나를 판단하지 말고,
내가 얼마나 넘어지고
또다시 일어섰는지를 통해
나를 판단하라.**

어떤 결과에도 흔들림 없는 성장 동력: 자존감

가면 뒤에 숨은 아이의 진짜 속마음

최근 아이들에게서 '번아웃 증후군$^{Burnout\ Syndrome}$'이 자주 발생하고 있습니다. 번아웃이라는 말은 현대사회에서 자주 사용되는 말인데, 특히 우리나라처럼 경쟁이 일상화된 사회에서는 더 심하게 나타납니다. 몇 년 전까지는 고등학생들에게서 자주 볼 수 있던 현상이었는데, 근래에는 초등학생들에게서도 자주 나타나고 있다는 신문 기사를 보았습니다(출처: '[NOW] 학원 뺑뺑이 도는 착한 아이, 번아웃 증후군?', 조선일보, 2017년 8월 28일).

아이들에게 나타나는 번아웃 증후군은 대체로 '착한 아이 증후군$^{Good\ boy\ syndrome}$'을 가진 아이들에게서 나타나는 빈도가 높습니다. 착한 아이 증후군은 부모나 주변의 어른으로부터 '착한 아이'라는 평가를 받기 위해 내면의 욕구를 억누르며 부정적인 감정과 생각 등을 표현하지 않고 '착한 아이 가면'을 쓰는 아이의 심리를 표현하는 말입니다. 제가 만난 학생들 중에도 번아웃 증후군까지는 아니어도 착한 아이 증후군을 어느 정도 가지고 있는 학생들이 있긴 합니다. 특히 중학교 때까지 성적이 괜찮았던 학생들이 대체로 이런 경향을 보입니다.

착한 아이 증후군의 기저에는 '착하지 않으면 사랑받지 못한다'는 정서가 깔려 있는데, 고등학생들의 경우에는 '공부를 잘하지 않으면 사랑받지 못한다'라는 심리적 기제가 깔려 있는 것으로 보입니다. 어릴 때부터 '공부 잘하는 아이'라는 평가를 듣고 자란 학생들은 부모의 의도와 달리 '공부를 잘하면'이라는 '조건부 사랑'을 학습합니다. 여기에 다양한 이유로 '착한(공부 잘하는) 아이'라는 가면을 쓰는 것이 현실적으로 유리하다는 것을 인지하면 행동 패턴을 확정 짓게 됩니다. 자기 학년보다 훨씬 어려운 공부를 하고, 자기 학년보다 훨씬 어려운 책을 읽고, 학원에서 어려운 문제들을 소화하려 합니다. 그런데 이런 행동들은 자신을 위한 것이 아닙니다. 공부를 잘하는 것도, 어려운 책을 읽는 것도 모두 부모를 보고 하는 행동입니다. 그래서 시험을 못 치면 부모에게 미안해하는 겁니다.

이렇게 '공부 잘하는', '말 잘 듣는', '착한'과 같이 부모가 원하는 적당한 가면을 쓴 학생들이 사춘기에 들어서면 정체성 혼란을 겪습니다. 자신이 원하는 것과 부모가 원하는 것 사이에서 방황을 하죠. 부모가 원하는 것보다 자신이 원하는 것을 선택하려 하면서 부모와의 갈등이 고조됩니다. 그러면 부모는 스스로 잘하던 아이가 어느 순간 변했다고 하소연을 합니다. 그러나 정확하게는 아이가 '가면을 벗어버린' 것이고, 더 정확하게는 '자신을 찾아가는' 과정에 들어선 것입니다.

학생들이 착한 아이 가면을 벗어던지게 되는 또 다른 이유는 공부 때문입니다. 그동안 만난 '착한 아이였던' 학생들은 대부분 중학교까지의 공부는 열심히 '듣는' 것으로 해결되어 가면을 쓰는 데 큰 무리가 없었지만, 고등학교 공부는 가면을 쓰는 것으로는 해결이 안 됩니다. 초등학교와 중학교에서와는 다르게 고등학교에서 배우고 익히는 과목들은 무척 어려운 과목들입니다. 초·중학교에서 배운 내용을 토대로 어려운 개념을 배우고, 어려운 개념을 토대로 사고의 과정을 거쳐야 답이 나오는 수준의 공부를 하게 됩니다. 그러다 보니 고등학교에서 공부를 잘하려면 자기주도학습이 기본이 되어야 합니다.

상담 과정에서 부모들에게 많이 듣는 푸념 혹은 한탄은 자녀가 자기주도학습이 되지 않는다는 이야기입니다. 자신의 과거를 떠올리면서 '왜 내 아이는 나처럼 자기 주도적으로 공부하지 않지?'라는 생각을 많이 하는 것 같습니다. 그럴 때마다 묻고 싶습니다. 고등학교 때 부모로부터 공부하라는 소리를 들은 적이 없나요?

아마도 아니겠죠. 물론 그런 부모가 소수 존재하는 것은 사실입니다. 하지만 대부분의 부모는 같은 소리를 들으며 컸을 것입니다. 다만, 기억은 '항상 미화'되기 마련이라 그런 일은 절대 없었다고 '생각'하는 것뿐입니다. 혼자서 모든 것을 척척 해내고, 부모가 말하지 않아도 알아서 공부하는 것은 불가능한 일입니다. 왜냐하면 공부는 누구에게나 하기 싫은 일이고 힘든 일이기 때문입니다. 어릴 때부터 자기가 알아서 공부를 하다니요. 설.마!!!!

사춘기에 이 과정을 잘 거치는, 정확하게는 자신을 찾아가기 시작하는 학생들이 대체로 자기주도학습도 잘되는 편입니다. 자신을 찾아가는 일이 잘되지 않으면 신체적 성숙과 정신적 성숙이 조화롭지 못한 상태가 되는데, 그럴 때면 항상 '혼란'이 찾아옵니다. 이 혼란은 공부에 집중하지 못하게 만들고 공부 효율을 떨어뜨립니다.

공부를 사춘기와 연결하면 상당수 부모들은 힘들어합니다. 이미 자녀의 사춘기는 지났다고 생각하기 때문이죠. 하지만 제가 만나는 고등학생들은 여전히 사춘기입니다. 여전히 혼란스럽고, '자기 삶'에 대한 의문으로 가득합니다. 그 의문들이 '공부'해야 하고 대학을 가야 한다는 주변 이야기들에 침잠되어 공부를 여전히 방해하고 있는 것입니다.

그런 점에서 고등학교에 진학해서도 공부를 잘하는 학생, 혹은 고등학교에서 공부를 잘하게 된 학생들의 공통점은 단연코 '자존감 self-esteem'입니다. 자존감의 사전적 의미는 '스스로 품위를 지키고 자기를 존중하는 마음'입니다. 한마디로 자기에 대한 존중감입니다. 모두 그런 것은 아니지만, 자존감이 높은 학생들은 대체로 높은 성적을 유지하는 편입니다.

성적이 떨어지면 쓸모없는 사람처럼 느껴져요

자존심을 자존감으로 착각하는 경우가 많은데, 여기서 자존심과 자존감은 명확하게 구분해야 합니다. 자존심과 자존감 사이에는 상당히 애매한 부분이 있긴 합니다. 그럼에도 굳이 구분하는 이유는 우리가 자녀의 상태를 보다 정확하게 파악해야 하기 때문입니다.

사전상 의미로 자존심과 자존감은 큰 차이가 없는 것이 사실입니다. 국어사전에 자존심은 '남에게 굽히지 아니하고 자신의 품위를 스스로 지키는 마음'으로 풀이되어 있습니다. 자존감의 정의와 크게 다르지 않죠. '남에게 굽히지 아니하는', 이 부분이 본질입니다. 즉 자존심은 다른 사람과의 비교를 통해서 만들어지는 감정입니다. 그래서 대체로 다른 사람과 비교해서 우월한 감정을 느끼면 우월감으로, 다른 사람과의 비교를 통해 열등한 감정을 느끼면 열등감으로 표현이 됩니다. 우월감과 열등감이 자존심의 양면인 셈입니다. 상대적인 감정이기 때문에 다른 사람의 '평가'와 '상황'이 중요한 요소로 작용합니다. 그래서 다른 사람의 시선, 눈빛, 행동 등에 의해 자존심은 얼마든지 상처를 받게 됩니다.

반면, 자존감은 자기 자신에 대한 확신에서 출발하기 때문에 다른 사람의 평가에 크게 반응하지 않습니다. 외부적인 조건에서 자신에 대한 존중의 근거를 찾는 것이 아니기 때문에 자존심과 달리 상황이나 환경의 변화로 인해 훼손되지 않습니다. 자신이 무언가를 잘하거나 못한다고 해서, 남보다 공부를 잘하거나 못한다고 해서, 다른 사람보다 좋은 옷을 입거나 안 좋은 옷을 입는다고 해서 자기존중감이 변화하지 않습니다. 그래서 공부에서 자존감은 매우 중요한 요소입니다. 모르는 것을 배우는 과정이 공부이기 때문에 '성공'에 대한 평가, 즉 성적에 따라 자신에 대한 존중감에 변화가 생기면 공부를 지속하기 어렵습니다.

자존감과 자존심을 이야기하다 보니 윤정 학생이 기억납니다. 중학교 때 공부를 잘했던 윤정이는 다른 학생들에 비해 성적이 좋았기 때문에 삶에 대한 만족도가 높고, 외향적이고, 매사에 적극적인 학생이었습니다. 주변에서 공부 잘하는 학생으로 평가를 받았고, 모범적이고, 자기주도학습이 잘되는 학생이라고 주변에서 칭찬이 자자했습니다. 학교 선생님들도 윤정이를 아꼈고, 학교생활에 대한 만족도도 높았습니다.

고교에 진학한 후에도 윤정이는 공부를 열심히 했습니다. 학교생활과 교우 관계도 문제 없이 만족스러운 고교 생활을 했습니다. 그런데 중간고사 이후로 상황이 변했습니다. 고등학교의 공부는 앞서 강조한 바와 같이 어려운 것을 배우기 때문에 더 많이 공부해야 합니다. 그 부분을 인지하지 못했던 윤정이는 중학교에서 했던 방식으로 학원에서 '듣는' 공부를 열심히 했습니다. 자신의 것으로 소화하는 과정을 거치지 못한 공부의 결과는 윤정이 인생에서 가장 낮은 성적과 등수로 나타났습니다. 성적과 등수에 충격을 받은 윤정이는 자존심까지 꺾여 자기가 처한 모든 상황에 대한 전혀 다른 해석을 만들었습니다.

공부에 집중하지 못하게 되었고, 주변에서 선생님들과 친구들이 자신을 비웃는 것처럼 생각하기 시작했습니다. 친구들을 만나고 이야기를 할 때도 계속 성적을 생각하고 움츠러드니 교우 관계도 삐걱댔습니다. 매사에 소극적이 되었고, 제대로 되는 일이 없다는 생각에 사로잡혔습니다. 성적을 올리기 위해 더 비싼 학원을 전전했고, 더 먼 거리로 학원을 다니면서 공부하는 시간은 더 줄어드는 악순환이 시작되었습니다. 성적은 점점 떨어졌고, 아무리 노력해도 성적이 오르지 않는 상황이 반복되었습니다. 결국 자신은 공부에 재능이 없다는 생각을 하면서 공부를 놓기 시작했습니다.

중학교에서 최고의 학생이었던 윤정이가 공부를 포기하기까지 걸린 시간은 2년이 채 되지 않았습니다. 상담을 할 때면 자신은 공부에 재능이 없으며, 아무리 공부해도 성적이 오르지 않는다고 말하며 엄청난 눈물을 흘렸습니다. 사실 여러 가지 문제와 원인이 있었지만, 이렇게까지 된 가장 큰 이유는 '결과만 보는 부모'의 영향 때문입니다. 자녀를 성적으로만 판단하는 부모를 둔 학생들은 남들보다 높은 성적을 자신의 정체성으로 여깁니다. 그러니 남들보다 낮은 성적을 받으면 정체성이 흔들릴 수밖에 없습니다. 정체성의 혼란은 공부를 방해하는 가장 큰 요소입니다.

물론 이런 배경에는 어릴 때부터 들어온 '결과에 대한 칭찬'도 있습니다. '혼내지 말고 칭찬하라'는 양육서들을 '살짝' 겉으로만 읽으면서 쌓인 오해로 인해 지금의 학생들은 어릴 때부터 지나친 칭찬을 들으며 키워진 경향이 강합니다. 가끔 어린 자녀를 대하는 부모들을 보면 '숨만 쉬어도 칭찬'할 것 같은 느낌이 듭니다. 결과에 대한 칭찬에 익숙한 사람은 과정의 고통과 어려움보다 결과만 중요하게 여기고, 만족스런 결과를 만들지 못할 것 같으면 도전 자체를 하지 않는 선택을 합니다.

사실 윤정이와 같은 학생들은 많습니다. 자존심은 남들보다 우월하다는 인식을 기반으로 합니다. 비교와 상대성이 기반입니다. 긍정적으로 작용할 때는 더 많은 공부를 하게 해주는 강력한 동기가 되지만, 자신보다 잘하는 친구들을 만나면 높은 자존심은 바로 '깊은 열등감'으로 변합니다. 깊은 열등감은 '공부의 악순환'을 만들기 때문에 성적을 올리는 것이 쉽지 않습니다.

내 아이를 위한 자존감 수업 1: 자기효능감

전국의 많은 윤정이들을 만나면 항상 '자존감'을 강조합니다. 자존감은 그냥 만들어지는 것이 아닙니다. 높은 자존감도 낮은 자존감도 타고나는 것이 아닙니다.

'연습'을 통해 만들어지고, '반복'을 통해 강화되는 것입니다.

저는 강의할 때 '창의력'이라는 단어를 많이 사용하는 편입니다. 우리 생활 속에서 흔하게 사용되는 단어이고, 갈수록 중요성이 더해지는 단어입니다. 그러나 창의력에 대해 이야기를 하면 상당수의 학생과 부모 들이 당황합니다. 자신들이 알고 있는 창의력과는 다른 이야기를 하기 때문입니다. 대부분은 창의력을 추상적으로 알고 있지만, 저의 경우 학생들을 지도하기 위해 창의력과 관련된 다양한 이론과 실제 사례들을 만들어가다 보니 창의력에 대해 보다 심화된 이야기를 하게 됩니다. 창의력을 어떻게 강화할 수 있는지를 궁금해하는 분들이 많은데, 창의력에 대한 공부를 조금씩 해나가면 그 방법을 알게 됩니다. 즉 우리가 키우고 싶은 역량이 있다면 그것에 대한 공부는 기본적으로 해야 합니다.

    자존감이라는 단어도 마찬가지입니다. 통상적으로 사용하는 개념이기 때문에 추상적으로는 대부분 어떤 의미인지를 알고 있다고 '착각'합니다. 하지만 그렇게 생각해서는 자존감을 강화하기 위한 무언가를 하지는 못합니다. 자녀의 자존감을 높이기 위해서는 자존감을 강화하기 위한 연습과 반복이 '반드시' 필요하며, 자존감에 대한 공부 역시 '반드시' 해야 합니다. 모르는 것을 잘할 수는 없으니까요.

    부모들에게 자존감에 대해 공부해야 한다고 말하면, 엄청난 것을 생각하는 경향이 있습니다. 엄청난 공부를 요구하는 것이 아닙니다. 그냥 자존감과 관련된 책을 한 권 읽는 것을 추천합니다. 자존감이 이제껏 생각해 온 그런 류의 것이 아니라는 점을 이해하고, 자존감은 타고나는 것이 아니라는 점을 인지하기만 하면 됩니다. 그러면 우리는 명확한 답을 찾아갈 수 있습니다.

    자존감을 구성하는 요소들이 여럿 있지만, 여기서는 3가지만 살펴보겠습니다.

자기효능감, 자기조절감, 자기안전감

자존감을 구성하는 첫 번째 요소는 '자기효능감'입니다. 자기효능감은 '특정한 상황에서 자신이 적절한 행동을 함으로써 문제를 해결할 수 있다고 믿는 신념 또는 기대감'을 의미합니다. 막연하고 추상적인 기대감을 표현하는 단어인 자신감과는 다르지요. 공부를 잘하는 학생들은 자기효능감이 높은 편인데, 단순하게 말하면 '공부를 하면 성적이 오를 것'이라고 명확히 인지하고 있습니다. 그러나 오늘날 많은 학생은 이런 확신이나 기대감보다는 불안이 더 높은 편입니다. 그러니 좋은 성과를 만드는 것이 쉽지 않습니다.

자기효능감이 뛰어난 학생들은 대체로 자기 능력에 대한 인지가 선명하고, 자신이 어느 정도의 노력을 기울여야 하는지를 잘 알고 있습니다. 이는 메타 인지metacognition 와 맞닿아 있습니다. 특정 상황에서 자신이 어떻게 행동해야 한다는 생각이 확실하니 '도전'을 두려워하지 않습니다. 새로운 도전을 위해서 자신이 어느 정도의 노력을 기울여야 하는지도 가늠할 줄 알고, 더불어 도전에 따른 실패를 긍정적으로 평가하는 경향을 보입니다. 새로운 도전이 줄 더 큰 '효능'에 집중하기 때문입니다.

자기효능감이 높은 학생들은 경험을 통해 자신이 해낼 수 있다는 믿음을 가지고 있기 때문에 문제 해결력도 뛰어난 편입니다. 학생들을 지도해보면 자기효능감이 높은 학생과 낮은 학생의 가장 큰 차이는 '어려움이 닥쳤을 때' 나타납니다. 자기효능감이 높은 학생은 자신에게 닥친 어려움, 불편함, 위기를 해결할 수 있는 방법을 고민합니다. 자신에 대한 믿음과 자기 능력에 대한 신뢰를 바탕으로 문제를 해결할 수 있다고 생각하고 도전하기 때문입니다. 반면, 자존감이 낮은 학생은 어려움 자체에 집중하는 편입니다. 자신은 그 어려움을 극복할 수 없다고 생각하고, 왜 이런 일이 자신에게 일어나느냐며 푸념을 합니다. 어려움을 극복하기 위한 노력을 하는 것이 아니라, 이미 실패한 자신에 대해서 이야기합니다.

앞서 언급한 바와 같이 자존감은 타고나는 것이 아니라 후천적인 것입니다. 자기효능감도 후천적인 역량입니다. 즉 얼마든지 강화할 수 있습니다. 자기효능감을 강화하는 가장 간단한 전략은 '성공의 경험'을 쌓는 것입니다. 다시 한번 강조합니다. 성공의 경험을 '쌓는' 것입니다. 단순하게 한 번 성공한 것으로는 되지 않습니다. 지속적인 성공 경험을 통해 자신이 무언가를 해낼 수 있다는 확신을 가질 수 있어야 합니다.

그러기 위해서는 지금 당장 이룰 수 있는 '작은 성공', '실행 가능한 성공'을 지속적으로 경험해야 합니다. 작은 성공의 경험을 통해 자신이 할 수 있다는 생각을 지속적으로 가지는 것이 첫걸음입니다. 작은 성공의 경험들이 눈덩이처럼 쌓이게 만들어야 합니다. 비록 작은 성공의 경험이지만, 그 경험을 위해 포기해야 할 것이 있고 견뎌야 할 것이 있다는 점을 인지하는 것이 매우 중요합니다. '성공' 자체가 중요한 것이 아니라 유의미한 성공의 경험을 만들기 위해 한 행동에 대한 성찰이 필요하다는 말입니다. 그 성찰이 쌓여서 자기확신을 만듭니다.

자기효능감은 긍정적인 사고로 강화됩니다. 지속적으로 불안을 자극하는 사회 분위기 때문에 밑도 끝도 없는 불안을 품고 사는 학생들은 다양한 이유를 들면서 "나는 반드시 실패할 것"이라고 말합니다. 저는 그런 학생들에게는 의도적으로 긍정적인 말을 계속 연습시킵니다. 거울을 쳐다보고 아침저녁으로 "이 일을 할 수 있다"고 열 번씩 외치게 합니다.

여기서 유의해야 할 점이 있습니다. 긍정의 연습을 '무한 긍정'의 언어로 착각하지 않기를 바랍니다. 넌 무엇이든 할 수 있고, 어떤 것도 해낼 수 있다는 식의 이야기가 아닙니다. 냉정하게 이야기하면, 긍정의 사고가 자기효능감으로 이어지기 위해서는 '자기 설득'이 되어야 합니다. 무한 긍정의 생각만으로는 자기효능감이 만들어지지 않습니다. 꾸준한 자기 설득을 통한 '행동'이 실천될 때 자기효능감이 극대화됩니다. 긍정의 사고를 뒷받침할 '근거'가 있어야 하고, 그 근거는 당연히 '자신의 행동'입니다.

이 과정을 무시하기 때문에 부모들이 '열심히 하면 된다'는 환상을 자녀에게 심어주게 됩니다. 막연한 '열심히 하면'이라는 말은 추상성이 극대화된 문장일 뿐입니다. 내 자녀의 삶을 바꿀 수 있는 문장이 아닙니다. 인간의 변화는 '구체성'에서 시작됩니다. 변화를 위한 구체적인 근거들, 설득을 위한 최소한의 재료들이 필요합니다. 그런데 마음이 급한 부모는 그 과정을 빨리 지나가거나, 더 심하게는 생략하길 원합니다. 충분한 준비가 되지 않은 상태에서 '열심히 공부만' 해야 한다면 자기 삶에 대한 효능감은 가질 수 없습니다.

긍정적 사고와 자기효능감에 대해서는 할 말이 많지만, 이 둘의 관계는 마치 달걀이 먼저냐 닭이 먼저냐의 이야기와 유사합니다. 저는 긍정적 사고가 먼저인지 자기효능감이 먼저인지에 대해서는 연습하기 나름이라고 생각합니다. 그래서 자꾸 "이 일을 할 수 있다"고 외치게 만듭니다. 자기 확신이 없으면 자기 확신을 연습하게 하고, 그 연습을 통해 자기 확신을 만들어가도록 합니다. 사람의 말에는 엄청난 힘이 있으니까요.

내 아이를 위한 자존감 수업 2: 자기조절감

자존감을 구성하는 두 번째 요소는 '자기조절감'입니다. 자기조절감은 목표를 달성하기 위해 자신의 감정, 행동, 욕구를 조절하여 스스로를 통제할 수 있다고 믿는 감정을 의미합니다. 자기조절감도 반복적인 연습과 훈련을 통해 강화할 수 있습니다. 즉 자기 조절을 위한 연습이 필요합니다. 다만, 자기조절감은 어릴 때부터 학습을 통해 습득되는 능력이라 청소년기에 자기조절감을 연습하려면 조금 더 고통스러운 과정이 필요합니다.

자기조절감을 키우기 위해서는 '선택'하는 경험이 주어져야 합니다. 자신이 상황을 조절하고 선택할 수 있다는 감정은 자기조절감 향상에 탁월한 요소입니다. 즉 학생들이 상황, 감정, 행동, 충동, 시간을 스스로 조절할 수 있다고 생각할 때 좀 더 적극적으로 자기조절감을 키워낼 수 있습니다. 반대로, 자기가 상황 등을 통제하고 조절할 수 없다고 생각되면 무기력을 느끼고 쉽게 포기를 선언하게 됩니다.

부모가 자녀의 자기조절감을 키워주는 것에 어려움을 느끼는 이유는 '너무 사랑하기' 때문입니다. 지나친 사랑은 '모든 것을 다해주는' 행동으로 연결됩니다. 자녀가 선택의 상황에 놓이는 것 자체를 싫어하고, 그 모든 것을 '사전에' 해결해주려 합니다. 그런 일들이 쌓이면서 학생들은 자신이 선택하고 조절할 수 있는 것이 없다고 느끼고, 결국 심각한 무기력에 빠지게 됩니다.

어릴 때 조절 연습을 충분히 하지 못하고 자신이 상황을 선택해서 성취감을 느끼는 경험을 하지 못하면 청소년기에는 더 큰 선택의 어려움을 호소하게 됩니다. 점심 메뉴를 선택하고 음료를 선택하는 등 사소한 선택부터 어려움을 느낍니다. 자기가 상황을 결정하고 그 선택으로 인한 결과를 온전히 감당해야 한다는 사실에 두려움을 느끼기 때문이죠.

자기조절감의 연습과 강화는 자기효능감으로 확장되고 자존감의 상승으로 이어지는 선순환을 만듭니다. 하지만 오늘날 학생들은 앞서 언급한 바와 같이 선택을 통한 성공을 경험하기가 쉽지 않습니다. 성공의 경험은 실패를 딛고 다시 도전하면서 만들어지는데, 모든 것을 부모가 대신 해주고 오로지 공부와 학원만 강요당하는 상황에서 새로운 시도와 넘치는 실패는 겪을 일이 거의 없는 이야기가 되어가고 있습니다.

책을 고를 때도, 학원을 고를 때도, 무언가를 선택할 때도 항상

'대신' 해주려는 부모의 마음은 너무나도 이해가 됩니다. 자녀의 선택은 제대로 된 선택이 아닌 경우가 대부분이고, 잘하지도 못할 뿐더러, 가능하면 자녀가 실패를 경험하지 않았으면 하는 마음이 작용한다는 걸 압니다. 적게 실패하고, 더 많이 성공하길 바라는 마음이죠. 하지만 그 사랑이 자녀의 성장을 방해할 수 있다는 점을 꼭 알았으면 합니다. 아이들은 제대로 된 선택을 하지 못하고 스스로의 선택이 가져올 결과를 알지 못하는 것이 당연합니다. 부모의 마음에 드는 선택을 하려면 훨씬 더 많은 시간이 필요합니다. 왜일까요? 경험이 부족하기 때문입니다. 사실 어른들도 실패의 경험을 통해서 더 나은 선택을 해나갑니다. 그런 점을 인정하고 자녀의 자기조절감 향상을 위한 선택의 기회를 보다 많이 제공해줘야 합니다. 지금 당장은 부모의 현명한 결정이 자녀를 위하는 것처럼 보이겠지만, 자녀의 비효율적인 선택이더라도 자녀에게서 선택의 기회를 빼앗으면 자녀의 자기조절감은 자라지 않습니다.

부모는 말 한마디로, 그나마 조금 자란 자녀의 자기조절감을 무너지게 만드는 경우도 흔히 있습니다.

"거봐, 내가 그럴 줄 알았어."
"엄마 아빠가 하자는 대로 했으면 안 그랬을 텐데…"

자녀가 선택을 해서 좋지 않은 결과가 나왔을 때 부모가 이렇게 말하면 자녀는 자신의 선택과 조절에 대해서 신뢰하지 못하게 되고

'나는 감정이나 상황, 충동을 조절하지 못한다'는 무기력을 학습하게 됩니다. 이런 무기력의 반복적인 학습은 더 이상 적극적인 선택도, 도전적인 선택도 할 수 없게 만듭니다. 마음의 가장 깊은 곳에서 스스로 '자기 조절의 실패자'라고 낙인을 찍게 되기 때문입니다. 요즘 젊은 세대들이 자신의 처지를 비관하며 쓰는 단어가 있습니다. '이번 생은 망했어'의 줄임말인 '이·생·망'입니다. 상황에 대한 포기 혹은 자기 조절에 대한 포기를 선언하는 의미로 쓰는 것 같습니다. '선택-실패-비난'의 경험이 쌓여 무기력을 지속적으로 학습하는 사회에서 나타날 수 있는 말입니다.

입시를 준비하는 학생들에게, 지금 시기에 꼭 필요한 자기조절감은 크게 3가지 정도 있습니다.

첫 번째는 '감정 조절'입니다. 감정은 청소년기의 가장 중요한 이슈이기도 합니다. 앞서 언급한 바와 같이, 청소년기에는 감정을 느끼는 변연계의 성숙이 최고에 달하고 기억·사고·추리·문제 해결 등 고등 정신작용을 관장하는 전두엽은 성숙이 덜 된 상태라 감정에 민감하게 반응할 수밖에 없습니다. 그런 의미에서 감정 조절은 학습에 큰 영향을 미치는 중요한 요소이면서, 학생들이 자기조절감을 느낄 수 있는 가장 중요한 요소가 됩니다. 자신의 감정이 조절될 수 있다는 것을 알아야 조절을 위한 연습을 할 수 있습니다. 공부는 이성적인 작용이기 때문에 감정을 잘 조절하지 못하면 공부를 잘하기가 쉽지 않습니다. 감정 기복이 심하다는 말에는 공부 패턴이 무너진다는 뜻도 있습니다. 그러니 감정을 안정적으로 유지하기 위해 자신의 감정을 적절하게 조절하는 연습이 매우 중요합니다.

자녀의 감정 안정에는 '부모의 감정 상태'도 큰 영향을 미칩니다. 앞서 부모의 불안이 자녀에게 증폭되어 전달된다는 점을 강조한 이유도 이 때문입니다. 부모가 감정적으로 안정되면 자녀는 상대적으로 감정의 기복이 덜합니다. 부모가 자신의 감정을 적절히 조절하는 '장면'을 자녀에게 보여주는 것은 좋은 감정 조절 연습이 됩니다. 반면, 부모가 자신의 감정을 그대로 표출하는 장면은 자녀에게 감정은 '조절'하는 것이 아니라 '표출'하는 것이라는 신호를 주게 됩니다. 그러면 자녀도 자신의 감정을 '충분히' 표출하게 됩니다. 변연계가 성숙한 사춘기 학생들의 감정 표출은 더 과격하고 강력한 양상으로 나타납니다.

감정의 조절과 관련해서 최근 있었던 예찬이와의 상담은 여러 면에서 충격을 주었습니다. 학교에서 진행하는 프로그램에 참여하는 학생들은 대부분 대학을 가려는 의지가 강하기 때문에 방향을 잡아주고 '자기 설득'의 과정을 연습시키면 좋은 결과가 나타납니다. 그런데 예찬이는 학교생활의 대부분을 시큰둥하게 지내고, 딱히 무언가를 열심히 하는 것을 본 적이 없는 학생입니다. 그런데 우연히 참여한 프로그램과 관련해 상담을 진행하면서 매사에 적극성이 없고 무기력한 이유를 들을 수 있었습니다.

이런 어려움을 겪는 학생들의 대부분은 부모나 학생이 그 어려움 자체에 집중하기 때문에 더 심화되는 편입니다. '문제 행동'에 방점을 두면 문제 행동을 하는 학생이 된다는 점을 이해해야 합니다. 문제 행동에 대한 이야기가 중요한 것이 아니라, 문제 행동의 원인을 제거하는 것이 더 중요합니다. 하여튼 예찬이의 충격적인 이야기는 이랬습니다.

> "엄마랑 아빠는 열심히 공부하면 모든 것이 해결된다고 이야기하는데, 사실 하나도 믿기지 않아요.
> 열심히 공부해서 좋은 대학을 가고 좋은 직장을 가지고 있는데도 우리 부모님은 하나도 행복해 보이지 않거든요."

어른으로서 부모로서 심각하게 고민해보아야 할 내용입니다. 어떻게 살 것인지에 대한 철학이 담길 수밖에 없는 문제이지만 깊이 고민을 해보면 좋겠습니다.

예찬이가 한 이 말은 요즘 학생들이 가장 많이 하는 생각이기도 합니다. 감정적으로 안정되어 있지 않고 항상 불안에 시달린다면 행복하기는 어려울 수밖에 없습니다. 공부하라는 부모의 말에 담긴 불안이 자녀에게 어떻게 전달될지에 대한 고민이 더해진다면 우리는 보다 나은 선택을 할 수 있습니다. 자녀가 공부와 불안이라는 부정적 감정을 이미 '연결'시킨 상태라면 공부를 잘하는 것은 매우 어려운 일이 됩니다.

작은 영역에서부터 감정 조절을 연습해야 합니다. '원래' 그런 학생은 없습니다. 다양한 자극과 행동의 결과일 뿐입니다. 그러니 '우리 아이는 화가 많아요'라고 말하기 전에 부모 자신이 감정 조절을 어떻게 했는지를 돌아볼 필요가 있습니다. 부모의 생각보다 자녀는 '감정을 더 강력하게' 느낀다는 점을 꼭 기억하길 바랍니다.

두 번째 자기조절감은 '충동 관리'입니다. 이는 질풍노도의 시기라는 사춘기의 특성과도 관련이 깊습니다. 질풍노도는 충동적인 행동을 많이 한다는 의미이며, 충동을 조절하는 것이 쉽지 않다는 뜻이기도 합니다. 자녀의 삶을 유심히 관찰하면 많은 것이 보입니다. 잔소리는 하지 마시고, '관찰 예능' 프로그램을 본다는 생각으로 자녀를 유심히 관찰해보세요. 어떤 행동을 하고 어떤 선택을 하는지를 유심히 관찰하다 보면 일정한 패턴이 보일 겁니다. 사람들은 뇌의 정보 처리 방식에 맞는 패턴으로 살고 있고, 그 패턴은 습관이라는 이름으로 불리기도 합니다. 여러분의 자녀는 어떤 패턴을 보이나요? 어떤 경우에 감정이 격하게 나타나고, 어떤 때에 충동적으로 행동하나요? 유심히 관찰하면 충동과 감정의 징후가 보이고, 그 징후들을 판단할 수 있게 되면 충동과 감정도 충분히 조절할 수 있습니다.

자녀와 다툰 상황들을 생각해보세요. 대부분 그런 징후들이 있었고, 충분히 조절 가능한 상황이었을 겁니다. 왜냐하면 엄청난 문제로 부모와 자녀가 싸우는 경우는 거의 없기 때문입니다. 사소한 문제가 '과대 포장'되지요. 충동적으로요!

부모는 충동적이고 감정적이 되면 '끝까지 가야 한다'는 생각을 하게 되는 것 같습니다. 끝까지 가서 내 안에 쌓인 감정을 확 풀어야겠다고 생각할 때 쓰는 단어가 '맨날'입니다.

"너는 맨날 공부를 안 하고,
맨날 방이 지저분하고,
맨날…"

지금 이 시간부터 '맨날'은 자녀에게 절대 쓰지 맙시다. '맨날'은 '원래'라는 말처럼 포기를 선언하는 단어입니다. 절대 바뀌지 않을 거라고 자녀에게 선언하고 낙인을 찍는 말이기에 자녀의 성장을 원천적으로 막게 됩니다. 충동적으로 이 말을 사용하고 있다면 그 충동을 충분히 제어하는 모습을 보여줘야 합니다. 게임과 유튜브에 '중독'되어 있는 자녀가 충동을 제어하기란 현실적으로 어려워 보입니다. 하지만 불가능한 일은 아니니 자녀의 충동을 충분히 제어할 수 있다고 부모가 인식해야 합니다.

변화가 빠른 세상에 사는 자녀의 충동을 제어하기 위해서는 느리게 사는 법에 대해 안내하고 이야기를 나누는 과정이 필요합니다. 제게 스마트폰을 맡기고 공부하는 학생들이 가장 먼저 하는 말은 "시간이 너무 많다"입니다. 자신이 그동안 충동에 길들여져 있었음을 명확하게 보여주는 말이기도 합니다. 게임 등에 중독되는 건 그것이 가장 재미있다고 생각하기 때문입니다. 우리 뇌의 보상 체계에 문제가 생긴 것입니다. 근래에 유행하는 '도파민' 등의 이야기와 일맥상통합니다. 그 문제를 해결하기 위해서는 보다 많은 '공부'가 반드시 필요하긴 합니다.

마지막 자기조절감은 '시간 관리'입니다. 공부를 잘하는 학생들은 대체로 시간 관리 능력이 뛰어나며, 시간 관리를 통해 자기조절감을 향상시키기도 합니다. 그런데 사람들은 시간 관리에 대해 과잉 해석을 하는 경향이 있습니다. 공부 시간의 철저한 관리, 빽빽한 스케줄, 분초를 아끼며 관리하는 상황을 시간 관리라고 생각하는데, 절대 아닙니다. 시간 관리는 자기조절감의 일환이라는 점을 생각해야 합니다. 자신의 '시간'을 자신이 '조절'할 수 있어야 한다는 뜻이기도 합니다. 엄마가 짜준 시간표대로 움직이는 삶은 시간 관리와는 먼 이야기입니다. 자기조절감이 키워질 수 없거든요.

요즘 학생들은 "시간이 없다"라는 말을 참 많이 합니다. 아이들이 성장하기 위해서는 앞서 언급한 것처럼 '새로운 세상을 만나는 경험'을 통해 뇌를 더 많이 자극하고 더 많은 정보를 처리하는 기회를 자주 가져야 합니다. 그럴 수 있는 가장 효과적인 활동이 독서입니다. 그런데 학생들은 학교만 오면 시간이 없다고 말합니다. 독서를 하고, 그 내용을 나누고, 더 다양한 사고 과정을 이야기하는 시간이 아깝다고 말합니다. 그러니 성장이 요원할 수밖에 없습니다.

2028학년도 대입 체제가 확정되었고, 고교학점제가 시행되고 있습니다. 이 입시 제도에서 중요한 것은 '실제 성장한 학생'입니다. 문제를 빨리 잘 푸는 학생이 아니라, 다양한 성장의 가능성을 가지고 고교 생활을 통해서 그것을 증명한 학생입니다. '실제 성장한 학생'이 되기 위해서는 '시간'이 필요합니다. 그 시간을 어떻게 만들 수 있을지에 대해서 자녀와 함께 반드시 고민해주세요. '성장에 투자할 시간'은 없는데 학원은 왜 그리 많이 다니는지, 스마트폰을 하는 시간은 왜 그리 많은지 모르겠습니다.

내 아이를 위한 자존감 수업 3: 자기안전감

자존감의 요소 중 마지막 요소는 '자기안전감'입니다. 저는 자기안전감이 자존감의 가장 기본적인 요소라고 생각합니다. 자기안전감은 본능의 영역이라 스스로 안전하다고 느껴야만 재능을 꽃피울 수 있기 때문입니다.

부모들의 생각과는 다르게 지금의 학생들은 매우 '불안'합니다. 이 불안함 때문에 대체로 자존감이 낮은 편입니다. 도대체 어디서 오는지 알 수 없는 불안이 넘쳐나는 세상을 살아가다 보니 부모의 불안도 자녀의 불안도 커지기만 합니다. 손해를 보면 안 된다는 불안, 남보다 뒤처지면 안 된다는 불안 등 온갖 불안이 넘쳐나고, 뉴스를 보면 불안은 점점 더 증폭되어 많은 사람이 심각한 불안 속에서 살아가고 있습니다. 청소년은 더 말할 것도 없습니다.

문제는 이 불안이 자존감에 심대한 상처를 낸다는 점입니다. 공부는 모르는 것을 알아가는 과정이라 힘들고 어렵습니다. 그 힘들고 어려운 것을 해내느라 그냥 둬도 불안할 수밖에 없는데, 매체와 사람들이 자꾸 옆에서 불안을 부추기니 '공부 불안'은 가속화될 수밖에 없습니다. 불안이 가속화될수록 스스로 안전하다는 생각을 못 합니다. 이 부분에서 부모의 역할이 정말 중요합니다. 자존감의 세 가지 요소 가운데 부모가 가장 신경 써야 하고 가장 잘 준비해줄 수 있는 영역은 두말할 것도 없이 자기안전감입니다. 저는 자기안전감이야말로 부모가 할 수 있는 최고의 역할이라고 이야기하고 싶습니다.

정서적으로 안정된 학생들은 힘들고 어려운 행동을 선택하는 것에 대한 부담감이 낮은 편입니다. 그런 도전을 선택해도 안전하다고 믿기 때문입니다. 도전의 결과가 항상 좋을 수는 없습니다. 실패할 수도 있고, 더 안 좋은 결과가 나타나기도 합니다. 하지만 충분한 안전감을 부모로부터 받은 학생은 실패에 대한 불안이나 부담이 없습니다. 충분히 더 나은 도전을 해도 자신에게 아무 일도 생기지 않을 거라고 믿기 때문이죠.

제가 자존감의 가장 중요한 출발선을 자기안전감으로 보는 데는 이유가 있습니다. 안전감은 어떤 일이 생겨도 디딜 곳이 있다는 감정입니다. "실패를 경험해도 괜찮다"고 말해주고, 넘어졌을 때 아무 일도 아니라는 듯 "일어나면 돼"라고 말해주는 부모가 있다면 자녀는 안전하다고 느낄 것입니다. 그러면 모든 '도전'이 용인될 수 있습니다. 자기안전감은 '회복 탄력성'과도 연결됩니다. 자기안전감이 높은 학생들은 회복 탄력성도 높습니다. 반면, 자기안전감이 약한 학생들은 회복 과정이 더디고 어렵습니다. 실패라는 결과를 받아들이지 못하기 때문이기도 하지만, 실패에 대한 '평가'를 두려워하기 때문입니다. 시험 결과를 받아들이지 못하고 자신의 실패에 함몰되는 학생들을 보면서 우리 사회가 '안전감'에 취약하다는 생각을 하곤 합니다.

모두 성과에 대해서만 이야기하고 부모마저 내신 성적에 벌벌 떤다면 자녀는 어디에서 안전감을 찾을까요? 그런 결과에 연연하지 않고 "틀려도 괜찮아, 아무 일도 생기지 않아"를 외쳐주는 사람이 언제든 옆에 있다면 안전하다고 느끼지 않을까요? 부모와 자녀의 감정선이 어느 정도 연결되고 증폭되는 것이 여기에서는 중요합니다.

청소년기 자기안전감의 근거는 부모입니다. 그러니 제발 불안해하지 맙시다. 부모의 불안은 자녀의 성장에 치명적인 문제가 됩니다. 정서적 안정감을 주기 위해서는 부모가 느끼는 불안을 줄여야 합니다. 그럼 어떻게 해야 불안이 줄어들까요? 이와 관련해 묻겠습니다.

어떤 때에 불안을 느끼시나요?
그 불안의 이유는 무엇인가요?

항상 강조하듯이 문제의 원인이 중요합니다. 드러나는 증상에 너무 관심을 가지면 증상 자체에 함몰되기 마련입니다.

학부모 강의나 상담에서 자존감에 대한 이야기까지 하고 나면 자녀 키우는 것이 정말 쉽지 않다는 말들이 여기저기서 나옵니다. 근래 초등 학부모 강의에서는 더 많이 들었습니다. 아이 키우기 어려운 시대라고, 육아가 너무 어려운 것 같고 자녀 교육은 어떻게 해야 할지 모르겠다고 하소연합니다. 성공하는 자녀 양육에 대한 정보와 사례가 넘쳐나고, 고려해야 할 것도 많고, 여기저기서 이렇게 해라 저렇게 해야 한다는 이야기들이 많아서 헷갈린다고 합니다.

왜 자녀를 키우는 것이 더 힘들어지고 어려워지는 것일까요? 한마디로, 부모가 지나치게 '예민'해지기 때문입니다. 어떤 손해도 보면 안 되고, 단 하나의 실수도 있어서는 안 되고, 어떤 실패도 하지 않도록 '완벽한' 조건을 만들어주는 것이 부모의 역할이라고 생각해서입니다. 그래서 내 자녀를 '육각형 자녀'로 만들기 위해 부단히 노력하고 '7세 고시', '4세 고시'라는 말을 아무렇지 않게 받아들입니다. 얼마 전 〈라이딩 인생〉이라는 드라마를 슬쩍 봤는데, 우리 교육의 문제점이 고스란히 드러난 듯해서 많이 씁쓸했습니다. 자녀에게 완벽한 조건을 갖춰주는 것이 '최고의 부모'가 되는 길이라고들 착각하는데, 사실은 자녀의 성공보다 자신의 가슴에 붙일 '서울대 훈장'이 필요한 건 아닌지 되돌아봐야 합니다.

최고의 부모는 자녀의 자존감을 키워주는 부모입니다. 자존감이 높은 아이는 당연히 공부를 잘하게 됩니다. 반면, 공부를 잘하는 학생들이 모두 자존감이 높은 것은 아닙니다. 공부를 잘하는 학생들 중에는 지나친 열등감으로 힘들어하는 학생도 있습니다. 열등감은 우월감과 동전의 양면 같은 존재입니다. 상대방과의 비교를 통해서 자신을 확인하는 '자존감 낮음'의 표현일 뿐입니다.

가장 본질적인 질문으로 돌아갑시다.

어떤 자녀가 되었으면 좋겠나요?
자녀가 어떤 삶을 살길 원하나요?

부록

2028 입시 질문과 대입 필승 공식 5

2028학년도 대입은 어떻게 바뀌나요?

2028학년도 대입 제도는 이전 대입 제도와는 사뭇 다릅니다. 그 변화를 이야기하려면 먼저 2028학년도 대입 제도 개편안의 도입 배경을 이해해야 합니다.

2028학년도 대입 제도는 기본적으로 2022 개정 교육과정을 토대로 합니다. 2022 개정 교육과정의 가장 큰 특징은 '고교학점제'가 적용된다는 것입니다. 고교학점제는 학생들이 고등학교에서 자신의 진로와 적성에 맞는 과목을 선택하고, 학점을 누적해서 졸업하도록 하는 제도입니다. 즉 고교학점제의 본질은 학생의 진로와 적성에 따른 자유로운 과목 선택에 있습니다. 그러다 보니 학생마다 다른 과목을 선택합니다. 학생들의 선택이 자유롭게 이뤄지기 위해서는 수능을 자격고사화하고, 내신이 절대평가로 되어야 합니다. 모든 학생이 수능 과목을 '선택'해야 한다면 학생의 선택이라는 기본 원칙이 훼손되기 때문입니다.

이 부분에 대한 사회적 논의가 진행되는 과정에서 '내신 절대평가 전환과 수능 자격고사화'가 현실적으로 어렵다는 판단하에 만들어진 것이 절충안으로서의 '2028학년도 대입 제도 개편안'입니다. 그러나 대부분의 절충안이 그러하듯 이 개편안은 상당한 문제점을 내포하고 있습니다. (2028학년도 대입 제도 개편안은 다음 페이지에 있습니다.)

2028학년도 대입 제도 개편안은 수능 체제의 개편이라기엔 변화 수준이 상당합니다.

첫 번째는, 이전 수능까지 항상 문제가 되었던 '선택과목에 따른 유불리' 문제를 해결하기 위해 모든 수험생이 같은 과목을 응시하도록 만들었다는 점입니다.

모든 수험생은 공통과목으로만 수능 응시

이전 수능 체계에서는 국어와 수학의 선택과목에 따라서 수능에서 사용하는 점수인 '표준점수'에 큰 차이가 있었습니다. 특히 사회탐구와 과학탐구에서는 과목 선택에 따른 유불리가 더 크게 나타나는 편이었습니다. 이 문제를 해결하기 위해 '공통과목'만 수능을 보도록 했습니다. 이어지는 큰 변화들은 공통과목으로 수능을 보도록 만들기 위한 변화인 셈입니다.

2028학년도 대입 제도 개편안

수능 통합형 과목 체계	국·영·수·사·과 5과목 공통과목 운영 국어 : 화법과 언어, 독서와 작문, 문학 수학 : 대수, 미적분1, 확률과 통계 영어 : 영어1, 영어2 통합사회 통합과학
내신 체계	절대평가와 상대평가 병기 절대평가 : A/B/C/D/E 상대평가 : 5등급제 (10/24/32/24/10)

2028학년도 수능 문항 개편

	현재	2028학년도
출제 형식	객관식 5지선다형. 수학 영역은 공통과목과 선택과목 문항 수의 30%를 단답형으로 출제	객관식 5지선다형. 수학 영역은 문항 수의 30%를 단답형으로 출제
영역별 문항 수 및 시험 시간	국어: 45문항, 80분 (공통과목 34문항, 선택과목 11문항)	국어: 45문항, 80분
	수학: 30문항, 100분 (공통과목 22문항, 선택과목 8문항)	수학: 30문항, 100분
	영어: 45문항, 70분 (듣기평가 17문항 포함)	현행과 동일
	한국사: 과목당 20문항, 30분	현행과 동일
	탐구: 과목당 20문항, 30분	탐구: 과목당 25문항, 40분
	제2외국어/한문: 과목당 30문항, 40분	제2외국어/한문: 과목당 20문항, 30분

현실적으로 중요한 변화는 두 번째 변화입니다. 공통과목으로 수

능을 설계하면서 가장 문제가 되는 부분은 당연히 '수학'입니다.

수능 수학 출제 범위 축소 (심화수학, 기하 배제)

일반적으로 수능 수학에서 인문계열 학생들의 선택과목은 '확률과 통계'이고, 이공계열 학생들의 선택과목은 '미적분', '기하'였는데, 이 과목들을 공통으로 설계하기 위해서 '미적분'과 '기하'를 수능 과목에서 제외시키고 모든 수험생이 '확률과 통계' 과목을 치도록 했습니다. 결국 수능 수학 과목은 이전 체계에서 수학Ⅰ에 해당하는 '대수'와 수학Ⅱ에 해당하는 '미적분Ⅰ', '확률과 통계' 3과목으로 구성이 되었습니다.

당연히 긍정적인 측면과 부정적인 측면이 발생할 수밖에 없고, 수능 개편안이 최종 발표되기 전까지 '미적분' 과목의 제외를 두고 다양한 논의가 진행되었습니다. 그럼에도 가장 큰 이슈는 '수학 공부량'의 감소에 있다고 판단됩니다. 수능을 준비하는 이공계열 학생들의 입장에서 보면 실질적으로 수능 공부량은 최소 40% 정도 감소한 셈입니다. 단순하게 생각하면, 최상위권 수능 준비 이공계열 학생들의 경우 줄어든 수학 공부량만큼 다른 과목에 투자할 테고 그 영향으로 다른 과목들의 점수가 동반 상승하는 상황이 발생할 것으로 예상됩니다. 이른바 '수능 점수 인플레' 현상이 발생하는 것이죠. 대학들도 이를 예상하고 다양한 방법을 도입하고 있습니다.

세 번째 변화는 탐구(사회, 과학) 과목에서 선택과목을 없애는 방법으로 '통합사회', '통합과학'을 도입한 점입니다.

모든 수험생은 통합사회, 통합과학 응시

취지 자체는 어느 정도 공감할 수 있습니다. 모든 수험생이 사회 과목과 과학 과목을 공부하고 수능을 보도록 유도하고, 이를 통해 기본적인 사회 지식과 과학 지식을 함양한 융합형 인재를 만들기 위한 노력의 일환입니다. 다만, 통합사회와 통합과학은 1학년 과목인데 고3 학생들이 수능을 봐야 하는 이상한 상황이 생깁니다. 이 부분이 여전히 논란의 대상이 되고 있습니다. 2학년, 3학년에서 학생들이 선택한 다른 과목들이 통합사회와 통합과학 수능을 볼 때 유불리로 나타나지 않는다는 전제가 있어야만 수능 문제의 공정성이 성립되는 모순을 만든 셈입니다.

2028학년도 수능 예시문항(통합사회)

병

① ㉠은 '적극적 평등 실현 조치'에 해당한다.
② ㉡으로 기초 연금을 통해 빈곤에 처한 노인 가구의 생활 여건이 개선된 것을 들 수 있다.
③ ㉢은 사회적 존재로서 구성원의 책임과 의무보다 독립적 자아로서 개인의 자유와 권리를 강조한다.
④ ㉣에서는 필요에 따른 분배보다 업적에 따른 분배를 강조할 것이다.
⑤ ㉤의 사례로 비수도권 지역에 혁신도시를 건설하여 공공 기관을 이전한 것을 들 수 있다.

(2028학년도 수능 예시문항 사회탐구 영역 통합사회 13번)

위의 예시 문항은 사회정의와 불평등을 주제로 출제된 문제입니다. 정의와 정의의 실질적 기준, 사회계층의 양극화, 공간 불평등 등 다양한 사회 불평등 현상에 대한 원인과 해결을 위한 탐구 설계에 대한 내용인데, 고3이 수능에서 이 문제를 푼다는 점을 전제로 하면 난도가 지나치게 쉽게 형성되었습니다.

그런데 이 수준에서 난도를 높여서 수능 수준의 문항으로 만들려면 2~3학년의 내용이 들어갈 수밖에 없고, 그렇게 하면 원래 원칙인 '선택과목에 따른 유불리가 생기지 않도록 한다'는 전제를 넘어서게 됩니다. 예를 들어, 통합사회의 수능 문항에서 '경제' 과목을 선택한 학생과 '경제' 과목을 선택하지 않은 학생이 유불리가 없고, 통합과학에서 '물리' 과목을 선택한 학생과 '물리' 과목을 선택하지 않은 학생의 유불리가 발생하게 됩니다. 문제는 그렇게 유불리를 확인하게 되는 순간부터 사·과·탐에 대한 엄청난 사교육이 이뤄질 수밖에 없다는 딜레마가 있는 셈입니다.

입시와 관련해서 고민할 때 부모로서 가장 관심을 가져야 할 부분은 학원이나 유튜브에서 하는 이야기가 아닙니다. 선발하는 대학이 '어떤 변화를 시도하는지를 보는 것'이 매우 중요합니다. 2028학년도 대입 제도에서 서울의 주요 대학들은 대체로 '정성평가'의 반영과 '면접 도입'이라는 형태로 변화를 시도하고 있습니다. 즉 수능 점수 중심의 정량적 평가의 틀에서 벗어나 학생부의 성적 혹은 내용을 반영하고, 면접을 통해 정량적 평가의 한계를 어느 정도 극복하겠다는 점을 명확하게 보여주고 있습니다.

서울의 주요 대학들은 선제적으로 2028학년도 입시를 대비하기 위해 움직였습니다. 서울대를 시작으로 정시 전형에 '교과 평가'를 도입했고, 고려대와 연세대에 이어 2027학년도 전형에서는 중앙대와 동국대가 이 대열에 합류하게 됩니다. 2028학년도 입시에서는 서울의 주요 대학 대부분이 '정성평가' 반영을 예고한 상황이며, 더불어 정시 비율의 축소가 어느 정도 예고된 상황입니다.

서울 주요 대학의 2028학년도 정시 학생부 반영 대학

대학교명
서울대, 고려대, 연세대, 성균관대, 한양대, 중앙대, 건국대, 동국대

수능 체계의 개편에 이어서 살펴봐야 할 부분은 내신 체계의 개편입니다. 고교학점제를 기반으로 하지만 절대평가를 도입하지 못하는 시점에서 선택한 방법은 '내신 5등급제'로의 변화입니다. 현행

내신 9등급제를 5등급제로 변화시키는 상황에 대한 사회적 혼란은 큰 편입니다.

　5등급제는 언뜻 보면 엄청난 변화인 것 같지만, 실제로는 큰 변화로 보기는 어렵습니다. 가장 큰 이슈가 되고 있는 1등급의 경우를 생각해봅시다. 5등급제에서는 1등급이 상위 10%이고, 9등급제에서의 1~2등급은 상위 11%입니다. 서울의 주요 대학 입학생들의 내신 등급이 대체로 1~2등급대인 점을 생각하면 차이가 엄청나다고 보기 어렵습니다. 내신을 정량적으로 보는 학생부교과 전형은 서울 주요 대학의 선발 숫자가 워낙 적습니다. 수시의 주력 전형은 학생부종합 전형이고, 서울 주요 대학의 학종 합격자들의 평균은 대체로 2.4등급 수준입니다. 즉 5등급제로 따지면 1등급을 넘어서 1.5등급 정도 수준의 학생들에 해당됩니다.

내신 5등급제와 내신 9등급제의 등급 비교(부산교육청)

5등급제	누적 백분위	9등급제
1.0등급	0.5%	1.22등급
	2.07%	1.64등급
1.16등급	2.85%	1.81등급
1.33등급	5.03%	2.18등급
1.50등급	7.30%	2.48등급
1.66등급	9.97%	2.76등급
1.83등급	13.56%	3.07등급

이런 기본적인 사실 관계도 확인하지 않은 채 고교학점제와 내신 5등급제가 맞물리면서 '강남권에서의 자퇴와 탈대치' 같은 '괴담'이 넘쳐나고 있습니다. 부모는 이러한 '불안'을 자극하는 요소들에서 자유로워야 합니다. 앞서 언급한 것처럼, 학생 선발은 결국 대학이 하기에 대학의 입시 전형 변화를 유심히 살펴보면서 대비 방향을 정해야 합니다.

대학은 몇 년 전부터 내신 위주의 전형에 의문을 가지고 내신에 정성평가 반영을 확대해가고 있었습니다. 2028학년도 입시 체제에서는 그 정도가 더 심화될 것입니다. 즉 앞서 언급한 정시 전형과 같이 내신을 정량적으로 반영하는 학생부교과 전형에서도 정성평가의 반영이 서울의 주요 대학에서 대부분 나타나고, 당연히 확대될 것입니다.

2026학년도 학생부교과 전형 서류 반영 대학(일부)

대학	선발 방식	최저	대학	선발 방식	최저
건국대	지역균형 70% + 서류 30%	×	경희대	지역균형 70% (출결/봉사활동 20%) + 서류 30%	○
서울시립대	교과 100% (정량 90%, 정성 10%)	○	고려대	학교추천 90% + 서류 10%	○
성균관대	교과 100 (정량 80%, 정성 20%)	○	한양대	교과 100% (정량 90%, 정성 10%)	○

2026학년도 입시의 학생부교과 전형을 살펴봐도 '정성평가'가 확대되고 있음을 확인할 수 있습니다. 2028학년도 입시에서는 서울

의 주요 대학 상당수가 정량평가인 학생부교과 전형에 정성평가를 도입하는 것으로 예고하고 있습니다. 내신의 변별력이라는 측면에서도 그러하지만 실질적으로는 고교별 내신의 차이, 학생별 선택과목의 차이를 감안한 것으로 평가할 수 있습니다.

그러면 2028학년도 대입 체제를 준비하기 위해서는 무엇을 해야 할까요? 앞서 책에서 지속적으로 언급한 내용을 다시 한번 강조하겠습니다. 정성평가의 확대는 '질적 평가'를 의미합니다. 이전까지의 입시 체계에서는 문제를 푸는 스킬을 통해서 입시를 준비하는 것이 어느 정도 가능했지만, 질적 평가가 기본인 체제에서는 객관식 능력을 질적 수준으로 검증해야 합니다. '실질적인 학생의 성장'이 전제되어야 한다는 말입니다. 이를 단적으로 보여주는 것이 2028학년도 서울대 전형 계획입니다. 아직은 계획일 뿐 확정안은 아니지만, 대체로 서울대를 포함한 주요 대학이 2028학년도 입시를 바라보는 관점이 담겼다고 평가할 수 있습니다.

서울대는 'SNU 역량평가면접'을 도입하면서 학생들의 역량을 실질적으로 검증하겠다는 점을 강조하고 있습니다. 대체로 정답이 없는 면접 문항으로 학생 주도형 면접을 할 것이며, 답변 과정에서 학생의 질적 수준을 평가하겠다는 의미입니다. 서울대의 이런 방향 설정은 대체로 최상위권 대학에도 적용됩니다. 주요 대학들이 유사한 형태의 면접 등을 도입할 가능성이 높다는 말입니다. 이런 이유로, 2028학년도 입시에서는 더 많이 생각하고 사고를 확장시킨 학생들이 더 의미 있는 결과를 만들게 될 것입니다.

서울대 2028학년도 전형 계획(안)

전형명	전형 요소 및 비율	비고
수시 지역균형	1단계 : 서류 평가 100% (3배수) 2단계 : 1단계 70% + 역량평가면접 30%	• '추천 사유' 도입 • 수능최저 폐지 • 추천 2명 ⇨ 3명 • 일반고 학생으로 제한
수시 일반	1단계 : 서류 평가 100% (2배수) 2단계 : 1단계 50% + 면접 50%	
정시 일반	1단계 : 수능 100% (등급 합산, 3배수) 2단계 : 수능 60% + 교과역량평가 40%	교과역량평가로 비중 확대 및 강화
정시 지역균형	수능 60% + 교과역량평가 40%	• 일괄 평가 • 일반고 2명 이내 추천

고교학점제에서
어떤 과목을 선택해야 하나요?

고교학점제와 관련해서 '괴담'이 난무한 부분은 '과목 선택'에 대한 것입니다. 과목 선택과 관련해서는 이런 질문이 많습니다.

"어떤 과목을 선택해야 입시에 유리할까요?"

이런 질문을 하는 것은 '절대로 손해 보지 않으려는' 노력이자 '가성비' 좋은 선택을 하기 위한 노력입니다. 하지만 이런 노력은 큰 의미가 없습니다. 교육은 가성비의 영역이 아니고, 공부를 한다는 것은 손해를 감수한다는 의미를 내포하기 때문입니다. 그럼에도 이 부분을 명확하게 이야기할 필요는 있을 것 같습니다. 그래야 덜 혼란스러울 테니 말입니다.

확실한 것은 '대학의 입장'입니다. 선발의 주체인 대학이 과목 선택에 대해서 어떤 입장인지를 알면 충분히 이해할 수 있습니다.

서울의 주요 대학들이 앞다투어 '전공별 과목 선택'에 대한 중요성을 이야기하고, 그와 관련된 발표를 통해 고교학점제에서의 과목 선택에 대해 '평가'하겠다는 신호를 계속 주고 있습니다. 그러나 이 신호에 과민 반응을 보일 필요는 없습니다. 대학이 발표하는 자료들을 살펴보면 당연히 선택해야 할 과목들입니다.

고교학점제가 적용되고 과목 선택에 대한 선택권이 주어지는 상황에서 학교, 학생, 부모가 착각하는 것이 하나 있습니다. 아주 중대한 착각입니다.

"과목을 잘 선택하면 대학을 쉽게 갈 수 있을 만큼 유리해."

이런 착각은 사교육의 마케팅과 불안을 자극하는 유튜브 영상의 영향이 큽니다. 마치 대학 입시에 엄청 유리한 과목이 있는 것처럼 이야기하고, 그런 과목을 찾아서 선택하는 것이 놀라운 합격 비법인 것처럼 사람들을 현혹하고 있습니다. 그런데, 그런 건 없습니다! 상위권 대학들이 요구하는 선택과목들은 해당 계열이나 학과를 지원할 때 당연히 선택해야 할 과목들이고, 나머지 과목들은 자유로운 선택을 요구합니다. 예를 들어, 기계공학과를 고려하고 있다면 물리 관련 과목을 선택하고 공부하는 것이 너무도 당연합니다. 다만, 대학은 여기서 한 걸음 더 나갑니다. 기계공학을 제대로 공부하기 위해서는

'화학'이 매우 중요합니다. 그러니 기계공학 공부를 제대로 하고 싶다면 '화학' 과목을 미리 '선택'하고 공부하고 오라는 의미입니다.

과목 선택에 대한 이야기를 하려면 먼저 고교학점제에서의 선택과목에 대해 이해해야 합니다. 고교학점제에서의 선택과목은 다음과 같이 구성됩니다.

고교학점제에서의 선택과목 구성

교과	과목	
보통 교과	공통과목	
	선택과목	일반선택
		융합선택
		진로선택

공통과목은 전국의 모든 고1 학생이 배우는 과목으로 '기초 소양 및 기본 학력 함양 및 학문의 기본 이해 내용 과목'입니다. 고등학교를 졸업했다면 알아야 할 기본적인 학문이라는 의미입니다.

학생들의 선택은 고2 때부터 시작됩니다. 선택과목은 일반선택, 융합선택, 진로선택 과목군으로 구성됩니다.

일반선택 과목은 '교과별 학문 내의 분화된 주요 학습 내용 이해 및 탐구를 위한 과목'으로, 대체로 수능 과목이거나 수능 과목과 연계성이 높은 과목들입니다. 대학은 대체로 일반선택 과목을 우선으로 수강하길 권하는 편입니다.

융합선택 과목은 '교과 내, 교과 간 주제 융합 과목, 실생활 체험 및 응용을 위한 과목'입니다. 대체로 쉬운 과목들로 구성되어 있습니다. '여행 지리', '과학의 역사와 문화' 등의 과목이 포함됩니다.

진로선택 과목은 '교과별 심화 학습 및 진로 관련 과목'으로, 고등학교에서 배우는 과목들 중 어려운(심화) 과목들이 해당됩니다. 예를 들어, 과학 과목 중에서는 '물리Ⅱ', '생명Ⅱ', '화학Ⅱ', '지구과학Ⅱ'에 해당하는 과목이 진로선택 과목에 해당됩니다.

고교학점제의 도입으로 과목명이 크게 달라지고 있다는 점이 눈에 띌 것입니다. 이전 교육과정에서 '물리Ⅱ'에 해당하는 과목이 '역학과 에너지', '전자기와 양자'입니다. 학기별 과목 선택이기 때문에 두 과목으로 구성이 된 셈입니다. 이제 이렇게 질문해볼까요?

상위권 대학은 어떤 과목을 선택한 학생을 선발하려고 할까요?

서울대가 2028학년도 전공 연계 교과 이수 과목을 발표한 내용을 살펴보면 이 부분에 대한 확실한 답을 찾을 수 있습니다. 서울대는 인문계열의 거의 모든 학과에 대해서는 권장 과목을 제시하지 않습니다. 폭넓게 다양한 과목을 선택하고 공부하라는 방향성이 제시된 것으로 이해해도 될 듯합니다.

서울대가 제시하는 선택과목의 핵심은 '자신이 관심 있는 분야와

2022 개정 교육과정 공통과목 및 선택과목(일부)

교과(군)	공통과목	선택과목		
		일반선택	융합선택	진로선택
국어	공통국어1 공통국어2	화법과 언어*, 독서와 작문*, 문학*	독서 토론과 글쓰기, 매체 의사소통, 언어생활 탐구	주제 탐구 독서, 문학과 영상, 직무 의사소통
수학	공통수학1 공통수학2 기본수학1 기본수학2	대수*, 미적분Ⅰ*, 확률과 통계*	수학과 문화, 실용 통계, 수학 과제 탐구	기하, 미적분Ⅱ, 경제 수학, 인공지능 수학, 직무 수학
영어	공통영어1 공통영어2 기본영어1 기본영어2	영어Ⅰ*, 영어Ⅱ*, 영어 독해와 작문	실생활 영어 회화, 미디어 영어, 세계 문화와 영어	영미문학 읽기, 영어 발표와 토론, 심화 영어, 심화 영어 독해와 작문, 직무 영어
사회	한국사1* 한국사2* 통합사회1* 통합사회2*	세계 시민과 지리, 세계사, 사회와 문화, 현대 사회와 윤리	여행 지리**, 역사로 탐구하는 현대 세계**, 사회문제 탐구**, 금융과 경제생활**, 윤리 문제 탐구**, 기후변화와 지속 가능한 세계**	한국 지리 탐구, 도시의 미래 탐구, 동아시아 역사 기행, 정치, 법과 사회, 경제, 윤리와 사상, 인문학과 윤리, 국제관계의 이해
과학	통합과학1* 통합과학2* 과학탐구실험1 과학탐구실험2	물리학, 화학, 생명과학, 지구과학	과학의 역사와 문화**, 기후변화와 환경 생태**, 융합과학 탐구**	역학과 에너지, 전자기와 양자, 물질과 에너지, 화학반응의 세계, 세포와 물질대사, 생물의 유전, 지구시스템과학, 행성 우주과학

* 수능 과목
** 성취평가제 실시 과목(상대평가 아님)

2026학년도 서울대 전공 연계 과목 선택

모집 단위	핵심 권장 과목	권장 과목
수리과학부	미적분, 기하, 확률과 통계	-
화학부	화학Ⅱ, 미적분	확률과 통계, 기하
생명과학부	생명과학Ⅱ, 미적분	화학Ⅱ, 확률과 통계, 기하

2028학년도 서울대 전공 연계 과목 선택

모집 단위	일반선택	진로선택
이공계열 전체 자연과학 공과대학 첨단융합학부 등	과학 1) 물리 관련 학과 : 물리학 2) 화학 관련 학과 : 화학 3) 생명 관련 학과 : 생명과학 4) 지구과학 관련 학과 : 지구과학	수학: 기하, 미적분Ⅱ 과학: 3과목 이상

관련된 과목'입니다. 당연한 이야기입니다. 물리 관련 학과를 진학하고 싶다면 '물리학' 과목을 선택하는 것이 너무 당연합니다. 자신이 관심 있는 분야이고 공부하고 싶기 때문에 그 학과를 지원하는 것이니까요.

그런데 서울대 발표 자료에서는 '융합선택' 과목이 빠져 있습니다. 그 이유는 과목의 수준 등 여러 가지 이유가 있겠지만, 과목별 성적 산출 방식을 이해하면 어느 정도 이해가 됩니다.

표에 나타난 바와 같이 사회·과학 융합선택 과목은 교양 수준의 과목들로 상대평가를 하지 않고 절대평가만 하는 과목들입니다. 즉 상대적으로 학생들의 선택이 '많을' 수밖에 없는 과목들입니다. 하지

과목별 성적 산출 및 대학 제공 자료

구분	절대평가		상대평가	통계 정보		
	원점수	성취도	석차등급	성취도별 분포 비율	과목 평균	수강자 수
보통교과	○	A·B·C·D·E	5등급	○	○	○
사회·과학 융합선택	○	A·B·C·D·E	-	○	○	○
전문교과	○	A·B·C·D·E	5등급	○	○	○
체육·예술/ 과학탐구 실험	○	A·B·C	-	-	-	-
교양	○	P	-	-	-	-

만 상위권 대학들은 크게 의미를 두지 않는다는 점을 상위권 대학들의 권장 과목들을 보면 확인할 수 있습니다.

선택과목과 관련해서 가장 크게 하는 실수는 '개설되어 있는데, 선택하지 않는 것'입니다. 상위권 대학들이 요구하는 과목들은 대체로 '학과 공부를 위해' 기본적으로 필요한 과목들입니다. 고등학교에서 기본적인 공부를 하고 오지 않는다면 대학 공부에서 어려움을 느끼게 될 과목들입니다. 경희대가 제시하는 2028학년도 이수 권장 과목을 보면 이해가 되실 겁니다.

경희대도 '대수', '미적분Ⅰ', '미적분Ⅱ', '확률과 통계'를 모든 이공계열의 기본 과목으로 제시하고 있습니다. 이 부분은 거의 모든 상위권 대학에서 동일하게 제시하는 부분입니다. 즉 2028학년도 대입

2028학년도 경희대 권장 과목

모집 단위	핵심 과목	권장 과목
수학, 응용수학	• 대수, 미적분 I, 확률과 통계, 미적분 II, 기하	
기계공학부	• 대수, 미적분 I, 확률과 통계, 미적분 II, 기하 • 물리학, 화학 • 역학과 에너지, 전자기와 양자	물질과 에너지, 화학반응의 세계
물리학과 응용물리학과	• 대수, 미적분 I, 확률과 통계, 미적분 II, 기하 • 물리학 • 역학과 에너지, 전자기와 양자	화학, 물질과 에너지
의예과	• 대수, 미적분 I, 확률과 통계, 미적분 II • 화학, 생명과학 • 물질과 에너지, 화학반응의 세계 • 세포와 물질대사, 생물의 유전	물리학

에서 상위권 대학을 진학하기 위해서는 수능 과목이 아닌 '미적분 II'를 선택하는 것이 당연하다는 말입니다.

　여기서 핵심은 어려운 과목을 선택하는 것으로 끝나는 것이 아니라 '잘'해내는 것입니다. 그러기 위해서는 공부량을 늘려야 합니다. 그리고 대학에서는 이런 학생들을 우수한 학생으로 평가합니다.

　굳이 이야기하자면 과목 선택을 가지고 유불리를 따지는 것은 일종의 상술일 수밖에 없습니다. 학생들의 성장 방향에 따라 과목 선택은 당연히 달라져야 합니다. 진로에 대한 관심이 깊어지고 진로의 성숙도가 높아질수록 특정 분야에 대한 공부 수준이 높아질 수밖에 없습니다. 다른 학생과 관심의 수준이 다른데 같은 과목을 선택할 수는 없다는 말입니다.

　도희는 심리학과를 지망하는 학생입니다. 대부분의 학생들이 놀랍게도 자신이 희망하는 학과 혹은 계열에 대해 잘 알지 못합니다. 아무도 그들에게 그 분야에 대해 '공부'해야 한다는 말을 해주지 않았기 때문입니다. 그러니 학생들은 심리학과라고 하면 전부 상담심리만 떠올립니다. 안타까운 상황이죠. 도희도 그런 학생이었지만, 상담 과정에서 진로 분야에 대한 공부가 필요하다는 점을 인지했습니다.

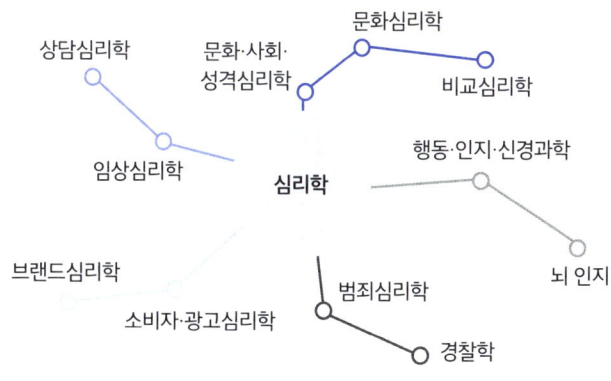

심리학은 다양한 분야에 적용됩니다. 그중에서 도희의 관심사는 무엇일까요? 이전까지 심리학에 대해 막연하고 추상적으로 생각했던 도희는 분야에 대한 공부를 통해 폭넓은 심리학의 영역에 대해 이해하게 되었고, 일반적인 심리학과 준비생들과는 다른 수준의 공부를 할 수 있게 되었습니다. 대학은 이 과정을 '진로 역량'이라고 부릅니다. 진로에 대한 관심과 준비 정도라고 이해할 수 있습니다. 관심이 있으니 찾아보고 공부하게 되고, 남보다 더 많이 더 깊게 알게 됩니다. 진로에 대한 관심이 남다른 학생으로 만드는 거죠.

도희는 심리학의 방대한 영역 중에서 브랜드 심리학에 관심을 가지고 진로에 대한 고민을 이어갔습니다. 브랜드 심리학에 관심이 있는 학생은 어떤 과목을 선택해야 할까요? 경제 관련 과목, 사회학 관련 과목이 중요해집니다. 궁금하고, 공부하는 영역과 관련이 있으니 더 재미있게 공부하게 됩니다. 더불어 관련 과목들을 탐구하면서 자신의 진로에 대한 관심을 충분히 표현할 수 있게 됩니다.

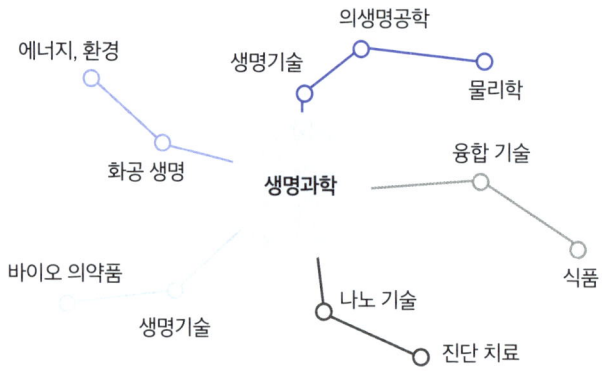

생명과학 분야로 진로를 희망하는 은서는 생명과학 연구원을 하고 싶다고 합니다. 은서는 과연 그 영역을 얼마나 알고 있을까요? 대부분의 학생이 잘 모릅니다. 하지만 진로 분야에 대한 공부를 하면 막연한 궁금증이 해소되고, 자신이 좋아하는 것을 정확하게 이해하게 됩니다. 막연히 생명과학 연구원을 꿈꾸던 은서는 계산생물학 영역을 접하면서 진로에 대한 관심이 깊어졌습니다. 당연히 선택과목도 달라졌습니다. 구체적인 꿈은 공부를 구체적으로 할 수 있게 만듭니다. 계산생물학에 관심이 있는 은서는 어떤 과목을 선택해야 할까요? 생명과학을 생각하는 다른 학생들과는 루트가 다르기 때문에 고등학교에서 컴퓨터 관련 과목들을 어느 정도 이수해야 합니다. 자신의 관심사가 '생명+컴퓨터'이니 그에 합당한 과목들을 선택하면 됩니다.

결국 학생들은 자신의 진로에 대해 관심을 가지고 공부하면서 진로에 필요한 과목을 선택해야 합니다.

관심 분야에 합당한 과목을 선택하는 것

그러면 '꿈이 없는 학생'들은 과목 선택을 어떻게 해야 할까요? 사실, 꿈이 없는 학생들이 대부분이고, 이건 어쩌면 당연한 일입니다. 우리 사회가 청소년에게 요구하는 것 중 가장 터무니없는 것이 '꿈'이라고 생각합니다. 청소년은 아직 살아온 삶의 시간이 길지 않고, 세상과 사회에 대한 이해도가 높지 않습니다. 그러니 막연하게 꿈을 가지라고 말하는 것은 강압적으로 들릴 수 있습니다. 이룰 수 없는 추상적인 꿈은 사람을 바꾸지 못합니다. 그래서 어릴 때의 추상적인 꿈대로 사는 사람이 많지 않습니다.

꿈을 가지기 위해서는 '많은 공부'가 필요합니다. 아는 만큼 보이기 마련입니다. 그러니 자녀가 꿈이 없다고 말한다고 해서 혼내면 안 됩니다. 그 나이에는 꿈이 없는 것이 '지극히 정상'입니다. 자녀에게 필요한 것은 '막연한 꿈'이 아니라, 관심 있는 분야에 대한 '적극적인 공부'입니다. 그리고 그 관심 분야는 계속 바뀝니다. 그래서 대학에서도 무전공 전형을 늘리는 상황입니다. 고등학생에게 인생의 진로를 결정하라고 말하는 것은 폭력적인 압박입니다. 그러니 '막연한 꿈'을 가지길 기대하지 마시고, 현재 자녀가 좋아하는 것에서 길을 찾아갈 수 있게 도와주길 권합니다.

엄청 단순한 질문 하나 하겠습니다.

대학은 지원자의 꿈에 관심이 있을까요?

이런 질문은 교수들과 입학사정관들이 학생들의 꿈에 관심을 가진다고 생각하는, 선발 제도에 대한 무지에서 비롯됩니다. 학생이 화학 연구원이 되겠다고 이야기할 때 대학의 관심은 지원자가 화학 연구원이 될 자질이 있는지, 그에 합당한 공부가 되어 있는지를 중심으로 평가한다고 말입니다. 그럼에도 진로 역량을 이야기하고 선택과목을 중요하게 말하는 이유는, 대학의 선발 기준의 포인트는 '진로'가 아니라 '역량'이기 때문입니다.

결국 진로 역량은 '자신이 설정한 목표를 이루기 위한 역량'을 확인하는 과정입니다. 그러니 진로의 문제가 아니라, 역량의 문제입니다. 즉 대학 입시에 대한 이야기는 진로가 아니고 진학에 대한 이야기입니다. 그러니 굳이 진로에 대한 고민을 덧입힐 필요가 없습니다.

우리가 증명해야 할 것은 선택과목을 통한 '역량'입니다.

내신 망쳤는데
대학 갈 수 있을까요?

고교학점제가 시행되면서 가장 많이 듣는 이야기는 "5등급제에서 1등급을 받지 못하면 상위권 대학을 갈 수 없으니, 그냥 자퇴하고 수능을 준비하는 것이 더 유리하다"입니다. 실제 이런 생각 때문에 '탈대치'가 현실화되고 있습니다. 대치동의 상징과 같은 고등학교들에서 입학생 미달이 발생하고, 2025년에는 자퇴와 전학이 급증했습니다. 대치동의 한 고등학교는 1학년 학생들의 자퇴와 전학이 전년도에 비해 크게 증가해서 한 학급의 규모를 넘어섰다고 합니다.

이런 '탈대치' 현상의 가장 큰 원인은 '불안한 부모'의 전략적 선택으로 볼 수 있습니다. 다만, 어느 정도 성과가 있을 것인가는 경우에 따라 다를 수밖에 없습니다. 학생의 성향에 따라서 결과가 달라지기 때문입니다. 내신 성적을 위한 '전략적 전학'이라는 카드는 지금의 학생들에게는 '엄청난 부담'으로 작용해 결국 적응에 대한 어려움으로 나타날 것입니다. 그만큼 공부에 집중하기 힘든 부분이 생기게 되지요.

특히 '전략적 자퇴'라는 카드는 2028학년도 입시 체제에서 정시의 변별력을 고려하면 언론에서 이야기하는 만큼 이익이 있다고 보기 어렵습니다. 상위권 대학의 정시 비율이 줄고, 변별력 문제가 생각보다는 심각하게 나타날 가능성이 높기 때문입니다.

"내신을 망쳤는데 대학을 갈 수 있을까요?"

이 질문은 다양하게 해석됩니다. 어떤 내신을 망쳤다고 '생각'하는지, 어떤 대학을 의미하는지가 정확하지 않기 때문이죠. 이런 질문을 한다는 것은, 다른 측면으로 생각해보면 공부와 입시 등을 매우 추상적으로 생각하고 있다는 것을 의미합니다. 그럼에도 이 질문을 일반적인 수준에서 해석하면 아래와 같습니다.

"1등급이 아니어도, 상위권 대학을 갈 수 있나요?"

이 질문에 대한 답은 '당연히 갈 수 있습니다!'입니다. 언론과 주변에서는 '1등급'이어야지 상위권 대학에 갈 수 있다고 말합니다. 고등학교의 내신에 대한 이해도가 낮으면 그런 이야기를 할 수 있습니다. '올^{all} 1등급'을 이야기하며 불안을 자극하는 사람들은 1등급의 비율이 4~10%로 2.5배 늘어났으니 전 과목 1등급을 받는 학생이 엄청나게 늘어날 것처럼 이야기합니다. 그 숫자가 서울의 주요 대학에 모두 해당할 만큼이 될 것이라고 주장하는데, 그 말 자체가 입시에 무지하다는 증거이며, 올 1등급이 그렇게 쉬울 것이라고 생각하는 것도 문제입니다.

9등급제에서 5학기 '올 1등급'은 매우 적었습니다. 당연하죠. 그 숫자가 어느 정도인지는 매년 다르지만, 대체로 100여 명이 조금 안 되는 수준으로 예상하고 있습니다(물론 주요 과목이 아니라 말 그대로 전 과목을 말합니다. 당연히 주요 과목 1등급의 수는 더 많습니다). 단순하게 2.5배로 계산하면 통계상으로는 넉넉잡아 300명 수준입니다. 학령인구를 30만 명으로 생각하면 약 0.1% 수준입니다.

다만, 현실적으로는 난관이 존재합니다. 선택해야 하는 과목의 수가 더 늘어나기 때문에 실제 '올 1등급'의 숫자는 훨씬 더 줄어들 수밖에 없습니다. 최근 자료들을 확인해본 결과는 거의 비슷해 보입니다. 2025학년 1학기 '올 1등급'은 서울 1.39%, 경기 1.74%, 부산은 2.07%입니다. 이 비율은 5학기 전체를 따지면 확연히 줄어듭니다. 통계상으로 제시한 비율과 유사하게 나오게 됩니다.

결국 상위권 대학에 학생부교과 전형으로 합격하는 학생들은 내신 등급이 1.X 대가 될 것입니다. 거기에 서울의 상위권 대학들이 학생부교과 전형에 정성평가를 도입한다는 점을 감안하면 합격선은 조금 더 낮아질 것으로 보입니다.

학생과 부모의 선택과는 다소 다르게 2028학년도 입시 체제에서 대학은 정량평가의 비중을 줄이는 방향으로 잡고 있고, '정량평가 +정성평가'의 형태가 일반화될 것입니다. 이 상황에서 객관식 역량 만으로 모든 것을 결정짓겠다고 생각하면 어려움을 겪을 수밖에 없 습니다. 대학의 평가 관점이 이동하는 만큼 준비하는 학생과 부모도 변화에 적응해야 합니다. 내신 등급이 다소 낮더라도 자신의 '역량' 을 구체적으로 표현하고 설득력 있게 제시한다면 충분히 원하는 결 과를 만들 수 있습니다.

2028학년도 입시 체제에서 상위권 대학에 진학하기 위해 가장 강력한 경로가 될 학종은 재학생들의 합격 비율이 90% 수준에 달 합니다. 수능 위주의 정시 전형에서 졸업생 등의 비율이 70% 수준 인 것을 감안하면 학종은 재학생에게 압도적으로 유리합니다. 학종 에서는 내신 성적을 '종합적, 정성적'으로 평가합니다. 이 말은 내신 성적에 대해 '해석'을 하겠다는 의미입니다. 5학기 동안의 내신 성적 추이는 어떤지, 쉬운 과목을 선택해서 좋은 내신을 받았는지, 비주요 과목의 성적은 어떤지, 선택과목을 수강하는 인원은 어떤지 등등을 비교해야만 개별 학생들의 내신 성적이 가지는 의미를 이해할 수 있 습니다. 이것이 상위권 대학들이 학생부교과 전형에서 정성평가를 도입하는 이유입니다. 학생들의 선택이 다양해질수록 더 다양한 해 석이 나타납니다.

게다가 지방 소멸과 저출산 등으로 대표되는 현재 상황을 고려하 면 소규모 학교가 증가할 수밖에 없습니다. 선택과목의 수강생 규모 가 천차만별인 상황에서 일률적인 '내신 성적'으로 평가하는 것은 공정하지 않은 것이기도 합니다. 각 학교의 내신 기준이 다른데 개별 학생의 내신을 다른 학교의 내신과 비교한다는 것 자체가 말이 안 됩니다.

그러니 상위권 대학에서는 내신 성적이 보여주는 '정보'를 제한적으로 받아들일 수밖에 없습니다. 그래서 학업 역량을 봅니다. 대학이 생각하는 학업 역량은 내신 성적이 아니라, 대학에서 공부를 잘해낼 수 있는 역량을 말합니다. 그런 역량이 학생부를 통해 증명될 수 있다면 고등학교에서의 내신 성적에 절대적인 의미를 부여하지 않아도 됩니다.

현재 대학생인 진우의 고등학교 1학년 내신 성적은 국어 4등급, 수학 4등급, 영어 4등급이었습니다. 2학년이 되어서 '드디어' 정신을 차리고 제대로 공부를 시작해 3학년 1학기에는 국어 1등급, 확률과 통계 1등급, 미적분 1등급, 영어 2등급이었습니다. 학생부를 통해 꾸준히 자신의 역량을 증명한 진우는 결국 '서울대 경제학과'에 진학했습니다. 진우는 내신 성적을 꾸준히 향상시키면서 자신의 역량을 어느 정도 증명하고, 다양한 활동을 통해 세부적인 역량들을 보여주었기에 내신 성적에 대한 '의미 있는 해석'이 가능해 서울대에 합격하게 된 것입니다.

단순하게 성적 향상이라는 사실이 좋은 평가를 받은 것이 아닙니다. 그런 상승 그래프를 만들기 위한 '노력'이 일정 부분 좋은 평가를 받는 것은 사실이지만, 수치로 드러난 성적 상승의 이면에 있는 '질적 성장'을 증명하는 것도 중요합니다. 실제 최상위권 대학을 제외한 상위권 주요 대학들의 학종 '일반고' 입결을 살펴보면, 최종적으로는 3등급 후반대의 내신 성적을 보입니다. 일반고 내신 3등급이니 '내신이 낮아도'라고 할 수 있고, 좋은 대학을 진학한 것이 맞습니다. 그럼 이런 질문이 가능합니다.

"어떻게?"

대학이 발표하는 최종 합격 70% 컷^{cut}은 발표 성적보다 내신 성적이 낮은 학생들이 30% 더 있다는 뜻입니다. 다만, 학종의 경우 최후 30%는 내신 성적의 차이가 크게 나타나는 편입니다. 그 학생들의 학생부를 보면, 누가 보더라도 충분히 설득 가능하고 증명된 학생부입니다. '누가 보더라도'라는 말은 학종 평가의 이론적 기준이 되는 '상호주관성'이라는 개념입니다. 하위 30% 학생들의 내신 성적은, 항상 그런 것은 아니지만, 대체로 상승 곡선을 보일 것이고, 학생부의 내용이 그 학생의 성장을 증명하고 있을 것입니다.

고교학점제에서는 이런 상황이 더 강화될 가능성이 높습니다. 다만, 학생부에서 자녀의 우수성을 증명하는 방법에 대해서는 충분히 공부해야 합니다. 저는 이것을 '학종 공부'라고 표현합니다. 부모에게 학종은 '질적 평가'라는 새로운 유형의 선발 방식입니다. 그러니 그것에 대한 충분한 공부가 필요합니다.

고교학점제와 관련된 괴담 수준의 공포 마케팅에 불안해하기보다는 현실적인 '대안'을 찾아야 합니다. 부모의 불안은 자녀에게 '증폭'되어 전달됩니다. 불안은 입시를 성공으로 이끌지 못합니다. 고등학교에서 '질적 성장'을 충분히 한다면 입시에서 당연히 성공하게 될 것입니다. 내신 문제 한 문제에 너무 집착하지 말고 '빅 픽처$^{Big\ Picture}$'를 그리시길 바랍니다.

상위권 대학 입시, 미적분Ⅱ 필수인가요?

전국에서 고교학점제 관련 강의를 진행하면서 '입시의 본질'에 대해 이야기를 많이 합니다. 무슨 일이든 본질에 충실하다면 원하는 성과를 얻을 수 있다고 생각하기 때문입니다. 저의 그 신념 덕분에 학교의 입결을 최고 수준으로 올릴 수 있게 된 것입니다.

입시의 본질은 수험생의 입장이 아니라 대학의 입장에서 생각해야 합니다. 선발의 주체는 대학이니까요.

대학은 어떤 학생을 선발하려고 할까요?

이 질문은 얼마든지 다른 유형의 질문으로 치환할 수 있습니다. '사장은 어떤 직원을 뽑고 싶을까요?', '편의점주는 어떤 아르바이트생을 뽑고 싶을까요?'처럼요. 수험생의 입장을 벗어나면 위 질문에 대한 답이 정확하게 보일 겁니다. 그러나 우리나라의 교육 상황, 입시 상황이 그렇게 객관적인 시각을 가질 만큼의 여유가 없는 것 같습니다. 한 발만 뒤로 물러나면 좀 더 정확한 것이 보일 텐데요.

대학은 당연히 '우수'한 학생을 선발하려 합니다. 수능이든 논술이든 학생부교과든 학생부종합이든 모든 전형의 궁극적인 목적입니다. 다만, 대학마다 중요하게 여기는 우수성이 다릅니다. 상위권 대학이라면 말할 것도 없습니다. 어떤 과목을 선택해야 하느냐는 질문에 대한 대답은 거의 비슷합니다. 상위권 대학을 희망한다면, 학교에서 개설되는 과목 중 최대한 '어려운' 과목을 선택해서 자신의 역량을 증명하는 것이 1순위입니다. 상위권 대학에 진학하는 학생들의 비율을 생각해보면 이 논리는 너무도 당연한 것입니다. 상위권 대학도 그것이 당연한 일이라고 말합니다.

상위권 대학의 범위는 학생, 부모마다 다릅니다. 다만, 통상적인 관념 정도로 이야기를 하자면 10% 수준이 될 것입니다. 그럼 어느 정도의 대학일까요? 대략 건국대 정도까지의 대학이 됩니다. 질문을 정확하게 바꾸면 될 것 같습니다.

건국대에 가려면 '미적분Ⅱ'를 해야 하나요?

여러분의 답은 어떤가요? 당연히 선택해야 합니다. 앞서 언급한 바와 같이 선택과목 자체가 평가의 대상은 아니지만, 그럼에도 계열에 따라서 반드시 수강해야 하는 과목이 있고, 그런 과목들 중에서 가장 대표적인 과목이 '미적분Ⅱ'입니다. 상위권 대학 자연계열을 고려하고 있다면 필수 수강 과목이라고 해도 무방합니다.

그런 경우는 거의 없겠지만, '미적분Ⅱ' 과목이 개설되지 않은 고등학교가 있을 수도 있습니다. 그런 경우에는 반드시 온라인 수강을 하기를 추천합니다. 온라인 과목에 대한 대학의 질문은 간단합니다. "온라인 과목을 선택함으로써 어떤 '지적 성취'를 만들었을까?"입니다. 그 과목을 통해 적절한 지적 성취를 보여주지 못한다면 '굳이' 선택할 필요가 없습니다. 대학이 보려는 것은 선택과목을 통한 '성장'입니다. '미적분Ⅱ'를 선택하고 성장하지 않은 학생보다 '미적분Ⅱ'를 선택하지 않고 성장한 학생이 더 좋은 평가를 받을 수 있다는 말입니다. 그럼에도 '미적분Ⅱ'라는 과목은 상위권 대학 자연계열을 희망한다면 반드시 필요한 과목이라고 '평가자'들은 생각합니다.

과목 선택과 관련해서 가장 중요한 이슈는 '수강생 수'입니다. 일반고에서 '미적분Ⅱ'를 수강하는 학생의 수는 적을 것이고, 좋은 내신을 받는 것도 쉽지 않습니다. 그래서 자신이 희망하는 과목을 제대로 선택하지 않는 경우들이 꽤 있습니다. 선발하는 입장에서 수강생의 수는 당연히 고려 대상이 됩니다. 학생들이 어려운 과목을 선택하지 않는다는 사실을 알고 있기에 대학도 지속적으로 '어려운 과목'들에 대한 요구를 하는 것입니다. 어려운 과목을 선택해서 나오는 내신 등급에 불이익이 없다는 점을 확실하게 제시하는 셈입니다.

'미적분Ⅱ'를 선택할지를 고민할 때 가장 크게 영향을 미치는 것은 '공부량'입니다. 공부를 더 많이 해야 한다는 점은 지금의 시대를 살아가는 모든 부모와 자녀의 공통된 고민일 것입니다. 하지만 선발하는 입장에서는 어려운 과목을 선택해서 '더 많은 공부'를 한 학생을 배제할 이유가 없습니다.

다시 한번 강조합니다. 목표로 하는 대학의 수준을 고려해서 판단하세요. 대학의 수준에 맞는 합당한 공부량과 학업 수준을 보여주는 것이 중요합니다. 대체로 특정 대학을 지원하는 수험생들은 비슷한 학업 수준을 보이는 경우가 많습니다. 예를 들어, 상위권 대학은 그만큼 공부를 많이 한 학생들이 지원합니다. 더 많이 공부하는 학생들은 자연스럽게 더 어려운 공부를 '찾아가게' 될 것이고, 학교에 개설된 어려운 과목들을 선택할 수밖에 없습니다. 자신의 '공부 지평'이 넓어지기 때문에 당연한 선택이 됩니다. 이것이 대학이 생각하는 진정한 '자기주도학습'입니다.

대학은 특정 과목을 수강했느냐보다 그 과목을 선택한 계기, 선택을 통해 배운 것, 배움을 통해 이룬 성장을 평가하길 원합니다. 그러니 '미적분Ⅱ'를 선택해도 좋은 평가를 못 받고, 심화 과목을 선택하지 않았음에도 좋은 평가를 받는 일이 생기는 겁니다. 하지만 과목 선택이 '본질'이 아니라는 점을 이해하면 합격과 불합격의 차이를 이해할 수 있습니다. 결국 '미적분Ⅱ'를 선택한다는 것은 학생부를 통해 공부의 연계성이 확인되고 다른 선택과목과의 개연성이 충분히 생길 수밖에 없다는 말입니다.

논·서술형 평가, 준비해야 할까요?

 2028학년도 대입 제도 개편안이 발표되었을 때 가장 중요하게 다뤄진 내용이 '논술형·서술형 평가의 확대'입니다. 다만, 이 내용은 시행 과정에서 현실적인 문제들 때문에 진척이 가장 더딘 상황입니다. 내신에서 논술형·서술형 평가가 확대되려면 '질적 평가'에 대한 사회적 합의가 전제되어야 합니다. 학교 교사들이 하는 질적 평가에 대한 신뢰가 담보되지 않는다면 평가 결과에 대한 수많은 의혹이 제기될 것이 뻔하기 때문입니다. 그런 점에서 논술형·서술형 평가의 확대는 요원하고, 더디게 진행되는 일이기도 합니다.

 고교학점제, 2028학년도 대입, AI 시대 등을 고려할 때 논술형·서술형 평가는 필요한 영역일 수밖에 없습니다. AI와 구별되는 인간의 사고에 대한 논의는 지금 사회에서는 아무리 강조해도 지나침이 없습니다. 다만, 이런 질적 평가로의 전환은 매우 천천히 진행될 수밖에 없습니다. 객관식 평가에 대한 신뢰가 지나치게 높은 우리 사회의 현실을 생각하면 더 어려운 일임은 분명합니다.

그럼에도 현재 수준에서 논술형·서술형 평가를 기준으로 대비하는 것은 아주 중요한 일입니다. 사실 논술형·서술형 '평가'에 대한 대비가 아니라, 논술형·서술형에 대한 대비가 중요합니다. 앞서 언급한 바와 같이 2028학년도 대입 체제에서 객관식을 더 잘 푸는 능력의 효용가치는 떨어질 수밖에 없고, 실질적인 지식과 그 지식의 활용 등의 효용가치는 높아질 수밖에 없습니다. 즉 이전 교육에서는 답을 찾아가는 과정의 '빠름'을 추구했다면, 2028학년도 대입 체제에서는 답을 찾아가는 과정에 대한 주목도가 높아진 셈입니다. 그러니 논술형·서술형을 준비한다면 자연스럽게 아는 것과 모르는 것이 구분될 것이고, 이 과정에서 사고 패턴이 성숙해질 것입니다.

왜 그런지 모르지만, 답을 찾기만 하면 된다고 제시하던 기존과는 상황이 많이 달라지고 있습니다. 그렇기에 지금은 '미적분Ⅱ' 과목에 대한 선행이 필요한 때가 아니라, 보다 의미 있는 사고력의 확장을 만들어갈 때입니다. 이는 2028학년도 대입 체제에서 대학이 강조할 '면접'을 준비하는 자연스러운 방식이기도 합니다.

제가 학교에서 진행하는 거의 모든 프로그램은 질적 평가를 위한 다양한 연습이 가능하도록 설계했습니다. 사전 연구 과제, 과제 중간 발표, 팀별 프로젝트 발표 및 상호 평가, 탐구 보고서 최종 발표 등 일련의 프로그램에서 자신이 알고 있는 것과 '알고 있다고 생각하는 것'을 구분할 수 있도록 만들었고, 그 영향으로 갈수록 최고의 입결을 만들고 있습니다.

AI가 익숙해질수록 '보고 듣는 공부', 즉 '간접 공부'는 증가할 것입니다. 근래 출간된《경험의 멸종》(크리스틴 로젠)은 이런 삶의 형태에 대해 설명합니다. 다방면에서 발달한 기술들이 직접 경험을 '대체'하는 세상이 될 것입니다. 심지어 학습에서도 '경험의 멸종' 현상이 나타납니다. 공부에 대한 착각이 경험의 멸종에서 출발합니다. 연애를 대신하고, 여행을 대신하고… 경험의 멸종 시대를 살아가는 사람들, 특히 학생들에게는 심각한 문제가 생깁니다. 간접 경험을 자신의 직접 경험으로 치환하는 일치화가 발생하는 것입니다.

'보고 듣는 공부'가 익숙한 세대는 자신이 알고 있는 것과 자신이 알고 있다고 착각하는 것의 차이를 인지하지 못합니다.

논술형·서술형을 대비하는 공부는 학생들이 이런 착각을 못 하게 만드는 효과가 있습니다. 자신이 알고 있는 것을 직접 말하고 써 보게 하는 것은 자신만의 지식을 만드는 데 중요한 요소입니다. 이런 연습을 위해 '가족 독서'와 같은 형태의 연습이 필요합니다. 중요한 것은 이런 학습의 모든 패턴이 '연습'을 통해서 만들어진다는 점입니다. 논술 역량, 서술 역량도 처음부터 잘하는 학생은 없습니다. 다양한 연습을 통해 역량이 길러지는 것입니다.

수학적 논술형·서술형 역량도 마찬가지입니다. 학생들은 자신이 문제를 풀 수 있다는 것과 그 문제를 이해하고 있다는 것을 같다고 생각합니다. 둘이 다르다는 점은 '설명'을 해봄으로써 구분할 수 있습니다. 많은 학생이, 자신이 풀 줄 아는 문제를 설명하는 것을 힘들어합니다. 문제 풀이 스킬을 당연하다고 생각하는데 그 스킬이 나타난 이유를 잘 모르는 경우가 많습니다. 이 스킬을 말로 설명하다 보면 생각보다 쉽게 자신의 '함정'을 확인하게 되고, 그 함정을 해결하면 '논리적인' 사고가 가능해집니다.

대학들이 2028학년도 입시에서 면접을 강화한다는 점은 논술형·서술형에 대한 대비의 필요성을 보여줍니다. 현재 입시에서 '제시문 기반 면접'을 보면 대학이 논술형·서술형에 대해 어떤 것을 고민하고 있는지를 확인할 수 있습니다.

2025학년도 제시문 기반 면접(서울대 인문)

문제 1. (가)에 제시된 '자기실현적 예언'의 관점에서 (나)의 '부두 죽음'과 (다)의 '물가 안정 목표제'를 비교하여 설명하시오.

(가) 인간 사회의 특성 중 하나는 상황에 대한 사람들의 예측이 사태의 전개에 영향을 미친다는 것이다. 자연 세계에서 혜성의 운동에 대한 예측은 그 궤도에 영향을 주지 않는다. 반면, 인간 사회에서는 은행 파산에 대한 예측이 확산되면 공포에 휩싸인 사람들이 예금을 인출하고, 그 결과 재정적으로 탄탄한 은행도 파산에 이를 수 있다. 이러한 '자기실현적 예언(self-fulfilling prophecy)'의 사례는 얼마든지 찾아볼 수 있다. 서로 간에

전쟁이 불가피하다고 믿는 두 국가는 군비 증강 경쟁에 나설 것이고, 이는 실제 전쟁으로 이어지게 된다. 또한 특정한 집단이 열등하고 반사회적이라는 믿음하에 공동체에서 배제된다면, 차별과 배제를 경험한 이들은 실제로 실패하고 반사회적 행위를 하게 될 것이다. 많은 경우, 이러한 '자기실현적 예언'의 악순환은 사람들의 맹목적 공포에 기반해 강화된다. 이를 적절히 제어하기 위해서는 제도적 개입과 조정이 필요하다.

(나) 저주만으로 죽음에 이르는 소위 '부두 죽음(voodoo death)'은 전 세계 곳곳에서 발견된다. (중략) 이같이 어떤 주술적 실천은 그 주술에 대한 믿음, 즉 주술의 효력에 대한 주술사의 믿음, 주술사의 힘에 대한 희생자의 믿음, 그리고 무엇보다 주술사와 희생자를 둘러싼 집단 전체의 믿음과 예측에 기반해 효력을 발휘한다.

(다) 많은 사람이 물가 상승을 예측하고 그 불확실성을 두려워하면 어떻게 될까? 가계는 가격 상승 전에 소비를 늘리고, 기업은 원자재 가격의 상승을 우려해 제품 가격을 인상하며, 노동조합은 최대치의 임금 인상을 요구할 것이다. 이에 따라 실제로 과도한 물가 상승이 발생하게 된다. 이러한 변동성을 적절히 통제하기 위한 방법 중 하나가 '물가 안정 목표제(inflation targeting)'이다. 중앙은행이 정해진 기간에 목표로 하는 물가 상승률을 공개함으로써 물가 상승을 원하는 범위 내로 관리하는 정책을 말한다. 예를 들어, 중앙은행이 연초에 올해의 물가 상승률을 2%로 발표하면 중앙은행을 신뢰하는 사람들은 이 기준에 맞춰 자신의 예측과 행동을 조정할 것이다. (중략) 이러한 조정 결과, 연말이 되면 2% 내외로 물가 상승률이 실제로 달성될 가능성이 높다.

위 문항의 경우에는 자기실현적 예언이 '집단적인 예측과 믿음 → 집합 행동의 변화 → 예측과 믿음의 실현'이라는 원리에 기반하고 있음을 찾아내면 됩니다. 자기실현적 예언의 기본 원리를 이해하고 나면 나머지 제시문의 내용이 '연결'된다는 사실을 확인할 수 있습니다.

다만, 그 연결이, (가) 제시문의 마지막 행에 기록된 '제도적 개입과 조정'의 구체적인 장면이 (나) 제시문의 '부두 죽음'과 (다) 제시문의 '물가 안정 목표제'에서 나타난다는 점을 제시하면 됩니다. 한 단계 더 의미 있는 사고를 한다면, '부두 죽음'은 전통에 대한 절대적 믿음과 공포에 기반하고, '물가 안정 목표제'는 현대사회에서 매우 중요하게 다뤄지는 제도적 신뢰를 기반으로 한다는 점을 제시할 수 있을 것입니다.

결국 서울대의 제시문 기반 면접에서 대학이 요구하는 것은 단순한 독해 수준을 넘어선 논리적 사고력입니다. 이런 논리적 사고력은 그저 공부를 많이 하는 것으로 해결되지 않고, 자신이 가진 지식을 확장하는 연습을 할 때 가능해집니다. 개인적으로는 이런 연습을 가장 잘 보여주는 것이 고려대 면접 문항이라고 생각합니다.

2025학년도 제시문 기반 면접(고려대 자연)

1. 제시문 (가)~(라)를 읽고 공통적으로 떠오르는 개념을 말하고, 그 이유를 설명하시오.

(가) 변압기는 철심 고리 양쪽에 감은 수가 각각 N_1과 N_2인 1차 및 2차 코일을 촘촘히 감은 구조를 가진다. 변압기의 1차 코일에 시간에 따라 변하는 전류 I_1을 흘려주면 저항 R이 직렬로 연결된 2차 코일에 페러데이 유도 법칙에 따라 유도 기전력 V_2가 생겨서 전류 I_2가 흐르게 된다. 이때 V_2의 크기는 1차 코일에 가해준 기전력 V_1과 두 코일의 감은 수 N_1과 N_2의

비율로 결정된다.

(나) 알루미늄(Al)이 산소와 반응하여 산화알루미늄(Al_2O_3)을 형성하는 반응($4Al+3O_2 \rightarrow 2Al_2O_3$)에서 알루미늄은 전자를 잃어 Al^{3+}로 산화되고, 산소는 전자를 받아 O^{2-}로 환원된다. 이와 같이 산화와 환원은 전자를 주고받는 반응으로 항상 동시에 일어난다.

(다) 1953년에 왓슨과 크릭은 DNA가 이중 나선 구조로 되어 있다는 모형을 발표하였다. 이 모형에 따르면 인산과 당의 반복된 결합은 DNA 가닥의 뼈대를 형성하며, 양쪽 가닥으로부터 나오는 염기가 안쪽에서 수소결합으로 상보적 결합을 한다.

(라) 지구와 달 사이에는 서로 당기는 만유인력이 작용한다. 달의 질량을 m, 지구의 질량을 M, 달과 지구 중심 사이의 거리를 r이라고 하면 만유인력의 크기 F는 다음과 같다.

$$F = \frac{GMm}{r^2} \quad (G: 만유인력 상수)$$

고려대가 제시한 지문들에서는 '1차 및 2차 코일', '산화와 환원', '상보적 결합', '서로 당기는 만유인력'을 통해 일종의 '페어링'을 확인할 수 있습니다. 페어링이라는 단어를 떠올리면 이 문제는 쉬워집니다. 지문에 대한 단순한 개념 수준을 넘어서 개념의 외연을 확장해야 문제를 해결할 수 있습니다. 서울대와 고려대가 보려는 논술형 역량이라는 것이 결국은 단순한 문제 풀이가 아니라는 점을 확인할 수 있습니다.

논술형·서술형 문항과 관련해서 중요한 점은 각각의 수업 시간에 배운 개념들이 사실은 따로 떨어진 것이 아니라는 점을 이해하는 것입니다. 이 지점이 정확하게 모든 배움의 출발선이기도 합니다. 대학이 사용하는 표현으로 이야기를 하자면 '지식과 관심을 연결'하는 행동이기도 합니다. 지식과 관심의 연결을 위해서는 자신이 배운 내용을 '확장'해야만 합니다. 논술형·서술형의 확대 등을 주장하는 이유는 이것이 '지적 확장'을 위한 가장 좋은 방법이기 때문입니다.

2028학년도 이후의 학년에서 논술형·서술형 평가의 확대는 예고된 부분입니다. 학교 현장에서는 논술형·서술형 확대를 위한 다양한 교사 연수가 진행되고 있지만, 사회적 여건이 아직은 준비되지 못한 부분이 있기 때문에 학생과 부모가 체험할 수 있는 수준의 논술형·서술형 평가의 확대는 단기간에 일어나지는 않을 것으로 보입니다.

그럼에도 논술형·서술형에 대한 준비가 필요한 이유는 우리 자녀의 보다 의미 있는 성장이 이 과정에서 피어날 것이라 믿기 때문입니다. 충분한 지적 성장을 이룬 학생들은 교육과정의 변화 혹은 교육제도의 변화에 충분히 대처할 수 있습니다. 막연한 불안을 가지기보다는 자녀의 본질적인 역량을 강화해서 이 모든 불안을 뚫고 가겠다는 생각이 가장 좋은 전략이 될 것입니다. 이런저런 상황들의 변화에도 불구하고, 대학은 우수한 학생을 선발하려 할 것입니다.

우수한 학생은 '준비된' 학생입니다.

입시의 본질

초판 1쇄 발행 · 2025년 12월 15일

지은이 · 윤윤구
발행인 · 이종원
발행처 · (주)도서출판 길벗
출판사 등록일 · 1990년 12월 24일
주소 · 서울시 마포구 월드컵로 10길 56(서교동)
대표 전화 · 02)332-0931 | **팩스** · 02)323-0586
홈페이지 · www.gilbut.co.kr | **이메일** · gilbut@gilbut.co.kr

기획 및 책임편집 · 이미현(lmh@gilbut.co.kr) | **편집** · 황지영 | **마케팅** · 정경원, 이주연
제작 · 이준호, 손일순, 이진혁 | **영업관리** · 김명자, 심선숙, 정경화 | **독자지원** · 윤정아

교정교열 · 곽도경 | **디자인** · LUCKY BEAR | **인쇄** · 금강인쇄 | **제본** · 경문제책

- 이 책은 저작권법에 따라 보호받는 저작물이므로 무단전재와 무단복제를 금합니다.
  이 책의 전부 또는 일부를 이용하려면 반드시 사전에 저작권자와 출판사 이름의 서면 동의를 받아야 합니다.
- 인공지능(AI) 기술 또는 시스템을 훈련하기 위해 이 책의 전체 내용은 물론 일부 문장도 사용하는 것을 금지합니다.
- 잘못된 책은 구입한 서점에서 바꿔 드립니다.

ISBN 979-11-407-1644-9 03590
(길벗도서번호 050222)

독자의 1초를 아껴주는 정성 길벗출판사

(주)도서출판 길벗 | IT단행본&교재, 성인어학, 교과서, 수험서, 경제경영, 교양, 자녀교육, 취미실용 www.gilbut.co.kr
길벗스쿨 | 국어학습, 수학학습, 주니어어학, 어린이단행본, 학습단행본 www.gilbutschool.co.kr